Friederike Habermann
Aus der Not eine andere Welt

Konzepte / Materialien
herausgegeben von der Stiftung Fraueninitiative

Band 3

Friederike Habermann

Aus der Not eine andere Welt

Gelebter Widerstand in Argentinien

ULRIKE **HELMER** VERLAG

Herausgeberin der Reihe »Konzepte / Materialien«
ist die Stiftung Fraueninitiative,
eine Stiftung von Frauen für Frauen,
Postfach 190308, D-50500 Köln

Die Deutsche Bibliothek – CIP-Einheitsaufnahme

Ein Titelsatz für diese Publikation ist bei der
Deutschen Bibliothek erhältlich.

Die Deutsche Bibliothek – CIP Cataloguing-in-Publication-Data

A catalogue record for this publication is available
from Die Deutsche Bibliothek

ISBN 3-89741-162-8

Covergestaltung: Atelier KatarinaS / NL
Satz: Druckfertig, Friedberg
Druck und Bindung: Wilfried Niederland Verlagsservice, Königstein/Taunus
Printed in Germany

Gesamtverzeichnis sendet gern: Ulrike Helmer Verlag,
Altkönigstraße 6a, D-61462 Königstein/Taunus
E-mail: ulrike.helmer.verlag@t-online.de
www.ulrike-helmer-verlag.de

Inhalt

Zur Schriftenreihe

Die *Stiftung Fraueninitiative,* Ende 1996 in Köln gegründet, hat sich die Förderung von innovativem feministischem Denken und Handeln zum Ziel gesetzt. Sie wendet sich an in- und ausländische Frauen und Frauengruppen, die mit ihrer theoretischen und praktischen Arbeit emanzipatorische Fraueninteressen stärken wollen. Obgleich viel über Gleichberechtigung, Geschlechterdemokratie und Genderpolitik gesprochen und geschrieben wird, hat sich an den realen Chancen der Frauen auf eine eigenständige Existenzsicherung wenig geändert. Noch immer ist es kaum einer Frau möglich, eine einflussreiche Position einzunehmen oder Erwerbs- und Versorgungsarbeit, einschließlich der Arbeit für ein Gemeinsames in der Öffentlichkeit, zu einem existenzsichernden Ganzen auszugestalten, ohne auf Geld oder unbezahlte Arbeit Anderer zurückgreifen zu müssen.

Inhaltlicher Schwerpunkt der Stiftungsaktivitäten sind zur Zeit Analysen und Reflexionen zu ökonomischen Fragen, insbesondere das Entwickeln und Erproben von Möglichkeiten zu einem bedürfnisorientierten, solidarischen Wirtschaften und Arbeiten.

Die nach kapitalistischen Prinzipien handelnde globalisierte Wirtschaft ist weder in der Bundesrepublik Deutschland noch weltweit in der Lage, auch nur annähernd ausreichende und Existenz sichernd bezahlte Erwerbsarbeit anzubieten, umweltschonend zu produzieren, den Raubbau an den Rohstoffen zu beenden und wichtige Grundbedürfnisse zu befriedigen. Eine Umverteilung der gesellschaftlich notwendigen Arbeitszeit oder des erarbeiteten Reichtums ist nicht in Sicht, im Gegenteil, soziale Transferleistungen werden abgebaut, die Entlassenen auf Sozialhilfeniveau abgeschoben. Eine solche Politik produziert Widerstand. Immer mehr Menschen versuchen, in ihrem lokalen Umfeld einen Teil ihrer Lebenswelt selbstbestimmt und in ökologisch sinnvoller Weise gemeinsam zu organisieren. Es haben sich inzwischen vielfältige Formen von (Teil-)Selbstversorgung entwickelt. Solche Ansätze gilt es, theoretisch zu reflektieren und im Interesse einer gewünschten humanen und nicht-patriarchalen Lebensweise zu stärken und weiterzuentwickeln. Sie werden in der universitären Forschung und Lehre bis heute nur vereinzelt thematisiert und also auch nicht finanziert.

Mit der Schriftenreihe KONZEPTE/MATERIALIEN gibt die Stiftung Raum für kreatives und analytisch-kritisches feministisches Denken und trägt dieses gleichzeitig in die Öffentlichkeit. Der Titel der Schriftenreihe wurde mit Bedacht gewählt, um nicht dem oft blockierenden Anspruch von reinem Schreibtischwissen aufzusitzen; denn weiterführende Überlegungen werden oftmals durch die Praxis angestoßen. Inhaltlich ist die Schriftenreihe über den Komplex ›Ökonomie‹ hinaus offen für alle im weiten Sinne frauen-emanzipatorisch relevanten Themen. In den unregelmäßig erscheinenden Bänden wird es sowohl Berichte geben über die von der Stiftung geförderten Untersuchungen als auch über relevante Forschungen und Praxiserfahrungen aus dem In- und Ausland.

Der erste Band der Schriftenreihe erschien im AG SPAK Verlag in Neu-Ulm (ISBN 3-930 830-24-8). Heide Mertens berichtet dort unter dem Titel »Das Ganze der Arbeit« über aktuelle Formen von Versorgungsarbeit und Arbeit für ein »gemeinsames Eigenes« in einem Stadtteil von Köln, einem früheren Industriestandort. Die Ergebnisse werden anschließend von vier Wissenschaftlerinnen konfrontiert mit ihren Erfahrungen in ähnlich zerstörten Stadtteilen in den USA, in England und Ostdeutschland. Sie benennen notwendige Voraussetzungen für selbstbestimmte Lebensweisen der dort lebenden Menschen. Das Buch steht im Kontext der bisherigen Stiftungsaktivitäten und den von ihr herausgegebenen Texten »Wirtschaften für das ›gemeine Eigene‹. Handbuch zum gemeinwesenorientierten Wirtschaften« (Berlin, trafo-Verlag, 1997).

»Unter dem Müll der Acker« lautet der Titel von Band 2 der Schriftenreihe (2004). Elisabeth Meyer-Renschhausen hat verschiedenartige Nachbarschaftsgärten in der Stadt New York besucht. Die Nutzgärten werden mehrheitlich von Frauen initiiert, gestaltet, und wenn nötig, gegen Bodenspekulanten verteidigt. Die Gärten bringen den Familien eine bessere Ernährung und sind der Ort für Gemeinsamkeiten in der Nachbarschaft – Gründe, die auch in unsern Städten immer mehr solcher Gemeinschaftsgärten entstehen lassen.

Friederike Habermann, ebenfalls eine Stipendiatin der Stiftung, berichtet im vorliegenden Band 3 der Schriftenreihe »Aus der Not eine andere Welt« über die jüngsten Entwicklungen in Argentinien, das Land in Südamerika, das als ›europäisches‹ Land – reich, ›weiß‹, demokratisch, industrialisiert – galt. Seit 2001, dem Crash der Peso-Währung und der Blockierung aller

Bankkonten, ist alles anders. Proteste durchziehen das Land, Betriebe werden besetzt, eine Arbeitslosenbewegung (Piqueteros) geht auf die Straßen, eine selbst organisierte Tauschwirtschaft entsteht, in Stadtteilversammlungen werden die alltäglich notwendigen Entscheidungen gemeinsam getroffen. Mehrheitlich sind es die Frauen, die handeln. Nun nach über zwei Jahren zieht Friederike Habermann Bilanz. Sie hat das Land mehrfach bereist und in zahlreichen Interviews nach den positiven und negativen Erfahrungen gefragt, insbesondere unter feministischen, ökonomischen und emanzipatorischen Gesichtspunkten, Erfahrungen, die auch für die vielfältigen Ansätze zu selbst organisierter gemeinsamer Versorgung in Europa von Interesse sind.

Köln, im Juni 2004 *Carola Möller*

Einführung

Desde el barrio empieza a cambiar la historia ya.
– Aus dem Stadtviertel heraus beginnt die Geschichte bereits sich zu verändern.
Slogan auf dem argentinischen Sozialforum

Frauen mit Einkaufstaschen und hohen Absätzen treten die Schaufenster von Banken ein, den lippenstiftroten Mund zu einem Lachen geformt. Während Männer in Nadelstreifenanzügen die Reifenmuttern von bewachten Geldtransportern lösen, springen die Frauen auf den Autodächern auf und ab und zerschlagen alles, was zerschlagen werden kann: Seitenspiegel, Lichter, Nummernschilder und Antennen.

Das waren die Bilder, die nach der Finanzkrise Argentiniens im Jahr 2001 um die Welt gingen. Dies war kein Hungeraufstand in einem Entwicklungsland, dies waren Szenen einer Großstadt, die in Europa hätte sein können: Buenos Aires war nach Tokio die teuerste Stadt der Welt. Doch nun war das Geld der Mittelklasse eingefroren worden, und verlor durch die Freigabe der Währungsparität mit dem US-Dollar rasant an Wert.

Die Medien berichteten überwiegend über die Proteste jener, die sich zum Zeitpunkt der Krise noch zur Mittelklasse zählen konnten. Daneben gab es aber die Straßensperren der Arbeits- und Besitzlosen, der nach diesen Blockaden benannten *Piqueteros* – denen, die weniger hatten, als dass sie um ihre Ersparnisse hätten fürchten müssen: ArbeiterInnen, die ihre aufgegebenen Fabriken besetzten und weiterbetrieben; NachbarInnen, die in jedem Stadtteil Versammlungen abhielten, Millionen von Menschen, die zu Tauschmärkten gingen, Erwerbslose, meist ehemalige ArbeiterInnen, welche Brücken und Straßen blockierten. Während brennende Autoreifen zum Symbol ihres Protestes wurden, begannen sie, bei sich in ihren Vierteln untereinander das Überleben zu organisieren. Diese Bewegung war in den letzten Jahren in jenen Gebieten Argentiniens, in denen die an den Rand gedrängten leben, angewachsen; als sie Buenos Aires erreichte, wurde der Ausnahmezustand verhängt.

»Wir haben einen Haufen Probleme in Argentinien, aber das interessiert uns nicht. Wir wollen die Zeit, um etwas Neues zu gestalten. Für uns ist dies eine sehr reiche Erfahrung.« – »Wir wollen nicht die Unterdrückung reproduzieren. Den Kapitalismus werden wir nicht verändern, wenn wir nicht unser alltägliches Leben verändern. Dies ist eine Aufgabe im heutigen Argentinien.« – »*Ya tengo otro mundo:* Ich habe schon eine andere Welt«: Diese Sätze von Menschen aus den Erwerbslosenbewegungen, unter anderem gehört auf dem Weltsozialforum in Porto Alegre, verdeutlichen, warum ich diese Bewegungen näher kennen lernen wollte: Ihr Anliegen ist, nicht nur das eigene Überleben zu organisieren, sondern die Krise als Chance zu begreifen, eine neue Form des Zusammenlebens zu erproben.

Die Krise kam nicht über Nacht. Anfang der neunziger Jahre wurde noch vom argentinischen Wirtschaftswunder aufgrund der Bindung der eigenen Währung an den US-Dollar im Wert von eins zu eins gesprochen. Doch 1995 wurde das Land zum ersten Mal durch den freien Fall der mexikanischen Währung und 1998 noch härter durch den Verfall der brasilianischen Währung erschüttert. Im Laufe des Jahres 2001 spitzte sich die Situation so zu, dass an einem einzigen Tag, dem 30. November, private SparerInnen 1,3 Mrd. Peso von ihren Konten abhoben, um sie gegen US-Dollar umzutauschen. Am Tag darauf verfügte Wirtschaftsminister Domingo Cavallo das Einfrieren der Sparguthaben. Es durften monatlich nur noch maximal 1.000 Peso bzw. US-Dollar vom Konto abgehoben werden. Diejenigen, die soviel Geld hatten, fürchteten die Abwertung ihrer Ersparnisse gegenüber dem Dollar.

Schon Mitte der neunziger Jahre war es zu ersten Protesten von Erwerbslosen gekommen. Doch in der Nacht vom 19. zum 20. Dezember 2001 geschah etwas, was in dieser Zeit nach dem 11. September, als alle Bewegungen wieder einmal tot gesagt worden waren, niemand erwartet hatte: Der erklärte Ausnahmezustand und die Ausgangssperre wurden von einer Million Menschen ignoriert, ohne dass dies jemand geplant hatte.

»Am 19. und 20. Dezember hat sich mein Leben für immer verändert. Genauso unerwartet wie jeder andere Meilenstein der Geschichte erwischte uns die Rebellion inmitten der Banalitäten des alltäglichen Lebens«, beschreibt Ezequiel Adamosky aus Buenos Aires diesen Moment. »Ich war gerade dabei, meine Wohnung zu renovieren. Spät abends rief mein Bruder Pablo an und wir redeten über nichts Bestimmtes, als er mich plötzlich unterbrach und fragte: ›Ich höre so ein komisches Geräusch – ich weiß nicht, was es ist, aber es hört sich an, als würde auf Kochtöpfe geschlagen.

Kannst du es hören?‹ ›Nein, das ist seltsam‹, antwortete ich nur, ohne groß darüber nachzudenken.

Kurz darauf hörte ich ein ähnliches Schlagen in der Nähe meines Hauses. Das Geräusch der ersten Kochtopfdemonstration [*cacerolazo*] breitete sich aus über ganz Buenos Aires, von der Innenstadt, wo Pablo lebt, bis hin zu meinem Viertel. Abrupt legte ich auf und rannte hinaus, um herauszufinden, was vor sich ging. Da passierte es, dass ich zum ersten Mal diese Fremden traf: meine eigenen Nachbarn« (Adamovsky 2003, 422).

Die Straßen füllten sich mehr und mehr. Die Menschen liefen auf das Zentrum zu, die Polizei schoss scharf: 35 Menschen wurden getötet, 440 verletzt und mehr als 3.400 Festgenommen. Am Abend des 20. Dezember, um 19 Uhr, musste Präsident Fernando de la Rúa aus dem Regierungsgebäude, dem Casa Rosada, mit einem Hubschrauber fliehen. Sein Kabinett trat zurück; die Menschen auf den Straßen feierten.

Gut einen Monat später reiste ich das erste Mal nach Argentinien. Seit Mitte der neunziger Jahre in der globalen Widerstandsbewegung aktiv, nutzte ich meinen Aufenthalt auf dem zweiten Weltsozialforum in Porto Alegre im Süden Brasiliens, um mir die Geschehnisse in Argentinien aus der Nähe anzuschauen. Zu dieser Zeit fanden täglich mehrere Proteste statt. Ich nahm an mehreren Demonstrationen im Bankenviertel und an einer mehrtägigen *piquete* von Erwerbslosen teil, die das Dock Sur der Raffinerien von Shell, EG 3 und Repsol blockierten. Repsol hatte nach der Privatisierung von seinen 70.000 ArbeiterInnen 50.000 entlassen. Vermummte Männer und Frauen bauten nun aus Stahlzäunen und brennenden Reifen Barrikaden. Mit der unterbrochenen Ölversorgung sollte die Infrastruktur von Buenos Aires getroffen werden. Doch erst am dritten Tag fingen die Medien an, über die Besetzung zu berichten. Die Blockade hatte sich inzwischen in ein Dorf mit Kindern verwandelt. Geschlafen wurde in Containern.

Hier erfuhr ich zum ersten Mal von der Wirtschaft von unten in den außerhalb des Zentrums gelegenen Vierteln der ärmeren BewohnerInnen, Barrios genannt. Bäckereien, Schneidereien, Schustereien und vieles mehr werde in selbstverwalteten Strukturen aufgebaut. Auch hier bilde Geld zwar die Grundlage, doch Kindergarten und Bibliotheken seien kostenlos, und der Gewinn werde innerhalb der Gemeinschaft sozialisiert.

Leider brach ich mir auf dieser Reise bald einen Fuß, so dass es noch ein Jahr dauerte, bis ich mir diese Strukturen aus der Nähe anschauen konnte. Das zweite Mal fuhr ich mit einem Stipendium der *Stiftung Fraueninitiative* und dem Auftrag zu überprüfen, welche Grundsätze feministischer Ökonomie sich in diesen Ansätzen einer alternativen Wirtschaft wiederfinden lassen und was aus diesen Erfahrungen wiederum für eine feministische Ökonomie gelernt werden kann.

Ein Abgleich mit feministischen Ansätzen für eine andere Ökonomie macht immer Sinn, denn viele Kriterien sind die gleichen wie in denen solidarischer, partizipativer Ökonomie: Bedürfnisorientierung, kollektives Arbeiten und kollektives Konsumieren. Im Grunde muss jeder emanzipatorische Ökonomieansatz ein feministischer sein, da er sonst nicht emanzipatorisch sein kann, denn nur die Vermeidung jedes Dominanzverhältnisses garantiert den emanzipatorischen Anspruch. Doch in Argentinien ist ein solcher Abgleich mit den existierenden Ansätzen besonders spannend und naheliegend: als die Erwerbslosenbewegungen begannen, bestanden sie überwiegend aus Frauen.

»Am Anfang waren es 80 bis 90 Prozent Frauen.« Roberto López von der Erwerbslosenbewegung MTD Solano erklärt warum: »Der Mann war immer der Ernährer des Hauses, das war seine Funktion. Als er arbeitslos wurde, bekam er ein Trauma, er wurde depressiv. Die Frau ist immer die erste, die etwas unternimmt, sie fühlt sich verantwortlich, die Familie irgendwie auf andere Weise zu ernähren. Der Mann dagegen schämt sich, hierher zu kommen, er fühlt sich wie ein Idiot. Jetzt gleicht sich das Zahlenverhältnis aus. Aber in vielen Fällen kamen die Männer nicht mal selbständig, sondern als Begleiter ihrer Ehefrauen, ihrer Töchter, ihrer Nichten – was weiß ich. Die Frauen hatten eine sehr große und fundamentale Bedeutung in dem Wachsen der Bewegung. Wenn sie nicht diese Initiative gehabt hätten, würde die Bewegung nicht existieren.«

Ähnlich schildert es Mélina Chullmir, ebenfalls von der MTD Solano: »In der Mehrheit sind die Frauen aus dem Haus gegangen, um eine Lösung zu finden, und die Männer sind im Haus geblieben, wenn sie keine Arbeit hatten. Die Frauen haben mit den Straßensperrungen begonnen. Später haben sie dann ihre Familien, ihre Männer, ihre Kinder, mit einbezogen. Zuerst waren die MTDs wenig bekannt und anerkannt, als sich das änderte, sind mehr Männer dazugekommen. Es ist jetzt leichter mitzumachen.«

Gelebte Gegengesellschaften?

Welche Aspekte aus den Erfahrungen in alternativen Ökonomien sind für eine Theorie feministischer beziehungsweise solidarischer Ökonomie bereichernd? Lassen sich Aspekte in Übereinstimmung mit feministischen Theorien/Utopien finden? Keine meiner InterviewpartnerInnen ging so weit zu sagen, es sei ihnen gelungen, bereits Alternativen zum Kapitalismus zu entwickeln. Alle betonten die Unmöglichkeit einer Autonomie inmitten des Kapitalismus. Darum soll hier noch einmal betont werden, dass die Suche in diesem Buch sich darauf konzentriert, Elemente für eine konstruktive Kritik an kapitalistischen Lebensverhältnissen in »gelebten Gegengesellschaften« (Gisela Notz) zu finden.

Dabei wird auf drei Aspekte besonderes Augenmerk gelegt:

1. der ökonomische: »Die haben da doch ganze Stadtteile, die sich selbst versorgen« – dieses Gerücht hielt sich lange. Was ist dran an dieser Beschreibung? Gelang es, Momente einer alternativen Ökonomie neben dem Kapitalismus aufzubauen?

2. der feministische: Die Organisierung der Erwerbslosenbewegungen geschah überwiegend durch Frauen, überwiegend waren es auch Frauen, die auf die Straße gingen. Hat sich dies in der Form der Organisierung bemerkbar gemacht? Wie verlief die folgende Entwicklung?

3. der emanzipatorische Aspekt: »Solano ist eine Bewegung, die die Selbstverwaltung organisiert«, so Neka Jara von der MTD Solano, jener Erwerbslosenbewegung, welche durch ihre Bezüge zum Zapatismus und ihrem Anspruch, nicht-hierarchische Strukturen aufzubauen, zum Symbol dessen wurde, was sich an neuem Politik-Ansatz in Argentinien abzeichnete. »Für uns ist die Arbeit eine Möglichkeit, die Realität zu verändern. Es gibt keinen Chef, der uns sagt, was zu tun ist, sondern wir entdecken, wie wir mit Arbeit die Welt konstruieren können. Wir mussten unsere Realität neu erschaffen: alles das, was mit dem Leben zu tun hat – Essen, Bildung, Gesundheit.« Wie sieht dieser alltägliche Kampf in der alltäglichen Betrachtung aus?

Allen drei Aspekten zugrunde liegt die Frage: Welche Schlussfolgerungen ergeben sich für Versuche, mit alternativen Ansätzen im Hier und Jetzt zu beginnen?[1]

Bis auf eine organisieren sich alle Bewegungen um die so genannten *planes trabajar* (Arbeitspläne). Diese Arbeitsbeschaffungsmaßnahmen wurde Mitte der neunziger Jahre von den Erwerbslosen erkämpft, da es bis

---

1 Insgesamt habe ich 34 Interviews durchgeführt, davon 29 Einzelinterviews, zwei mit jeweils zwei Personen und drei als Gruppeninterviews. Die Länge der Gesprächsaufzeichnungen liegen in der Regel zwischen 50 und 80 Minuten, wobei viele weitere informellere Gespräche hinzukommen, da ich in der Zeit von Januar bis März 2003 überwiegend bei Mitgliedern der Bewegungen wohnte.

dahin keinerlei soziale Absicherung im Falle von Erwerbslosigkeit gab. Ein Arbeitsplan für 150 Peso, knapp 50 Dollar, versorgt offiziell eine Familie. Dafür müssen vier Stunden pro Tag gearbeitet werden. Diese Arbeitszeit nutzen die Bewegungen für ihre Selbstversorgung.

Die Piquetero-Bewegung umfasst nicht alle Erwerbslosen, die eine Arbeitsbeschaffungsmaßnahme bekommen: Knapp zwei Millionen Arbeitspläne vergibt die Regierung – viel zu wenige für die sieben Millionen Erwerbslosen[2] –, davon werden 200.000 von Piquetero-Bewegungen verwaltet.

Untersucht wurden verschiedene Erwerbslosenbewegungen (*Movimientos de Trabajadores Desocupados – MTDs*) in Buenos Aires sowie die Hausfrauengewerkschaft (*Sindicato de Amas de Casas – SAC*) in Santa Fe, welche sich ähnlich strukturiert. Schon 1985 gegründet für den Kampf um die Hausfrauenrente, zu Hochzeiten mit 80.000 Mitfrauen, verloste sie noch Mitte der neunziger Jahre Autos – heute haben viele ihrer Mitglieder Schwierigkeiten, die 50 Cent für die Miete der Gemeinschaftshäuser aufzubringen. Direkt nach dem Finanzcrash gründete die SAC eine Vernetzung von Frauen verschiedener Stadtteile (*Red Interbarrial de las Mujeres*), mit dem Ziel, sich ähnlich wie die Erwerbslosenbewegungen zu organisieren. Ebenso wie diese versuchen sie, durch ihre Organisierung sich und ihre Familien zu ernähren und darüber hinaus solidarische Strukturen untereinander aufzubauen.

Mit den Interviews aus Santa Fe beginnt die Untersuchung; erst im zweiten Teil geht es um die gemischten Strukturen der ›Bewegungen Erwerbsloser ArbeiterInnen‹, den MTDs Solano, Guernica und La Matanza in Buenos Aires. Diese sind nicht ausgewählt worden, weil sie repräsentativ wären, sondern weil sie mir am Spannendsten erschienen.

Die *MTD Solano* dürfte die bei uns bekannteste MTD sein: Das *Colectivo Situaciones* aus Buenos Aires, welches mit seinen Rundreisen in Europa sowie seinem in Deutschland erschienenen Buch *Que se vayan todos!* einige Berühmtheit erreicht hat, bezieht sich mit seinen Beschreibungen und Analysen ganz vorwiegend auf diese Bewegung sowie noch auf die Vernetzung Aníbal Verón, worin sich neben der MTD Solano noch andere horizontal organisierte Bewegungen zusammen geschlossen haben.

Die *MTDL Guernica* (L steht für *en lucha* – kämpfend) gründete nach einer Spaltung von der *CTD Aníbal Verón* die *Frente de Trabajadores Com-*

---

2 Das ist ein Fünftel aller Familien. Sie gelten offiziell nicht mehr als arbeitslos, weshalb die offizielle Arbeitslosenquote inzwischen wieder unter 20 Prozent liegt.

bativos (*FTC:* Bewegung kämpfender Arbeiter*)*. Die MTDL Guernica und ihr nahe stehende Bewegungen wurden in Deutschland insbesondere durch die Filme des Berliner Video-Kollektivs AK Kraak bekannt.[3]

Die *MTD La Matanza* war eine der ersten Erwerbsloseninitiativen. Ihr horizontaler Ansatz prägte entscheidend die gesamte Entwicklung der Piquetero-Bewegungen. Ursprünglich die größte MTD, schrumpfte sie zu der wohl kleinsten aufgrund ihrer Entscheidung, keine Arbeitspläne der Regierung zu akzeptieren. Im lateinamerikanischen Raum bekannt ist das von einem ihrer Gründer, Toty Flores, herausgegebene Buch *De la culpa a la autogestión* (Von der Schuld zur Selbstverwaltung), welches die Entwicklung und die Philosophie der MTD La Matanza und der frühen Piquetero-Bewegung beschreibt.

Später kopierten trotzkistische, maoistische und autoritär kommunistische Organisationen die Piquetero-Strategie, jedoch ohne den basisdemokratischen Ansatz zu übernehmen. Heute machen diese Organisationen den weitaus größeren Teil der Piquetero-Bewegung aus. Die bedeutendsten unter ihnen sind die *Federación Tierra y Vivienda* (*FTV:* Förderation für Land und Wohnung), welche eng verbunden ist mit dem ursprünglich alternativen, aber inzwischen ebenfalls staatsnahen Gewerkschaftsdachverband *Central de Trabajadores Argentino* (*CTA:* Dachverband der Argentinischen Arbeiter) sowie die *Corriente Clasista y Combativa* (*CCC:* Klassenorientierte und Kämpferische Strömung) und der *Polo Obrero* (Sammlung der Arbeiter).[4]

Die Piquetero-Bewegung ist dabei nur eine von insgesamt vier oder fünf Formen: Während diese überwiegend von erwerbslosen ArbeiterInnen gebildet wird, entstanden nach dem Dezember 2001 die *Asambleas*, Nachbarschaftsversammlungen, um nach gemeinsamen Lösungen zu suchen. Sie übten unter anderem Druck aus auf Elektrizitäts-, Gas- und Telefonunternehmen, damit jene, die ihre Rechnungen nicht mehr bezahlen konnten, weiterhin beliefert wurden. Die stadtweite *Asamblea Interbarrial* koordinierte die Proteste. Bis heute überlebt haben die Asambleas insbesondere dort, wo sich daraus Stadtteilzentren gebildet haben.

---

3 An dieser Stelle ein Dank an die beiden AK-Kraak-Filmerinnen Susanne Dzeik und Kirsten Wagenschein, mit denen ich meinen ersten Argentinien-Aufenthalt gemeinsam verbrachte. In dieser Zeit entstand »brandzeichen. momente einer rebellion, argentinien 2002«.

4 Solano, Guernica und La Matanza sind Stadtteile im Großraum Buenos Aires, in denen jeweils bis zu über einer Million Menschen wohnen.

Parallel entstand die Bewegung der besetzten Fabriken. Wenn von 150 besetzten Fabriken in Argentinien die Rede ist, dann bedeutet ›besetzt‹ jedoch sehr unterschiedliches. Bei den meisten handelt es sich um Fabriken, die in den verschiedensten Formen der Abmachungen zwischen ArbeiterInnen, Unternehmern und Staat als sogenannte Kooperativen am Laufen gehalten werden. Nachdem die Arbeiterinnen von der Textilfabrik Brukman nach einer Räumung nach Monaten erst wieder unter der Bedingung in das Gebäude gelassen wurden, dass auch sie der Legalisierung als Kooperative zustimmen, ist die Kachelfabrik Zanon in Neuquén die einzige noch illegal besetzte Fabrik. Sie verweigern die Legalisierung als Kooperative, da dies einschließt, nach zwei Jahren die Fabrik dem Besitzer abkaufen zu müssen.[5]

Am bekanntesten wurde die Bewegung der *trueques*, der Tauschmärkte, der zum Zeitpunkt der schlimmsten Krise sieben Millionen Menschen angehörten. Inzwischen hat sie aber stark an Bedeutung verloren. Auf den Tauschmärkten, ähnlich den hiesigen Tauschringen, gilt eine alternative, von Geldeinnahmen unabhängige Währung, um so mit der vom Markt auferlegten Verteilung zu brechen. Alle müssen selber etwas zum Tauschen anbieten, Geld lässt sich nicht in *créditos* verwandeln. Essen, Kleidung und jede Menge Krimskrams, aber auch Friseurstudios, Zahnärzte und Orthopäden boten auf diese Weise ihre Dienste an, selbst Autos und Häuser wurden gegen Créditos getauscht. Bei der Vernetzung dieser Märkte galt als oberster Grundsatz: »Unsere Verwirklichung als Menschen muss nicht vom Geld bestimmt sein.« Doch letztlich griffen die Probleme des Geldes dennoch: Es kam zu Fälschungen der Créditos – Mitte 2002 existierten insgesamt 260 Millionen gefälschter Scheine –, und es kam zu Spekulationen mit den Waren und ihrem Verkauf auf dem Peso-Markt. Vor allem aber gab es zuwenig von dem, was alle am meisten wollten: Essen. Stattdessen boten die meisten an, was sie in ihrer Wohnung fanden: Kerzenständer, Kissen in Herzform, Blumen aus Plastik. In der Not hatte dies jedoch für niemanden Wert. Bedingt durch die Fälschungen und das Überangebot kam es zu dem Phänomen, das in der Theorie der Tauschmärkte gar nicht möglich sein

---

5 Für hervorragende Darstellungen der hochmodernen automatisierten Fabrik von Zanon zwei Empfehlungen: die Wildcat-Broschüre von Alix Arnold, welche sich ebenfalls Anfang 2003 einige Wochen dort aufhielt und Interviews durchführte (»Eine Fabrik in Patagonien. Zanon gehört den Arbeitern« Beilage zur Zeitschrift Wildcat Nr. 68, Köln 2003) sowie den Film Mate, Ton und Produktion. Zanon – eine Fabrik unter Arbeiterkontrolle, D./Arg. 2003, produziert vom Videokollektiv AK Kraak.

sollte: Inflation. Der Einbruch des Trueque-Systems erfolgte Ende des Jahres 2002. Im März 2003, zur Zeit meiner Interviews, wird die Zahl der aktiv Beteiligten auf nur noch 200.000 geschätzt.[6]

Zusammen mit diesen vier Bewegungen sind eine Vielzahl weiterer Initiativen entstanden: von KünstlerInnen oder JournalistInnen, die versuchen, jenseits der Verwertungslogik ihre Arbeit bekannt zu machen, bis hin zu Besetzungen der Bauernbewegung *Santiago de Estero* (*MoCaSE*) von Privatland, um darauf selbstverwaltete Gemeinden zu bilden. Zentrum dieser Landlosenbewegung ist die Region von Misiones an der Grenze zu Brasilien, hier haben über 6.000 Familien insgesamt 150.000 Hektar Land besetzt. Auch Gender-AktivistInnen aller Art verknüpfen ihre (Anti-)Identitätspolitik mit dem Kampf gegen den Neoliberalismus.[7]

---

6 Ein weiteres Problem war der Erfolg: Zu Beginn wurden noch alle neuen Mitglieder geschult, alle kannten einander, man wusste, wer was hergestellt hatte. Dieser Aspekt der persönlichen Begegnung verlor sich. Zudem verstanden viele nicht, dass die Créditos nicht ein Geld wie jedes andere sein sollten. So stieß der Versuch vom September 2002, durch die Einführung neuer Créditos, welche an der Luft oxidierten und damit vergänglich waren, auf völliges Unverständnis. In der Theorie soll durch die Vergänglichkeit von Geld das Horten verhindert, das Geld auf diese Weise wieder in den Kreislauf zurückgebracht und Bereicherung verunmöglicht werden. Letztendlich drohten die Tauschmärkte, sich in eine bloße Ausdehnung des kapitalistischen Marktes zu verwandeln, so kritisiert das Colectivo Situaciones, und auch die MTD La Matanza stellte in einer von ihr eigens angestellten Untersuchung fest, dass die Tauschmärkte »sehr viele ganz starke Komponenten einer kapitalistischen Ökonomie« aufwiesen. Auch wenn es wie eine alternative Ökonomie erscheine, könne davon nicht gesprochen werden. Einige Tauschringe, deren Mitgliedschaft frühzeitig geschlossen wurden, haben überlebt. Sie sind auf der Suche nach Schutzmechanismen gegen die aufgetretenen Probleme. Vielfach wurde zum direkten Tausch ohne Créditos zurückgekehrt. Unter anderem wird versucht, in einen Austausch mit ProduzentInnen von Grundnahrungsmitteln zu treten, um die Nachfrage nach Lebensmitteln zu sättigen; vgl. Colectivo Situaciones 2003 sowie Thimmel 2003.

7 »Schwul sein ist okay, solange du dich als Konsument innerhalb eines Marktes bewegst, zum Friseur gehst, ins Fitness-Studio, dir bestimmte Kleidung kaufst und den Schwulen aus den US-amerikanischen Serien gleichst«, drückt es ein Aktivist der Gruppe Convocatoria aus. »Aber mit der Abwertung zerplatzte diese Blase. Denn wenn du das alles nicht mehr bezahlen kannst, wer bist du dann noch? Dann fällt dieser ganze Kampf um deine Identität zusammen. Weiß und muskulös sein, in den Dark Room gehen, einen Drink und den Eintritt in die Schwulendisco zu bezahlen. Wie viel kostet das? 15 Steine. Klar, dass wir die jetzt nicht mehr haben.« Andere, wie die Präsidentin der Vereinigung für den Kampf für die Identität von Transvestiten und Transsexuellen (Alitt) Lohana Berkins erlebt die Krise als Aufbruch und damit als Chance für Gesellschaftsveränderungen; vgl. Pavón/Ríos 2002.

Als eine Form von Bewegung können auch die *huertas* gelten: gemeinschaftlich bebaute Gärten, bekannt aus New York als ›community gardening‹. Häufig sind diese aus Nachbarschaftsversammlungen entstanden, oder bei den MTDs angegliedert. Ihre Zielsetzungen sind so weitreichend, dass sich der Ausdruck Bewegung rechtfertigen lässt:[8]

Die meisten dieser Initiativen experimentieren mit horizontalen Entscheidungsstrukturen – die inzwischen bestehende Bandbreite lässt fast vergessen machen, dass hierin in Argentinien vorher keinerlei Erfahrungen existierten. Die politische Kultur war durch streng hierarchische Strukturen geprägt, nicht nur in der Parteienpolitik oder der Gewerkschaft, sondern innerhalb der gesamten Bewegungen. Hier dominierten Ansätze, oftmals leninistische, die teilweise ins Autoritäre gingen. So erzählt der bereits zitierte Ezequiel Adamovsky: »Wir hatten keinerlei Tradition des miteinander Sprechens und Zuhörens. Wir wussten einfach nicht, wie wir gemeinsame Treffen abhalten sollte. Ich erinnere mich an das erste Treffen meiner Nachbarschaftsversammlung: die Leute kämpften um das Mikrofon. Das meine ich, wie ich es sage: sie kämpften körperlich. Wir mussten alles auf die harte Tour lernen.« Die Gesellschaft Argentiniens war geprägt durch ihre Geschichte des Peronismus und der Diktatur – beides unauflösbar verbunden mit der Wirtschaftspolitik des Landes.

---

8 Mit den Gärten soll in der Regel kein Geld erwirtschaftet werden. Den Wunsch, die eigene Situation in die Hand zu nehmen – »etwas zu machen, anstatt immer nur über Politik zu Reden« – nennt eine Beteiligte der Asamblea Caminito als Motivation für die Gründung eines Gemeinschaftsgartens. Betont wird der Wunsch nach Unabhängigkeit von staatlichen und politischen Institutionen und Organisationen, und explizit von deren Lebensmittelgeschenken. Daraus ergibt sich die Notwendigkeit, leicht und kostenfrei zu erlangende Materialien zu verwenden. Dem Erlernen der Wiederverwertung von Abfällen und andere Materialien wird daher ein hoher Stellenwert in diesem Bestreben nach Unabhängigkeit eingeräumt. Wesentlich ist auch das Gemeinschaftliche der Arbeit. Horizontale Entscheidungsstrukturen werden als wichtig erachtet: Der Garten soll ein Ort sein, an dem soziale Werte wie ›Teilen lernen‹, horizontale Entscheidungsfindungen oder ›Freizeit gemeinsam zu gestalten‹ praktiziert werden können. Das Wissen über das Anlegen eines Gartens soll in diesem Projekt aktiv weitergegeben werden – an Kinder, aber nicht nur: in diesem Land, in dem neun von zehn Menschen in einer Stadt leben, fehlen oft die grundlegendsten Kenntnisse über Gartenbau und Landwirtschaft. Nicht zuletzt aber schaffen die Gärten Grünflächen in der Stadt (vgl. Arndt/Haidle/Rosol 2004; sowie Meyer-Renschhausen 2004).

Hintergründe

Der lange Marsch in den Bankrott: Die Wirtschaftsgeschichte Argentiniens

Wer von Montevideo mit dem Schiff in Buenos Aires ankommt, könnte meinen, in drei Stunden die Strecke von Lateinamerika nach Europa zurückgelegt zu haben. Obwohl Uruguay jahrzehntelang als die Schweiz Lateinamerikas galt, ist seine Hauptstadt doch deutlich Bestandteil dieses Kontinents. In Buenos Aires dagegen prägen moderne Hochhäuser und respektable Geschäftsbauten das Bild. Die Fußgängerzone Avenida Florida und das Bankenviertel stehen keinem Industrieland nach. Auch die Preise nicht.

Argentinische TouristInnen hatten einen ähnlichen Ruf in Südamerika wie deutsche in Südeuropa: arrogant zu sein. Mit ihrer an den Dollar angekoppelten Währung profitierten sie beim Umtausch so sehr, dass Reisen in die Nachbarländer zu einem billigen Vergnügen wurde. Mir wurde in Brasilien geraten, mich nicht mit Spanisch durchzuschlagen, sondern die Leute lieber auf deutsch anzusprechen: Ich würde sonst für eine Argentinierin gehalten und niemand würde mir antworten.

Inzwischen gibt es eine Kampagne der argentinischen Regierung, welche auf Werbetafeln im U-Bahn-Netz und auf den Straßen den ArgentinierInnen regelrecht einbläut: »Behandelt Touristen gut. Jeder Tourist ist ein Arbeitsplatz.« Im Fernsehen werden Spots gezeigt, in denen die Millionste Touristen-Familie mit einer Gala empfangen wird – nach der Freigabe des argentinischen Peso am 11. Februar 2002 hat sich das Wechselkurs-Verhältnis auch zu den Nachbarländern dramatisch verändert.

Nach dem Einfrieren der Guthaben: SparerInnen fordern ihr Geld

»Wie viel wird der Dollar kosten?«, titelten die Zeitungen an diesem Morgen. 250 Menschen bildeten eine Schlange vor der Boston Bank in der Avenida Florida, und eine ähnlich lange Schlange bildet sich vor der Banco Galicia auf der anderen Seite der Straße. Hier im ›Mikrocenter‹ genannten Stadtkern von Buenos Aires steht Bank neben Bank, und heute windet sich Schlange neben Schlange. Die meisten Wartenden wirken gedrückt. Um Punkt 10 Uhr versinkt das prunkvoll gestaltete Eisentor der Boston Bank im Boden und gibt eine Drehtür frei. Die teilweise sehr gut gekleideten Menschen schieben sich ohne Gedränge vorwärts, zwei alte Frauen stützen einander ab; einige dürfen sich noch von der Seite hineindrängeln. Nachdem die letzte der Wartenden durch die Drehtür verschwunden ist, scheint die Bank die gesamte menschliche Schlange verschluckt und verdaut zu haben.

Hatte der Wechselkurs ursprünglich 1:1 betragen, so beginnt der Verkauf des Dollars an diesem Tag bei 2 Peso und 30 Centavos. Doch wer Geld tauschen möchte, ist ab sofort bei den Banken falsch: Ihnen ist das Tauschgeschäft verboten worden. Die Schlangen vor den Banken werden von Menschen gebildet, die zunächst den ihnen wöchentlich zugestandenen Betrag von 250 Dollar abheben wollen. Danach heißt es, sich noch einmal anstellen zu müssen: bei den Wechselstuben. Vor diesen wurden neue Digitalarmaturen angebracht, um den Stand des Dollars anzugeben.

Gegen Mittag ändert sich die Szenerie: Auf der *Plaza de Mayo* haben sich einige hundert SparerInnen versammelt »Wir haben Dollar eingezahlt, wir wollen Dollar ausgezahlt bekommen« ist die Hauptbotschaft dieser kleinen ›*Cacerolazo*‹-Demo mit Kochtöpfen, Blechtellern oder Wasserkesseln, Hauptsache Krach. Doch während dieser Menschenzug durch das Bankenviertel zieht, bleibt es nicht bei dieser förmlichen Aussage: »*Ladrones* – Diebe!« schreiben schick gekleidete Frauen in aller Ruhe auf die unzähligen Geldtransporter, während die Fahrer drinnen warten müssen; »*Chorres* – Räuber!« schreiben Rentner an die Banken.

Suppenkellen schlagen auf das Blech, mit denen die Bankgebäude zu ihrem Schutz umhüllt wurden und zerbeulen es lärmend. Anderswo gehen Scheiben zu Bruch. Niemand stört sich daran, dabei gesehen oder gefilmt zu werden. Denn sauer, ängstlich und wütend sind heute alle in Argentinien.

Woche für Woche treffen sich die SparerInnen, doch ein Jahr später wirken ihre Demonstrationen weit weniger kraftvoll, eher wie ein eingeschliffenes Ritual. Die regelmäßigen Zerstörungen beschränken sich auf einige Lieblingsobjekte, vor denen die Polizei geduldig wartet, bis es vorbei ist. Währenddessen wirken die meisten Fassaden der Innenstadt perfekt wie zuvor: die Häuser frisch gestrichen, das Pflaster teilweise ausgewechselt. Buenos Aires putzt sich heraus und empfiehlt sich den ausländischen TouristInnen ebenso wie den Geldanlegern.

Nur auf den zweiten Blick ergeben sich Unterschiede zu früher: das »Cambio! Cambio!« der illegalen Geldwechsler; der Hinweis, das gewünschte Produkt werde nicht mehr nach Argentinien importiert, da es sich niemand mehr leisten könne (Mini-Discs). Dazu einzelne bettelnde Menschen, die jedoch sehr diskret vorgehen müssen, ansonsten entfernt die Polizei sie ebenso rüde wie den im Rollstuhl sitzenden Straßenhändler.

Bricht die Dunkelheit herein, sieht man im Zentrum und in den Vierteln der Mittel- und Oberschicht zahlreiche Familien im Müll nach verwertbaren Resten, meist Papier und Karton, aber auch Lebensmitteln, suchen. Die meisten von ihnen waren vor einiger Zeit noch ArbeiterInnen oder Angestellte: Die Zahl der Menschen, die Armutsarbeiten wie Kartonsammeln oder Straßenverkauf machen, ist seit 1998 um 773.000 auf 1,8 Millionen gestiegen. Das Nachtleben genießen nur noch wenige. Die Armut in Argentinien ist sichtbarer geworden.

Kurz vor dem Aufstand, im November 2001, waren bereits mehr als sechs Millionen Menschen in den städtischen Zentren von Erwerbslosigkeit betroffen – das ist mehr als ein Drittel der arbeitsfähigen Bevölkerung; Argentinien hat 37 Millionen EinwohnerInnen. Das Nationale Institut für Statistik (INDEC) schätzte die Anzahl der Armen auf 14 Millionen Menschen, davon galten knapp 5 Millionen als ›absolut arm‹. Als arm gilt, wessen Haushaltseinkommen nicht ausreicht, einen Warenkorb mit ausreichend Lebensmitteln zu erstehen; als absolut arm gilt, wer sich nicht mal die Basislebensmittel, welche die minimalen Ernährungsanforderungen decken, leisten kann. 2001 lag das Bruttoinlandsprodukt noch bei über 7.000 US-Dollar pro Kopf, Anfang 2003, zur Zeit meiner Interviews, war es auf rund 2.500 gesunken.[9] Als arm galten nun Familien, deren monatliches Einkommen weniger als 800 Peso (rund 267 Euro) betrug. 57 Prozent, das sind 21 Millionen ArgentinierInnen müssen mit weniger Geld auskommen. Sieben Millionen Menschen müssen sogar mit einem Familieneinkommen von weniger als 380 Peso leben. Viele davon bekommen noch weniger – oder gar nichts (Berger 2003).

Das sind Durchschnittszahlen. Nach Daten des Mikrozensus konsumiert das ärmste Zehntel der ArgentinierInnen 8,3 mal weniger Mehl und Reis als das reichste Zehntel. Der Abstand wird noch größer bei den Milchprodukten (die Reichsten konsumieren 34 mal mehr als die Ärmsten), und unüberwindbar bei der Gesundheitsversorgung, wo die Ungleichheit bei 237 zu eins liegt (Vales 2001). Dabei lassen sich auch geschlechtsspezifische Unterschiede feststellen: Von zehn absolut Armen sind sieben weiblich.[10]

Gemäß der offiziellen Statistik war Ende des Jahres 2002 fast jedeR Vierte erwerbslos (23 Prozent), in einzelnen Bezirken im Großraum Buenos Aires jedeR Zweite (Morazán 2004, 7). Mehr als die Hälfte der 36 Millionen ArgentinierInnen leben unter der Armutsgrenze, bei weitem nicht mehr nur Erwerbslose: Fast 20 Prozent der IndustriearbeiterInnen und mehr als 15 Prozent der offiziell Beschäftigten in Handel und Bau gehören dazu (Colectivo Situaciones 2001).

---

9 Vgl. Morazán 2004, S. 7 sowie Thimmel 2003, S. 162.

10 Vgl. Spieldoch 2002 sowie zu allgemeineren Auswirkungen finanzieller Krisen auf ›Gender-Regime‹ Young 2003.

Die informelle Arbeit, das heißt weder durch Arbeits- noch Sozialgesetze geschützte, macht nach offiziellen Angaben 41 Prozent der Beschäftigung aus. Zumindest ein Beruf hat Konjunktur: In der Provinz Buenos Aires kommen auf 45.000 staatliche Sicherheitskräfte mehr als 70.000 private Wachleute, von denen mehr als die Hälfte schwarz arbeiten (ebd.).

Anfang des 20. Jahrhunderts war das Durchschnittseinkommen in Argentinien größer als in Frankreich, in den dreißiger Jahren lag der Verdienst in Buenos Aires über dem in Berlin.[11] 1935 bezeichnete der damalige Präsident Julio Roca mit Stolz sein Land als »die Musterkolonie des britischen Imperiums«.[12] Zwar schon lange politisch unabhängig von der ursprünglichen Kolonialmacht Spanien, ging Argentiniens wirtschaftliche Abhängigkeit zu Großbritannien so weit, dass es Kohle aus New Castle importierte, obwohl es über enorme eigene Vorkommen verfügte. Argentinien konnte weder eine für die Entwicklung wesentliche Schwerindustrie aufbauen noch selber technologische Forschung betreiben, um damit eigene Produktionslinien betreiben zu können.

Präsident Juan Domingo Perón holte in den fünfziger Jahren internationale Konzerne ins Land, welche jedoch den größten Teil ihrer Gewinne an ihre Zentralen zurücküberwiesen, anstatt diese im Land zu investieren. Gleichzeitig konnten zahlreiche einheimische Industriebetriebe der ausländischen Konkurrenz nicht standhalten (Morazán 2004, 18).

Wie in anderen Ländern war Anfang der siebziger Jahre auch in Argentinien ein breites Spektrum linker Oppositionsbewegungen entstanden. Noch unter dem aus dem Exil zurückgekehrten und 1974 wiedergewählten Perón[13] sowie unter der Regierung seiner Ehefrau nach dessen Tod im selben Jahr erhielten Militär und Todesschwadronen freie Hand. Anfang 1975 verschwanden 50 Oppositionelle pro Woche. Am 24. März 1976 putschte sich das Militär an die Macht. Folterungen waren an der Tagesordnung, 30.000 Menschen »verschwanden« in dieser Zeit: Erst Jahrzehnte später sollte herauskommen, dass viele von ihnen gefesselt und bewusstlos über dem offenen Meer aus Hubschraubern geworfen worden waren.

---

11 Vgl. Morazán 2004, S. 10 sowie die Ausstellung *Schritte zur Flucht von der Arbeit zum Tun* vom 6. März bis 16. Mai 2004 im Museum Ludwig, Köln.

12 Zitiert nach Morazán 2004, S. 11.

13 Gestützt wurde diese Regierung sowohl von einem faschistischen rechten Flügel als auch von einem revolutionären linken Flügel. Bis heute berufen sich Menschen völlig unterschiedlicher politischer Anschauung auf den Peronismus.

25. Mai 1810 – Das Denkmal zur Unabhängigkeit Argentiniens – »verkauft«

Die reiche Machtelite des Landes unterstützte die Diktatur. Ihr Ziel, ihre Position auch finanziell weiter abzusichern, verfolgte sie zudem durch eine radikale Umwälzung der argentinischen Wirtschafts- und Gesellschaftsstruktur – umgesetzt mit Hilfe des Internationalen Währungsfonds (IWF). Die Diktatur bekam einen Kredit nach dem anderen; Argentiniens Auslandsverschuldung stieg in dieser Zeit (1976 bis 1983) von knapp 8 Mrd. Dollar auf gut 45 Mrd. an. Finanziert wurde damit nichtzuletzt die Unterdrückung der eigenen Bevölkerung: 23 Prozent der aufgenommenen Kredite wurden für Rüstungsimporte verwendet, 33 Prozent wurden für den Schuldendienst gebraucht, und 44 Prozent endeten in der Kapitalflucht (Morazán 2002).

Martinez de Hoz, der Wirtschaftsminister der Militärs, setzte voll auf die Öffnung der Handels- und Finanzmärkte und machte Argentinien zu einem Musterland des Neoliberalismus (Altvater 2002). Die zivilen Präsidenten setzen den neoliberalen Kurs der Militärs fort. Personelle Kontinuität garantierte hierbei Domingo Cavallo, der unter den Militärs bereits Zentralbankpräsident gewesen war und ab 1991 das Amt des Wirtschafts- und Finanzministers bekleidete (Boris 2002a).

1985 blockierte der IWF sämtliche neuen Kredite an Argentinien, welches die Diktatur gerade überwunden hatte. Das Land war bankrott, die unter Präsident Raúl Alfonsín eingeführten Sozialprogramme konnten nicht finanziert werden. 1987 wurden vom IWF noch striktere Freihandelsauflagen durchgesetzt. Die Privatisierung von Staatsunternehmen begann, die Ausgaben für Bildung und Gesundheit wurden zurückgefahren, Deregulierung und Liberalisierung weiter vorangetrieben (Morazán 2004, 26). 1989 ereilte das Land eine Hyperinflation; bei Protesten wurden 14 Menschen getötet. Ausländische Privatfirmen waren vorher auf Anraten des IWF mit Wechselkursgarantien des Staates versorgt worden.

Domingo Cavallo setzte die Bindung des argentinischen Peso an den US-Dollar im Verhältnis 1:1 durch. Er betrieb eine rasche und umfassende Privatisierung staatlicher Unternehmen; selbst sozialstaatliche Elemente wie Gesundheitsversorgung, Erziehungssystem und Sozialversicherungen wurden in privatwirtschaftlich handelbare Waren umgewandelt. Dadurch verstärkte sich die neoliberale Linie unter Präsident Menem wesentlich (Boris 2002a). Dieser hatte ursprünglich das Wahlversprechen gegeben, die neoliberale Politik des IWF zurückzudrängen. Tatsächlich wurde Carlos Menem zum Strohmann des Großkapitals und des IWF.

»Sachwalter der Interessen der Finanzwelt«: Die Rolle des Internationalen Währungsfonds

»Die Welt ist gefährlich, globalisiert und ohne Devisenkontrollen.« Der das gesagt hat, ist nicht einer von denen, die ich auf den Straßen von Seattle, Prag oder Genua getroffen habe. Es war Michel Camdessus, damaliger Direktor des Internationalen Währungsfonds nach der mexikanischen Krise vom Dezember 1994.[14] Joseph Stiglitz meint, es sei noch schlimmer: Der IWF sei »Sachwalter der Interessen der Finanzwelt« (2002, 238). Auch

14 Eco-Soir/Le Soir v. 17. Feb. 1995; zitiert nach Eric Toussaint: Profit oder Leben. Neoliberale Offensive und internationale Schuldenkrise, Köln 1999, S. 59.

Stiglitz ist ein Insider: Von 1997 an war er fast drei Jahre lang Chefvolkswirt und Senior-Vizepräsident der Weltbank; 2001 bekam er den Nobelpreis für Wirtschaft verliehen.

»Wenn die neue Rolle des IWF öffentlich zugegeben würde, würde die Unterstützung für die Institution möglicherweise schwinden«, so Stiglitz weiter. Eine grob vereinfachende Marktideologie liefere daher den Diskurs, um zu verdecken, dass der IWF den Interessen der internationalen Finanzwelt diene (Stiglitz 2002, 239). Diese Marktideologie sei so einfach, dass sie auch ein Papagei lernen könne, so Stiglitz. Er müsse nur drei Ausdrücke beständig wiederholen: Sparpolitik, Privatisierung und Marktöffnung. So hätte man in den achtziger und neunziger Jahren auf den Rat des IWF verzichten können. Denn dies waren die drei Säulen seiner Empfehlungen nach dem »Washington Consensus« (ebd., 70).

Mit der Einsicht, dass der IWF den Interessen der Finanzwelt dient, werde vieles verständlicher, beispielsweise wieso er der Erfüllung der Forderungen ausländischer Gläubiger größeres Gewicht beimisst als der Erhaltung der Solvenz möglichst vieler inländischer Unternehmen. Der IWF habe alles darangesetzt (wenn auch nicht immer erfolgreich), dass die Forderungen der Gläubiger aus den G7-Ländern erfüllt wurden (ebd., 239). So werde auch verständlich, warum der IWF nach seinen eigenen Kriterien versagt. Sogar eine Studie, die der IWF in Auftrag gegeben hatte, ergab 1998, dass 36 Länder mit Strukturanpassungsprogrammen (SAP) zwischen 1991 und 1995 keinerlei Wachstum aufweisen konnten, während vergleichbare Länder ohne SAP eine positive Wachstumsrate hatten. Und in Afrika südlich der Sahara war die Wachstumsrate sogar negativ: unter der leitenden Hand des IWF fiel das Einkommen dieser Länder um 23 Prozent. »Konnte irgendeine Nation diesem Schicksal entgehen?«, fragte der Journalist Gregory Palast den ehemaligen Chefvolkswirt. »Ja«, sagte Stiglitz, Botswana. Worin der Trick bestand? »Der IWF musste seine Koffer packen« (Palast 2001).

Den IWF als Sachwalter der Interessen der Finanzwelt anzusehen macht das Desinteresse des IWF an der Tatsache verständlich, dass selbst in jenen Ländern, in denen es zu Wirtschaftswachstum kommt, Armut mitwächst: Gewinne aus Vermögen auf der einen Seite und Abbau von Sozialleistungen, Erhöhung der Preise, sinkende Reallöhne, steigende Erwerbslosigkeit und Bildungskosten auf der anderen lassen diese Entwicklung zu einem Teufelskreis werden. In den Ländern, die ein Wirtschaftswachstum erreichten, kam dies lediglich den obersten 10 Prozent zugute (Stiglitz 2002, 33/105 f.).

Mexiko mag hier als Beispiel dienen: Gemäß der mexikanischen Nichtregierungsorganisation *Equipo Pueblo* stieg als Folge eines Strukturanpassungsprogramms der Anteil des nationalen Einkommens, welches die 20 reichsten Prozent bekamen, von noch etwas weniger als die Hälfte auf gut über die Hälfte (von 48,4 auf 54,2). Um jedoch so richtig von dem SAP profitieren zu können, sollte man am Besten schon vorher richtig reich sein. So hatte Mexiko, das Land mit der weltweit ersten Schuldenkrise im Jahr 1982 sechs Jahre später zweo Milliardäre, und nur weitere sechs Jahre später bereits 24.[15] Das nennt der IWF Entwicklung.

Da der Ruf der Strukturanpassungsprogramme mit der Zeit immer schlechter wurde, hat der IWF sie abgeschafft. Heute heißen sie *Poverty Reduction and Growth Facility*: Armutsminderung und Wachstumserleichterung. Dies erinnert mich immer an das Spiel ›Risiko‹, welches ich zu meinem achten Geburtstag geschenkt bekam. Damals hieß es: »Erobern Sie 24 Länder Ihrer Wahl«. Später wurde dies verändert in: »Befreien Sie 24 Länder Ihrer Wahl«. Doch während die Spielregeln bei ›Risiko‹ dieselben blieben, besteht tatsächlich ein Unterschied zwischen einem SAP und einem PRGF: Die damit verbundene Vorgabe, die Zivilgesellschaft des Landes solle mitreden können bei den Politikmaßnahmen und dem IWF Vorschläge unterbreiten, ermöglicht eine noch größere Einmischung in das verschuldete Land. Vorher hatte der IWF zumindest offiziell keine Berechtigung, auf die Umsetzungsmaßnahmen konkret Einfluss zu nehmen.

Von seinen Basisforderungen geht der IWF auch bei der neuen Regelung nicht ab. Warum sollte er auch? Wem der IWF die Kreditwürdigkeit abspricht, verliert überall – bei der Weltbank, bei der EU und bei den Privatbanken. Wenn der IWF öffentlich bekannt gibt, dass die Verhandlungen abgebrochen oder auch nur vertagt wurden, sendet dies ein äußerst negatives Signal an die Märkte. Es kommt bestenfalls zur Zinserhöhung und schlimmstenfalls zu einer völligen Unterbrechung des Zustroms von Kapital. Die Aussicht, dass der IWF seinen Standpunkt ändere, sei somit verschwindend gering, so Stiglitz, die Aussicht, leitende Bedienstete des IWF zu verärgern, dagegen erheblich größer – diese fühlten sich schnell provoziert, wenn ihnen widersprochen werde (Stiglitz 2002, 59).

Noch einmal zu dem, was der Papagei zu sagen hat. Als erstes: Sparpolitik. Das heißt in erster Linie Subventionsabbau und Kürzung der Staatsaus-

15 Vgl. www.equipopueblo.org.mx.

gaben durch Einsparungen im öffentlichen Dienst. Subventionsabbau betrifft in vielen Ländern wie Mexiko, Marokko oder Papua-Neuguinea auch Grundnahrungsmittel. In Indonesien betraf es auch Kerosin – dem Brennstoff, den Arme zum Kochen verwenden. In Thailand Medikamente. Um nur einige Beispiele zu nennen. Kürzung der Staatsausgaben heißt oft: keine Schulen und Krankenhäuser bauen. Die Lehrmittelfreiheit abschaffen, Schul- und Uni-Gebühren einführen. Im Zweifel ist es dann immer die Tochter, die nicht mehr zur Schule gelassen wird, doch zunehmend trifft dies auch Söhne. Und natürlich unterstützt eine solche Sparpolitik eine Wirtschaftsflaute und Finanzkrise.

Das zweite Papageienwort war Privatisierung – die Stiglitz zufolge vielfach »Korrumpierung« genannt wird. Anstatt dem Ausverkauf staatlicher Betriebe zu widersprechen, verscherbeln nationale Führungspersönlichkeiten ihre Elektrizitäts- und Wasserwerke gerne: So können sie einen Großteil dessen stehlen, was andernfalls von künftigen Politikern abgeschöpft werden würde. Durch den Verkauf eines Staatsunternehmens unter dem Marktpreis können sie sich einen ordentlichen Happen seines Substanzwerts sichern (ebd., 75). Korruption ist keine Nebenerscheinung des Neoliberalismus, sondern ein Bestandteil.

Der dritte Teil des IWF/Weltbank-Einheitsplans zur Rettung der Volkswirtschaften heißt »Öffnung der Kapitalmärkte«. In der Theorie ermöglicht die Deregulierung des Kapitalmarktes dem Investmentkapital frei zu- und abzufließen. Leider fließt aber das Geld häufig vor allem ab. Stiglitz nennt dies den Kreislauf des »heißen Geldes«. Das Geld kommt zum Zweck der Spekulation ins Land und flieht dann beim ersten Anschein von Problemen. Wenn dies passiert, verlangt der IWF von den betreffenden Staaten, ihre Zinssätze zu erhöhen und damit den Spekulanten einen Anreiz zu geben, dass sie dem Land seine Kapitalgrundlage zurückbringen. In Argentinien wurde diese Form der Geldbeschaffung (und Kapitalflucht) ›*bicicleta financiera*: Finanzfahrrad‹ genannt: Argentinische und in Argentinien ansässige internationale Großfirmen und Banken haben sich immer wieder billig im Ausland verschuldet und mit dem Geld durch Kapitalanlagen im Inland größere Rendite erzielt (Morazán 2002). Die Schaffung von Arbeitsplätzen und Unternehmen wäre bei diesen Zinsen selbst unter günstigen wirtschaftlichen Rahmenbedingungen unmöglich gewesen: Die notwendige Finanzierung des Wirtschaftswachstums ist einfach zu teuer.

Es waren nicht zuletzt die Volkswirte des IWF, die Argentinien zuredeten, seine Währung im Jahr 1991 in einer 1:1-Parität an den US-Dollar zu binden.[16] Eine stabile Währung bedeutet für die Kapitalgeber erhöhte Sicherheit. Für den exportorientierten Teil der argentinischen Wirtschaft stellte sich das mittelfristig jedoch als Katastrophe heraus: Mit dem harten Dollar-Peso-Kurs wurden argentinische Produkte im Verhältnis zu den Erzeugnissen anderer Volkswirtschaften zu teuer (Boris 2002a).

Milliarden Dollar zur Stützung der Wechselkurse dienen dazu, den Wechselkurs für kurze Zeit auf einem langfristig nicht haltbaren Niveau zu stützen, so dass die Kapitalgeber ihr Geld durch die offenen Finanzmärkte zu günstigen Bedingungen aus dem Land schaffen können. Oft handelt es sich um private Forderungen, die auf diese Weise zu öffentlichen Schulden werden. »Wenn sich Spekulanten nur gegenseitig abzocken würden, würde sie dies nicht reizen – es wäre eine hochriskante Aktivität, die *im Schnitt* eine Rendite von Null einbringen würde, da die Gewinne einiger durch die Verluste anderer ausgeglichen würden. Die Spekulation wird erst durch das Geld rentabel, das von Staaten kommt, die der IWF unterstützt«, lautet Stiglitz' Urteil. Auch im Fall von Argentinien ging es dem IWF darum, den Geldwert zu stabilisieren, die Schuldendienstfähigkeit aufrechtzuerhalten sowie eine gläubiger- und anlegerfreundliche Grundstimmung zu garantieren (Boris 2002). »In gewisser Hinsicht macht erst der IWF die Devisenspekulation zu einem lukrativen Geschäft.«[17] Es sei eine »Heuchelei, so zu tun, als wolle man den Entwicklungsländern helfen, während man gleichzeitig eine Politik betreibt, die die Reichen noch reicher und die Armen noch ärmer – und immer zorniger – macht« (Stiglitz 2002, 13).

Wie in Ost- und Südostasien hatte auch in Argentinien die Bevölkerung die Kosten zu tragen: Lohnkürzungen wurden durchgesetzt, die Bezüge der Staatsangestellten beschnitten, ebenso die Renten – die Mindestrente liegt heute bei 220 Peso. Das Bildungssystem wurde abgebaut, für Gesundheitsversorgung muss gezahlt werden, und öffentliche Einrichtungen wie Telefongesellschaft, Energieversorgung und Erdölindustrie sind längst an das europäische oder nordamerikanische Ausland veräußert (Pomrehn 2002).

Argentinien haushaltete in den letzten Jahren strikt nach den Regeln des Internationalen Währungsfonds. Es bediente pünktlich den Schuldendienst, und sei es, um dafür immer neue Schulden aufzunehmen (Fanizadeh 2001). Argentinien galt als Musterland des Neoliberalismus. Die Umverteilung des Vermögens war geglückt: Bereits vor dem Ausbruch der Finanzkrise Ende

16 Vgl. Stiglitz 2002, S. 88; siehe auch S. 274.

17 Stiglitz 2002, S. 229 f.; vgl. auch S. 240.

2001 hatten im Jahr 2000 die ärmsten zehn Prozent der Bevölkerung nur ein 24stel des Einkommens der reichsten zehn Prozent; 1980 war es immerhin ›nur‹ ein Neuntel gewesen. 2001 waren die Reallöhne im Schnitt 30 Prozent niedriger als in den achtziger Jahren, die Erwerbslosigkeit war in der gleichen Zeit von 8 Prozent auf über 20 Prozent gestiegen (Morazán 2004). Eine Arbeitsstelle wird für viele unerreichbar, wie Carina Mabel Chávez aus Solano anschaulich belegt: »Heute brauchst du Computerkenntnisse und Englisch, um einen Job als Straßenkehrer zu bekommen! Wofür? Damit du dich mit dem Besen unterhalten kannst?«

Vom Staatshaushalt zur Haushaltskasse

Die Erwerbslosigkeit begann in der ersten Hälfte der neunziger Jahre. Für die allermeisten war dies eine völlig neue und kaum fassbare Situation. Mitte der neunziger Jahre kam es zu Protesten. Aufgrund der ersten Blockaden richtete die Regierung Arbeitsbeschäftigungsmaßnahmen ein, welche gegen vier Stunden Arbeitsdienst eine finanzielle Unterstützung von damals 200 Peso bzw. US-Dollar gewährten.

Diese finanzielle Hilfe wird Schritt für Schritt gekürzt. 2003 liegt sie noch bei 150 Peso. Ausgezahlt wird sie in den nach der Krise eingeführten jeweiligen lokalen Währungen:[18] in Santa Fe in *Lecop*, in Buenos Aires in *Patacón*. Diese werden eins zu eins gehandelt, doch in einigen Läden nicht akzeptiert.[19] Durch die Freigabe des Wechselkurses gegenüber dem Dollar, aufgrund dessen ein Peso nur noch ein Drittel wert ist, sind die Preise seit Anfang 2002 auf das Dreifache gestiegen. Dazu kommt, dass das Preisniveau regional sehr unterschiedlich ausfällt. In den Barrios von Buenos Aires kostet ein Brot 1,80 Peso; in der Innenstadt sogar bis zu 3 Peso. In Santa Fe dagegen ist es bereits für nur 1 Peso erhältlich.

In Santa Fe ist das Verhältnis der Preise zwischen Innenstadt und Barrios jedoch umgekehrt, da in der Innenstadt die Großmärkte zu finden sind und in den Barrios nur kleine Einzelhandelsgeschäfte. So müssen die Frauen immer entscheiden, ob sie Geld für Bustickets ausgeben, um billiger ein-

18 Die Geldmenge und damit der Inflationsdruck auf den Peso soll durch diese Lokalwährungen geringer gehalten werden.

19 Um Verwirrung zu vermeiden, werde ich im Folgenden von 150 Peso sprechen, welche den gleichen Wert haben.

kaufen zu können. Doch die Ärmsten können sich das Ticket nicht leisten, schon dieses überschreitet manchmal die Summe, die sie für einen Tag zum Leben zur Verfügung haben. In die Innenstadt zu fahren wäre für sie wie für andere Menschen die Entscheidung, Geld für Urlaub auszugeben; einige kennen die Innenstadt nicht einmal.

In dem kleinen Laden in La Guardia bei Santa Fe kostet ein Mailänder Schnitzel vom Huhn 4,50, hausgemachte Nudeln 1,50 das halbe Kilo und 2,50 das ganze sowie Bier der Marke Santa Fe 1,30 Peso. Im Angebot gibt es den ›preiswerten Einkaufskorb‹: Öl, Mehl, Reis, Mayonnaise und Salz sowie eine Packung Tomaten und zwei Packungen Nudeln für insgesamt 10 Peso. Der Mate-Tee und das Toilettenpapier gehörten einmal dazu, sind nun aber durchgestrichen.

Ein Big Mac in der Innenstadt kostet derweil 4 Peso und 6 Peso incl. Pommes Frites und Cola; der Max Mac ist inklusive Pommes und Cola für 7 Peso zu haben. Nur »Das Lächeln ist gratis«, steht ebenfalls auf der Preisliste, doch gilt dies nicht für mich, die ich da nur einige Minuten stehe und die Preise notiere – schon verscheucht mich der Geschäftsführer.

Auch die Auslegung der staatlichen Zuwendungen erfolgt unterschiedlich. Während die Frauen in La Guardia erkämpft haben, dass sie alle noch ein Lebensmittelpaket zu den 150 Peso im Monat erhalten, bekommt dies in San José nur, wem gar keine finanzielle Unterstützung gewährt wird. Ein solches Lebensmittelpaket besteht für die durchschnittliche Kleinfamilie aus einem Kilo Weizenmehl, einem Kilo Maismehl, einem Kilo Reis, einem Kilo Zucker, einem Kilo Mate-Tee, einem Pfund Nudeln, einer Packung Tomaten, einem Paket Milchpulver und einem Liter Öl.

Denn lange nicht alle, die an einer solchen Beschäftigungsmaßnahme teilnehmen wollen, können das. Nicht nur bedarf es spezieller Voraussetzungen, die mit jedem neu aufgelegten Arbeitsplan wechseln, sondern es muss auch eine ›Arbeitsstelle‹ gefunden werden, wo die vier Arbeitsstunden pro Werktag abgeleistet werden können. Ging dies früher nur bei der öffentlichen Verwaltung selber, so erkämpften die Erwerbslosenbewegungen zwar, dies selber organisieren zu können, doch die ihnen genehmigten Maßnahmen sind in der Anzahl begrenzt und nie ausreichend. Darüber hinaus muss eine Organisation gefunden werden, die bereit ist, ihn oder sie in die Beschäftigungsmaßnahme aufzunehmen. Zuletzt gilt es noch, sich innerhalb der 14-Tages-Frist einzuschreiben. Allerdings heißt dies noch nicht, dass jemand akzeptiert wird.

Im Jahr 2002 hatte es drei verschiedene Programme für Arbeitspläne gegeben; das zum Zeitpunkt meiner Interviews wesentlichste war der für *Jefes y Jefas de Familias*, das heißt Familienvorstände. Als Familie zählten auch Alleinerziehende, weshalb es vorkam, dass Staatsangestellte jungen Frauen sagten, sie sollten sich doch ein Kind anschaffen.[20] »Warum wir nicht akzeptiert wurden, wissen wir nicht«, berichtet Marcela Fernández aus Colastiné Sur. »Wir hatten alle unsre Unterlagen hingebracht. Eine Frau hat drei Kinder und außerdem hat sie letztes Jahr ihr Haus verloren und lebt jetzt auf dem Feld. Eine andere hat auch drei Kinder und einen erwerbslosen Mann. Sie haben uns keine Begründung gegeben. Sie haben uns nicht akzeptiert und basta. So erging es vielen Leuten.«

Marcela Fernández selber hat zwei Kinder und ist alleinerziehend. Einer weiteren jungen Mutter von einem Neugeborenen wurde unterstellt, es sei gar nicht ihr Kind, was sie da auf dem Arm habe. Ihre deutlich sichtbaren Schwangerschaftsstreifen halfen ihr da genauso wenig wie die Geburtsurkunde.

Die Frauen beschließen, noch in derselben Woche eine Demonstration durchzuführen, dort, wo sich zu dieser Zeit die Schlange mit Hunderten von Menschen bildet, um ihre Unterstützung abzuholen – es gibt nur eine Stelle in Santa Fe und einen Tag im Monat, an dem dies geschieht.

Auch Mirta Silva gehört zu den Frauen, denen die Arbeitsmaßnahme diesmal verweigert wurde: »Die Schlange, die die Frauen machen müssen, stundenlang, schwanger, mit Kleinkindern, in der Sonne, und dann kommen wir am Ziel an und sie sagen uns: Nein, wir zahlen nicht, denn die Dokumente sind nicht in Ordnung: Angeblich fehlt irgendwas, oder das Foto habe keine Ähnlichkeit, obwohl die Dokumente alle neue sind. Das ist ihre Ordnung, denn unserer Ordnung entsprechen sie! Sie aber behandeln uns nicht einmal wie Menschen; sie behandeln uns wie Tiere.«

Eine Woche zuvor war Mirta bei einer öffentlichen Anhörung der Stadtverwaltung ans Mikrophon getreten und hatte auf den Unsinn hingewiesen, den es bedeutet, Mütter zu vier Stunden Arbeit außer Haus zu zwingen, während die Kinder unbeaufsichtigt und unbetreut zu Hause bleiben müssen: »Ich bin Mutter von sieben Kindern, nicht von einem! Was kostet den Staat mehr? Mir vier Stunden Arbeit erlassen, für die sich der Staat sowieso nicht interessiert, oder für kranke, verletzte oder vernachlässigte Kinder

20 »Nun gut, mach dir ein Kind«, sei ihr auf der Behörde gesagt worden, berichtet eine Frau aus Tartagal; zitiert nach Maristella Svampa/Sebastián Pereyra: Entre la ruta y el barrio. La experiencia de las organizaciones piqueteras, Buenos Aires 2003.

aufkommen, um die sich niemand kümmern konnte? Wir Mütter wollen keine verrohten Kinder. Wir wollen, dass es gute Menschen werden. Aber dafür müssen wir uns unsere Würde wiederholen, die Sie uns gestohlen haben!«

Solche Aktionen sind bei der Frauengewerkschaft an der Tagesordnung. »Wir haben auch Demonstrationen durchgeführt, damit es jenen Funktionären an die Gurgel geht, die für die Verteilung der Lebensmittelpakete zuständig sind«, erzählt Nidia Kreig. »Ein Liter Öl, ein Kilo Reis und so. In einem der Barrios wurden von Frauen sogar sexuelle Dienstleistungen verlangt für den Erhalt eines solchen Paketes!«

Solidarische Wirtschaft und feministische Ökonomie

›Solidarische Wirtschaft‹ – ›partizipatorische Wirtschaft‹ – ›gemeinwesenorientierte Wirtschaft‹: Die Namen sind vielfältig. Die Ideen dahinter auch, lassen sich aber auf einen gar nicht so kleinen gemeinsamen Nenner bringen: bedürfnisorientiert und vorsorgend wirtschaften, kollektiv arbeiten und kollektiv die Früchte der Arbeit verteilen.

Die theoretische Abgrenzung dieser häufig auch als ›Wirtschaft von unten‹ bezeichneten Ansätze ist nicht so einfach. Dritter Sektor, Eigenarbeit und – ja, selbst der Begriff »gemeinwesenorientierte Wirtschaft«, geprägt von Carola Möller, wird inzwischen für die neoliberale Vorstellung von einem zweiten Arbeitsmarkt missbraucht: einem Niedriglohnsektor für jene, die vom ersten Arbeitsmarkt ausgeschlossen wurden. »Ungeniert werden neue Unterschichtungen zu Zukunftsmodellen stilisiert«, formuliert Gisela Notz treffend mit Bezug auf Ulrich Becks Konzept der Bürgerarbeit und verwandte Entwürfe.[21] Nicht selten werde dafür der von Feministinnen entwickelten Arbeitsbegriff benutzt, der im Gegensatz zum traditionellen bezahlte und unbezahlte Arbeit einschließt. Doch dabei werde eine Aufwertung ohne Veränderung propagiert. Es sei makaber, Konzepte zu präferieren, die gerade solche Arbeitsverhältnisse forcieren, aus deren Erlös sich die Mehrzahl derjenigen, die sie inne haben – überwiegend Frauen –, nicht selbstständig ernähren könne (Notz 1999, 129). Ein solcher Sektor sei nichts als Reparaturarbeit der Schäden, die der Neoliberalismus produziert,

21 Notz 1999, S. 129; vgl. auch Notz 1998, S. 34 ff. sowie Beck 1997.

so Carola Möller, zudem staatlich kontrolliert statt selbst organisiert (Möller 1998).

Die Abgrenzung in der Praxis ist nicht einfacher. Das argentinische Beispiel zeigt dies überdeutlich: Menschen werden mit weniger als 50 Euro im Monat abgespeist, und das in einer Stadt, deren Preisniveau dem europäischen entspricht. Unabhängig davon, was diese Menschen daraus in ihrer Selbstorganisierung zu schaffen vermögen, ist dies immer auch Armutsverwaltung.

Was aber verbirgt sich hinter dem Begriff ›Feministische Ökonomie‹? Ungefähr so viele Ansätze wie hinter dem Begriff ›Ökonomie‹. In der *International Association of Feminist Economics*, gegründet 1993, versammeln sich neoliberale, keynesianische, marxistische Theoretikerinnen und natürlich viele, die sich nicht so leicht mit Labeln versehen lassen; das alles gemischt mit der jeweiligen feministischen Richtung – liberal, differenztheoretisch, konstruktivistisch, diskursanalytisch – ergeben sich sogar noch wesentlich mehr mögliche Ausrichtungen.

In der bundesdeutschen Diskussion verbinden sich mit diesem Begriff vor allem ökofeministische, wie insbesondere der ›Bielefelder Ansatz‹ einer Subsistenzwirtschaft.[22] Äußerst wertvoll war dieser Beitrag darin, aufbauend auf die Analyse Rosa Luxemburgs zu zeigen, dass das Ziel des Kapitalismus gerade nicht die Durchkapitalisierung der Welt ist – also nicht die Verwandlung jeglicher Form von Arbeit in Lohnarbeit –, sondern es im Gegenteil bestehensnotwendig für den Kapitalismus ist, die Arbeit von Frauen als Quasi-Naturressource ausbeuten zu können. Da die Arbeit der Frauen in Form von Hausarbeit unsichtbar gemacht werde und meist nicht in der gleichen Weise wie bei Männern als Lohnarbeit erscheine, könne sie auch zu einem geringeren Entgelt gekauft werden. Ebenso wertvoll war ihre Kritik an einer Vernutzung der Natur; der als »Ökofeminismus« bekannte Ansatz war eng damit verbunden.[23] Doch geschah dies in einer biologistischen und dualistischen Zuschreibung von Eigenschaften bis hin zu Tätigkeitsfeldern von Männern (böse) und Frauen (gut), so dass sich die meis-

---

22 Vgl. Veronica Bennholdt-Thomsen/Maria Mies/Claudia v. Werlhof: Frauen, die letzte Kolonie. Zur Hausfrauisierung der Arbeit, Reinbek bei Hamburg 1983 sowie Maria Mies: Patriarchat und Kapital. Frauen in der internationalen Arbeitsteilung, Zürich 1987.

23 Vgl. u.a. Vandana Shiva (Hg.): … schließlich ist es unser Leben. Ökofeministische Beiträge von Frauen aus aller Welt, Darmstadt 1995 sowie Janet Biehl: Der soziale Ökofeminismus und andere Aufsätze, Grafenau-Döffingen 1991.

ten Feministinnen davon scharf abgrenzen.[24] Der Widerstand gegen die irreversible Zerstörung von Lebensgrundlagen kann jedoch als Element feministischer Versionen einer solidarischen Ökonomie festgehalten werden (Braun 1999, 101).

Das wohl grundlegendste Element feministischer Ansätze ist die Sichtbarmachung von Reproduktions- bzw. Versorgungsarbeit. »Es ist schon erstaunlich«, formuliert Carola Möller, »wieso es bisher gelungen ist, die unbezahlte Arbeit im öffentlichen Bewusstsein als nicht vorhanden und ohne Wert erscheinen zu lassen« (1998, 471). Damit blendet die jetzige Ökonomie systematisch ihre Leistungsvoraussetzungen aus (Peters 1998, 511).

Möller bezieht explizit »materielle und psychische Haushaltsarbeiten, die Betreuungsarbeiten für Kinder, Kranke, Behinderte und Alte« mit ein (Möller 1997, 29). Dies geschieht zum einen in der Hoffnung, dass sich die Arbeit für das Private deutlich reduzieren ließe (Notz 2001, 137), als auch mit dem Ziel der gleichberechtigten Teilhabe von Männern und Frauen am ganzen Leben. Eine Erweiterung des Arbeitsbegriffes um Reproduktionsarbeit – wie dies bei Konzepten zur Bürgerarbeit und Eigenarbeit der Fall ist – reiche dabei nicht, so Gisela Notz, sondern es gehe um eine Kritik der Lohnförmigkeit und der Abhängigkeit der bloßen Existenz vom gezahlten Lohn (Notz 1999, 130 f.).

Gemeinwesen- bzw. bedürfnisorientiertes Wirtschaften

Carola Möller spricht in Abgrenzung zu Konzepten, welche als Reparaturarbeiten die neoliberale Wirtschaft ergänzen sollen, inzwischen selber lieber von Versorgungswirtschaft oder bedürfnisorientiertem Wirtschaften statt von gemeinwesenorientiertem Wirtschaften.[25] Eine solche Wirtschaft müsse auf den Menschen ausgerichtet sein. Als wichtigste Kriterien und Ziele formuliert sie, ein solches Wirtschaften[26] müsse:

24 Vgl. Habermann 1999, S. 17 f. sowie Möller 1997, S. 22 f.

25 Vgl. das Interview mit Carola Möller von Böttger/Fröse 1999, S. 28.

26 Alena Wagnerovà begründet die Verwendung des »völlig in Vergessenheit geratenen« Verbums *wirtschaften* mit ihrer Großmutter: Diese habe nie gesagt, sie müsse sparen, da sie stets gewirtschaftet habe – ohne die Definition zu kennen, aber doch in diesem Sinne: als planmäßiges Handeln zur Befriedigung menschlicher Bedürfnisse mit Rücksicht auf die zur Verfügung stehenden Ressourcen; vgl. Wagnerovà 1997.

– gemäß den eigenen Bedürfnissen bedarfsorientiert sein[27]
– selbstversorgend sein
– mehrheitlich lokal organisiert sein, ohne jedoch Vernetzungen zu anderen, auch überregionalen, Einheiten auszuschließen
– auf ›nicht-patriarchaler Arbeitsteilung‹ beruhen in dem Sinne, dass der Stellenwert der einzelnen Bereiche (Haus-, Handwerks-, Pflege-, Garten-, etc.) wie auch die Einflussmöglichkeiten der dort Arbeitenden auf den Gesamtprozess gleichgewichtig sind
– an vorhandenen Qualifikationen anknüpfen und die Erweiterung von Qualifikationen fördern
– sozial kompetentes, kooperierendes und solidarisches Handeln als notwendige Grundeinstellung erlernbar machen
– ökologisch sinnvoll mit Ressourcen umgehen, um so ein Vorausdenken für die kommenden Generationen zu garantieren
– basisdemokratisch und kollektiv selbstbestimmt Entscheidungen treffen (mit Hilfe von Delegation, Rotation und Konsensentscheidungen).

Kurz: ein basisdemokratisch organisiertes, bedürfnisorientiertes, vorsorgendes Wirtschaften, welches auf eine neue Lebensqualität zielt.[28]

Ohne dass Carola Möller diese Unterscheidung explizit trifft, lassen sich Kriterien erkennen, welche für Ansätze unter den gegebenen kapitalistischen Bedingungen gelten: kostendeckend zu arbeiten statt auf Profit ausgerichtet zu sein, vorwiegend preisgünstig auf regionalen Märkten zu tauschen oder zu verkaufen statt auf Weltmärkten zu Weltmarktpreisen, und mit möglichst geringem Geldtransfer. Die Entlohnung solle auf anderen als den üblichen Marktbewertungen beruhen. Das Ganze solle möglichst unabhängig vom Staat sein, wobei jedoch an diesen die Forderung ergeht, Gebäude als Gemeinschaftseigentum und eine kostenlos zu nutzenden Infrastruktur zur Verfügung zu stellen.

Möllers Vorstellungen können als Einladung verstanden werden, den Weg zu einer feministischen und solidarischen Ökonomie durch viele ge-

---

27 Brigitte Bleibaum und Lilo Steitz weisen auf den Unterschied zwischen Bedürfnis und Bedarf hin, wonach es kein Bedürfnis nach einem Auto geben könne. In diesem Sinn ist ein Auto nur ein Mittel, um Bedürfnisse nach Fortbewegung, Prestige etc. zu befriedigen. Marktanalysen ersetzten die Ermittlung von Bedürfnissen durch die Ermittlung des auf kaufkräftige Nachfrage reduzierten Bedarfs; vgl. Bleibaum /Steitz 1997.

28 Vgl. Möller 1997, S. 2. Überlegungen für eine auf ähnlichen Prinzipien beruhende solidarische Ökonomie reichen bis zu den FrühsozialistInnen, um nicht zu sagen bis ins Mittelalter oder sogar Altertum – damals häufig religiös motiviert – zurück.

meinsame Aktivitäten zu finden (Braun 1999, 108). Bevor wir uns auf diese »feministische Spurensuche« (Katrin Andruschow) begeben, möchte ich zwei weitere aktuelle Ansätze zur solidarischen Ökonomie vorstellen. Beide sind nicht bzw. nicht explizit feministisch, beide versammeln jedoch Bewegungen, welche sich über die jährlichen Weltsozialforen der Globalisierungsbewegung vernetzen.

Solidarische Ökonomie auf dem Weltsozialforum

Im Rahmen der jährlichen Weltsozialforen treffen sich VertreterInnen von Projekten Solidarischer Ökonomie aus der ganzen Welt. So verschiedenartig diese sind, so lassen sich doch auch hier ähnliche Grundmerkmale festhalten: Bedürfnisbefriedigung statt Profitorientierung, Partizipation der Beteiligten, kollektiver Besitz, an den Menschen orientierte Einkommensverteilung, Organisierung in kollektiv und demokratisch aufgebauten autonomen Netzwerken, ökologische Orientierung (Economic Solidarity Group of Quebec 2003, 91 f.).

Gruppen aus Mexiko, Senegal, Frankreich, Kanada, Peru und weiteren Ländern kamen im Rahmen des zweiten Weltsozialforums in Porto Alegre 2001 zusammen, darunter Bewegungen für eine ökologische Landwirtschaft, Fair-Trade-AktivistInnen, Nachbarschaftsversammlungen, ArbeiterInnen unter Selbstverwaltung, Gemeinschaftsküchen und andere mehr. Die Solidarische Ökonomie zeige ihr Potential für eine andere Globalisierung: sozial gerecht, bedürfnisorientiert und die Lebensqualität sowohl der derzeitigen ErdbewohnerInnen verbessernd, als auch die der zukünftigen. Solidarische Ökonomie zeige in der Praxis, dass eine andere Welt möglich sei. Gleichzeitig wurde jedoch stark darüber diskutiert, ob Solidarische Ökonomie als Parallelökonomie zum Kapitalismus zu verstehen sei, oder als ergänzend, oder ob sie in Konflikt zu diesem stehe und fähig sei, diesen langfristig zu ersetzen.

Dazu wurden eine Reihe von Fragen aufgeworfen: Wie kann die ungleiche Verteilung des Reichtums überwunden werden? Wie kann vermieden werden, vom Kapitalismus absorbiert zu werden? Wie kann die diskriminierende Arbeitsteilung nach Geschlecht, Ethnie und anderen Identitätskriterien überwunden werden?

Aber auch: Wo liegen die eigenen Widersprüche von Solidarischer Ökonomie, wo die Konflikte, und sind diese einer solchen Wirtschaftsform innewohnend oder überwindbar? Wie kann mit den durch den Kapitalismus verinnerlichten Werten umgegangen werden? Wie können Praxen der Gegenseitigkeit gefördert werden?

All dies bringe auch persönliche Veränderungen auf einer alltäglichen Basis mit sich; insbesondere die Geschlechterverhältnisse müssten hier mit einbezogen werden (Quintela 2003).

Partizipatorische Ökonomie: Parecon

Life after capitalism lautete auf dem Weltsozialforum 2003 in Porto Alegre eine von der internationalen Vernetzung ZNet und deren Gründer Michael Albert organisierte Sektion. Mit seinem Konzept einer partizipativen Ökonomie – kurz: Parecon – sucht Albert nach Antworten für eine Wirtschaft jenseits des Kapitalismus. Für ihn ergeben sich vier Kriterien:

- Selbstorganisierung (self-management) in dem Sinne, dass die Entscheidungsbefugnis jedes und jeder einzelnen jeweils abhängt von dem Maße, in dem sie oder er von der Entscheidung betroffen ist
- eine Arbeitsteilung, welche auf den jeweiligen Fähigkeiten aufbauend für jedeN einen fairen Anteil stupider und lästiger Routinearbeiten bereithält, als auch einen Anteil erfüllender und weiterbringender Arbeiten
- eine Entlohnung, welche sich (vorausgesetzt, die Person ist fähig zu arbeiten) ausnahmslos (spezielle, zum Beispiel medizinische Notwendigkeiten ausgenommen) nach dem Einsatz und der ›Aufopferung‹ ausrichtet, das heißt zum einen kann das durchschnittliche Einkommen durch individuelle Arbeitszeitverkürzung bzw. Mehrarbeit variieren, zum anderen durch die (Un-)Beliebtheit einer Tätigkeit
- eine Allokation, also die Zuweisung von Ressourcen für die Produktion, welche auf dem Austausch von Wünschen und Möglichkeiten durch KonsumentInnen- und ProduzentInnen-Räten beruht.

Üblich bei den meisten männlichen Theoretikern ist es, der Versorgungsarbeit keinen gesonderten Status zuzuweisen, oder aber sie im unanalysierten Nebel des Privaten zu belassen. Michael Albert lässt beide Wege offen: Entweder könne diese Arbeit einfach unter Parecon subsumiert werden, oder aber sie werde als »kinship activity« betrachtet, und unterliege damit den Werten und Strukturen, die in dieser »kinship sphere of life (as opposed to the economy)« herrschten (Albert 2000, 132 f.). Dieser letzteren Alternative neigt Albert zu, denn »home-based work is a rather private and personal affair« (ebd., 134) – oder auch: Das Private ist unpolitisch. Albert beeilt sich jedoch zu sagen, diese Sphäre sei selbstverständlich vom Gleichheitsgedanken der Parecon durchdrungen.

Die Einbeziehung reproduktiver Arbeit ist elementarer Bestandteil jeder Form feministischer Ökonomie. Was genau als reproduktive Arbeit gilt, ist allerdings umstritten. Christel Neusüß bezeichnet in ihrem 1985 erschienenen Werk *Die Kopfgeburten der Arbeiterbewegung* die analytische Trennung von produktiver und reproduktiver Arbeit als einen »Weiblichkeitsmythos«. Die Trennung sei nicht haltbar: Zum einen wiederhole sich auch die sogenannte produktive Arbeit beständig, zum anderen sei die Ware Arbeitskraft als Ergebnis von Erziehungs- und alltäglicher Reproduktionsarbeit ein Resultat, welches ebenfalls in die Zirkulation eingehe (Neusüß 1985, 261). Sie erweitert den Marx'schen Arbeitsbegriff dementsprechend, und bezieht dabei jede Form von »Beziehungsarbeit« ein. Als Beispiel gibt sie die Unterbrechungen an ihrer Arbeit durch die kleine Tochter einer Freundin.

Rainer Bauböck (1991) lehnt eine solche Erweiterung des Arbeitsbegriffes durch Neusüß ab. Dadurch werde eine Unterscheidung zwischen »spontaner Zuwendung von *Lebenszeit* für einen anderen Menschen« und »angestrengte und normierte Verausgabung von *Arbeitszeit*, um diesen für eine kapitalistische Lebens- und Arbeitswelt zum tauglichen Träger von Arbeitskraft zu machen«, unmöglich. Nur was diesem Zweck diene, könne als Arbeit gelten. So könne Kochen mühsame Arbeit zum Zwecke der ökonomischen Reproduktion der Arbeitskraft sein, aber auch durch kulturelle Essrituale um Bestandteile erweitert werden, die nicht dazuzurechnen seien.[29]

Eine solche Reflektion von Versorgungsarbeit findet sich bei Michael Albert in keiner Weise. Immerhin jedoch überzeugt sein Postulat, die einzig

29 Bauböck 1991, S. 17/30. Genau diese Unterscheidung ist für Bauböck wesentlich bei seinem Versuch, ein eigenes Mehrwertmodell zu entwerfen, in welches die "häusliche Ausbeutung" mit einfließt. Völlig analog zur Definition von Ausbeutung der Lohnarbeit setzt er als Ausbeutung der Hausarbeit jene zur Reproduktion gesellschaftlich notwendige Arbeitszeit, welche nicht im Wert der Arbeitszeit, dem Lohn, enthalten ist. Im Reproduktionsbereich wird der Lohn jedoch nicht empfangen, sondern zur Konsumtion von Gütern und Dienstleistungen verwendet. Reicht er aus, um jegliche Eigenarbeit durch marktvermittelte Waren und Dienste zu ersetzen, ist die Ausbeutung der Hausarbeit Null. Reicht sie nicht aus, entspricht der notwendige Zeitaufwand der Ausbeutung. Die Mehrarbeit in der Reproduktion äußert sich damit als Wertminderung der Arbeitskraft, da sie jene Arbeitsleistung darstellt, die es ermöglicht, die im Lohn verkörperte Arbeitszeit niedriger zu halten.

gerechte Arbeitsteilung sei jene, welche abstumpfende und aufbauende Arbeit auf alle verteile. Er bringt ein Beispiel, um damit zu verdeutlichen, dass ansonsten auch eine formal gleichberechtigte Entscheidungsstruktur sich ad absurdum führt: »Suppose Betty spends all day cleaning floors and Salim spends all day doing empowering financial and social tasks that increase his decision-making related skills and knowledge. Even if Betty and Salim have the same workplace voting rights and even if they are remunerated justly, after months of working at these differently empowering jobs, Betty will have neither the energy, knowledge, confidence, nor skills to play a role comparable to Salim's in influencing decisions« (Albert 2000, 63 f.).

Obwohl Albert klar formuliert, sein Konzept als Perspektive für eine Überwindung des Kapitalismus zu verstehen, spricht auch er sich dafür aus, sich nach diesen Kriterien so gut wie möglich bereits jetzt zu organisieren. »Reforms«, so Albert, »can be reformist, when they accept the basic institutions of society and are ends in themselves, with no greater overarching aim in mind. And reforms can be non-reformist, when they seek improvements in current relations, but exist also as self conscious steps in a larger trajectory of on-going change« (ebd., 158).

Kriterien für die Untersuchung

Carola Möller schlägt vor, mit den Menschen in den alternativen Projekten prozessbegleitend zu verfolgen, ob und in welcher Weise sich neue Lebensqualitäten entwickeln, was das ›Bessere‹ an der anderen Lebens- und Arbeitsweise ist und ob sich eine Ausgewogenheit zwischen materiell und emotional guter Versorgung entwickelt. Dabei gehe es vor allem darum, den Unterschied zum Kapitalismus bzgl. Macht, Einfluss und Abhängigkeiten zu analysieren sowie Strategien gegen die Inbesitznahme durch Stärkeren und Konzepte fürs Erlernen von Teamfähigkeit, sozialer Kompetenz und Toleranz zu entwickeln (Möller 1997, 30 f.).

Möller weist darauf hin, dass in der Soziologie bekannt sei, dass erfragte Verhaltensweisen und Einstellungen nur wenige Hinweise auf zu erwartendes Handeln geben; darum müsse verstärkt das Beobachten von Handeln und Nicht-Handeln aufgegriffen werden (Möller 2001).

Obwohl ich diese Skepsis teile, weiß ich ebenso darum, dass zwei Aufenthalte von nur wenigen Wochen diesem Prozess nicht annähernd gerecht werden können. Hinzu kommen alle bekannten Bedenken zur Feldforschung, angefangen von der veränderten Situation durch eine Person von außen, dem notwendig eingeschränkten Radius und nicht zuletzt die Problematik des »omnipotent white eye«, wie Stuart Hall die Position der westlichen Wissenschaft treffend nennt (Hall 1989, 159). Aus diesen Gründen habe ich beschlossen, ganz überwiegend mit den direkten Aussagen der Beteiligten zu arbeiten. Dabei habe ich mich von der *Grounded Theory* als Methode inspirieren lassen.[30] Da zu allen Themen mehrere, auch gegensätzliche Meinungen eingeholt wurden, hoffe ich, dadurch der Ungenauigkeit von Selbstwahrnehmungen und Aussagen etwas entgegensetzen zu können.

An Carola Möllers Kriterien angelehnt, orientiere ich mich bei der Analyse an folgende Fragen:

1. Eine alternative Wirtschaft? (Ökonomische Aspekte)

Sind die Ansätze
- bedürfnisorientiert?
- selbstversorgend?
- vorwiegend lokal?
- überregional vernetzt?
- vorsorgend?
- kostendeckend?
- preisgünstig?
- Besteht geringer Geldtransfer?
- Welche Rolle spielt Eigenproduktion?
- Erfolgt die Entlohnung nach nicht am Markt ausgerichteten Kriterien?
- Sind sie unabhängig vom Staat?

2. Herrschaftsfreiheit für alle? (Feministische Aspekte)

Überwindung sexistischer Strukturen im Privatbereich?
- Arbeitsteilung zu Hause
- Entscheidungsstruktur zu Hause
- Veränderung im persönlichen Bereich

Überwindung sexistischer Strukturen in den Organisationen?
- Arbeitsteilung in den Organisationen

30 Siehe u.a. Barney G. Glaser/Anselm L. Strauss: Grounded Theory. Strategien qualitativer Forschung, Bern u.a. 1998; Anselm Strauss/Juliet Corbin (Hg.) (1997): Grounded Theory in Practice, London/New Delhi.

- Übernahme repräsentativer Funktionen
- Veränderung des Geschlechterverhältnisses in den Organisationen

Überwindung weiterer Herrschaftsverhältnisse?
- Rassismus
- Diskriminierung nach Klassen
- 3. Befreite Arbeit? (Emanzipatorische Aspekte)
- Überwindung kapitalistischer Entscheidungsgewalt?
- Entscheidungsstrukturen: Wie funktionieren sie formal?
- ... und wie tatsächlich?
- Gibt es Hierarchien?

Überwindung kapitalistischer Arbeitsweisen?
- Herrscht (Arbeits-)Druck?
- Fühlt sich Arbeiten hier anders an?
- Wird die kapitalistische Logik gebrochen?

Todo cambia? – Alles verändert sich?
- Schöner leben: Wird die Lebensqualität gesteigert?
- Cambio humanístico: Kommt es zu Veränderungen durch die Organisierung?

Frauenorganisierung in Santa Fe

Santa Fe hat 340.000 EinwohnerInnen – aber wo sind sie bloß? In der Hitze des argentinischen Sommers wirken die Straßen der Provinzhauptstadt leer. Die Luft ist staubig. Im Kiosk an der Ecke des zentralen Platzes döst die 70-jährige Besitzerin vierzehn Stunden am Tag vor sich hin, nur selten unterbrochen von einem Käufer. Einige der Groschenhefte wirken, als gilbten sie bereits seit Jahrzehnten vor sich hin.

Einige Straßenecken entfernt belebt sich gegen Abend die Szenerie. Hier in der Fußgängerzone finden sich McDonalds, Sportgeschäfte und Musikläden. Ein Rollstuhlfahrer breitet seine verpackten Hemden auf einer Sitzbank zum Verkauf aus. Drei Polizisten vertreiben ihn.

Vom Wohlstandsverein zum rettenden Netz: Die Hausfrauengewerkschaft und das Red de Mujeres

Groß und nobel wirkt das hell erleuchtete Haus, ja majestätisch. Vielleicht ist es in besonders gutes Licht gesetzt worden für die Titelseite dieser Ausgabe *Vocero(a) de las mujeres* (SprecherIn der Frauen) von 1995, aber beeindruckend ist es auf jeden Fall. »In diesem Haus wird für die Rechte der Frauen gearbeitet!«, heißt es dazu – es handelt sich um den früheren Sitz der *Sindicato de Amas de Casa*, der SAC, und das Magazin ist die frühere Mitgliedszeitschrift dieser Hausfrauengewerkschaft.

80.000 Mitglieder hatte die SAC zu jener Zeit. Sie war auch nicht nur auf die Landeshauptstadt der gleichnamigen Provinz Sante Fe beschränkt, sondern auch in Rosario, San Justo und vielen anderen Städten der Provinz gab es Filialen. Die 8.000 Mitfrauen, die sich entschlossen, einen monatlichen Beitrag zu zahlen, kamen in den Genuss zahlreicher Vergünstigungen: Es gab nicht nur ärztliche Versorgung durch Kinderärzte, Gynäkologen und Herzspezialisten in den Filialen, sondern für eine Beitragserhöhung von nur 50 Centavos monatlich auch eine Krankenversicherung dazu – praktisch geschenkt.[31] Des Weiteren wurden zahlreiche Vergünstigungen geboten in Läden, die auf die Zielgruppe Frauen ausgerichtet waren: Der Gang zur Friseuse wurde zum Schnäppchen, für alle, welche die Beitragsquittung vorlegen konnten. Reisen wurden organisiert nach Buenos Aires und in alle anderen Provinzen des riesigen Landes, nur ausgenommen vom extremen Süden. »Die Frauen standen Schlange, um Mitglied zu werden«, erzählt die 82-jährige Tita Bonini, eine der ersten, die beitraten.

Auf dem Titelblatt der Ausgabe Nr. 3/1995 ist die Übergabe eines Fiats an den glücklichen Gewinner – ja, ein Mann – einer Tombola zu sehen. Wer die Zeitschrift aufschlägt, findet darin eine Hilfestellung für die Reinigung des Videorecorders, Werbung für Schönheitssalons (eine Massage umsonst für die ersten 14 Frauen, die mit ihrer SAC-Überweisung kommen) sowie Anleitungen zum Herstellen von Gesichtsmasken aus Kartoffeln, Milch, Bananen, Honig und Sahne. Aus heutiger Sicht liest sich das wie eine Liste dessen, was meine Interviewpartnerinnen gerne mal wieder äßen.

1985 wurde die Hausfrauengewerkschaft gegründet, um eine Rente für Hausfrauen zu erkämpfen, und so ihre Unabhängigkeit im Alter zu erreichen. Schon bald weiteten die Frauen diese Forderung auf Lohn für Hausarbeit aus, um schon vor dem Rentenalter unabhängig vom Familienlohn des Mannes sein zu können. In Argentinien war das Hausfrauenmodell bis in die neunziger Jahre hinein noch wesentlich üblicher als bei uns, auch innerhalb der Arbeiterklasse. Die Männer bekamen je nach Familienstand und Kinderzahl unterschiedliche Lohnhöhen ausbezahlt – für erwerbstätige Frauen gab es pro Kind nur einen Bruchteil davon; ›belohnt‹ wurden dagegen Eheschließungen und Geburten.

Auch Tita war Hausfrau, nachdem sie ihre Arbeit als Klavierlehrerin mit dem Eintritt in die Ehe aufgegeben hatte – so war es allgemein üblich gewesen. Als sie in die SAC eintrat, zahlte sie zunächst einfach ihren Mitgliedsbeitrag und kümmerte sich nicht weiter. Erst 1987 schaute sie mal bei einer Veranstaltung vorbei, und es gefiel ihr so gut, dass sie seitdem aktiv dabei geblieben ist. »Jeden Montag haben wir einen Info-Abend für Interessierte durchgeführt, darüber, was wir alles machen, und es kam immer eine ganz schön große Runde zusammen! Und einige blieben immer dabei und haben mitgearbeitet.«

31 Heute bietet die SAC immer noch die Möglichkeit einer solchen Versicherung, doch zu ganz normalen Konditionen.

In diesen 16 Jahren hat sich viel getan. Als Tita mit ihrer Aktivität begann, befanden sich die Büroräume im selben Haus wie auch heute – der Umzug Ende der achtziger Jahre in das auf der Zeitschrift abgebildete Prachtgebäude musste Ende der neunziger wieder rückgängig gemacht werden. Mit Beginn der wirtschaftlichen Krise Argentiniens schwanden die Mitglieder der SAC, da sich immer weniger die Beitragszahlungen leisten konnten: Immer mehr Ehemänner waren arbeitslos geworden. Hatte es früher in jedem größeren Ort eine Filiale gegeben, so wurde nun das Geld knapp, diese in der gesamten Provinz zu bereisen und so das Netzwerk aufrecht zu erhalten. Das Netz brach zusammen; nur in Rosario existiert überhaupt noch ein Ableger der Gewerkschaft, doch dieser arbeitet heute unabhängig von Santa Fe. »Trotzdem haben wir weiter gekämpft, auch wenn es nun sehr schwierig geworden ist! Auch, wenn es ganz, ganz viel Anstrengung kostet, die Gewerkschaft aufrecht zu erhalten«, so Tita.

Fast alle der 80.000 Frauen haben ihre Mitgliedschaft irgendwann beendet. Vor allem wegen des Geldes, allerdings auch müde geworden im Kampf um die Hausfrauenrente. Nie werde diese erreicht werden – das dächten inzwischen die allermeisten, so Tita. Dabei war solcher Gesetzentwurf sogar bereits einmal angenommen worden, und es hatte zum Greifen nahe ausgesehen. Es war am letzten Tag dieser Regierung, das letzte Gesetz, welches behandelt wurde. Der neue Gouverneur legte jedoch sein Veto ein gegen zwei Artikel – es ging um die Frage, ob es eine Rente mit oder ohne Mitgliedsbeiträge sein sollte – und so wurde das Gesetz erst verschleppt und dann nie umgesetzt.

An die goldenen Zeiten der SAC erinnert sich Tita gerne, auch an die Verlosung des Fiats: »Oh ja, wir haben monatlich solche Tombolas durchgeführt! Alle Preise gab es doppelt: zwei Autos, zweimal Kleidung in einem Modegeschäft usw. Ein Los kostete 10 Peso, das war nicht wenig, aber es wurde viel gekauft. Wenn wir diese Verlosungen durchgeführt haben, haben wir immer einen Prozentsatz daran verdient. Daraus wurden Miete und Löhne mitfinanziert. Wenn wir so etwas heute durchführten, nähmen wir vielleicht gerade mal 10 Peso insgesamt ein! Die Frauen können ja nicht mal mehr die 1,50 Peso Monatsbeitrag für die Raummiete zahlen, denn dann fehlt ihnen dieses Geld zum Essen.«

Auch damals schon waren viele der Mitglieder Frauen aus den Barrios. Auch sie kannten damals kaum finanzielle Probleme – die Männer hatten alle Arbeit, verdienten gut. Tita hat sich in die Arbeit des neu entstandenen

Red Interbarrial de Mujeres nicht mehr eingeklingt. Sie hofft auf das Wiederaufleben der Hausfrauengewerkschaft im früheren Sinn. »Es gibt immer noch alle Adressen aller ehemaligen Mitglieder«, sagt sie. »Ich habe immer noch die Hoffnung, dass bei einer guten Regierung, wenn es wieder mehr Arbeit gibt, wieder mehr Frauen bei uns mitmachen, und dass sich dieses Gesetz doch noch durchsetzen lässt.«

Die Frauengewerkschaft selber besteht fast nur noch aus einer Kommission von acht Frauen zwischen 28 und 82 Jahren, sowie zwei Frauen am Empfang und im Büro, die als Relikte aus alter Zeit übrig geblieben sind. An der Wand hängen noch viele Kursangebote, neben Yoga vor allem Sprachen: Englisch, Deutsch, Französisch, Latein, Italienisch, Portugiesisch, ja sogar Baskisch. Nichts davon existiert noch. Der Behandlungsraum des Gynäkologen weist noch einige Spuren seiner früheren Bestimmung auf, ansonsten steht er leer. Die Bibliothek ist veraltet und verstaubt. Auch die zahlreichen Computer im Büro täuschen, nur einer ist funktionsfähig. Doch hier im Arbeitszimmer herrscht reges Leben – es gibt viel zu tun.

Das Red Interbarrial de Mujeres – ein Netzwerk von Frauen

Nach dem Crash vom Dezember 2001 verschlimmerte sich die finanzielle Situation vieler Frauen dramatisch. Es waren kaum noch Mitfrauen übrig geblieben, die SAC war auf eine kleine Gruppe Aktiver zusammen geschmolzen. Die Sorge um eine Rente für Hausfrauen trat in den Hintergrund, die Sorge ums Überleben stand im Vordergrund.

Es bestand Kontakt zu der MTD Aníbal Verón, »dem besten Teil der Piquetero-Bewegung«, so Nidia Kreig. Also entstand die Idee, ein *Red Interbarrial de Mujeres* zu gründen, und ebenfalls in kollektiver Struktur zur Selbstversorgung beizutragen. Ein Jahr nach seiner Entstehung, zur Zeit meiner Interviews zu Beginn des Jahres 2003, waren daran 500 Menschen, fast ausschließlich Frauen, in drei Barrios beteiligt.

Der Staat fordert als Gegenleistung für die 150 Peso vier Stunden Arbeitsleistung pro Werktag. In der Regel vergibt die Gemeinde das Geld, und legt auch fest, welche Arbeiten dafür ausgeführt werden müssen. »Hier in meinem Dorf gibt es Frauen, welche morgens um sechs Uhr anfangen müssen, die Straßen zu fegen. Das ist so verrückt. Ich arbeite als Lehrerin in vier verschiedenen Schulen, und überall dort müssen solche Frauen säubern – obwohl es doch schon Angestellte gibt, um dort sauberzumachen, angestellt und sozialversichert durch den Staat! Was also machen diese Angestellten: die Frauen herumkommandieren. Teilweise gibt es jetzt zehn Menschen pro Schule dafür, das ist absurd. Doch die Gemeinde kontrolliert genau, ob auch wirklich gefegt wurde. Es gibt Patrouillen dafür. Aber diesen Menschen eine Perspektive zu geben, sie zu etwas auszubilden – als Elektriker, als Tischler, als irgendwas – das interessiert den Staat nicht. Genauso wenig, wie unsere Arbeit in irgendeiner Form zu unterstützen.«

Wie alle Sozialmaßnahmen wurde der *Plan Jefes y Jefas de Familia* von der Regierung erkämpft. Nur eine Person pro Familie ist berechtigt, die 150 Peso zu beziehen. Häufig übernehmen das die Frauen, da diese in der Krise mehr Engagement gezeigt haben, manchmal auch deshalb, weil der Mann versucht, sich stundenweise Schwarzarbeit zu besorgen. Wenn möglich, arbeiten aber auch die Frauen noch nebenher als Putzfrau. Ein eigenes Einkommen zu haben, ist für viele Frauen dabei eine neue Erfahrung.

Im Red werden von den Frauen nur zwei Stunden verlangt. Die Frauen wissen selber viel zu gut, wie schwierig es ist, einer Erwerbsarbeit nachzugehen, wenn Kinder versorgt werden müssen. Viele bringen ihre Kinder auch auf die Arbeit mit.

In den Arbeitsgruppen, *Comisiónes* genannt, werden eine Bandbreite von Produkten hergestellt: Seifen, Kerzen, Körbe, Vorhänge, Stricksachen, überhaupt Kleidung, Schuhe sowie Brot, Gemüse und Süßigkeiten. Einmal im Monat veranstalten die Frauen einen Markt; ansonsten erfolgt der Verkauf untereinander, oder Menschen aus den Barrios kommen vorbei und kaufen, oder es werden Tombolas veranstaltet, oder es wird für Läden aus der Innenstadt produziert.

Porträts (Hausfrauengewerkschaft)

»Geld und Männer sind nicht alles.«
Laura Bonano, 37

Laura hat große braune Augen, blondes, gewelltes Haar, und wer genau hinschaut sieht, dass sie ein Bein nachzieht: ein vergleichsweise zarter Hinweis auf ihren Autounfall mit 15 Jahren, nach dem sie erst ein halbes Jahr im Koma, und dann noch anderthalb im Wachkoma verbracht hat. Heute dagegen kann sie nicht mehr viel schlafen, und darum ist sie an diesem Tag schon um fünf Uhr aufgestanden und in das Haus der Frauengewerkschaft gekommen, um sauberzumachen. Ihr jüngster Sohn Pablo, der noch zu Hause wohnt, macht sich selber Frühstück – er schläft immer bis elf, da für ihn die Schule erst nachmittags beginnt.

Laura lernte die Gewerkschaft kennen, als die Frauen vor sieben Jahren das erste Mal in ihr Barrio kamen. Sie kennt die SAC daher noch aus Zeiten, als sie 80.000 Mitglieder hatte, Autos verloste und in erster Linie für die Hausfrauenrente eintrat.

»Ja, die wirtschaftliche Situation war eine ganz andere. Aber die Arbeit der Frauen war immer hart und ungleich. Und unsere Aufgabe blieb dieselbe: für die Anerkennung der Hausfrauenarbeit zu kämpfen. Denn als Hausfrauen haben wir Arbeit – was wir nicht haben ist ein Lohn. So einfach ist das. Denn wir arbeiten vom Aufstehen bis zum Schlafengehen. Aber die Regierung erkennt das nicht an. In Argentinien fragen sie dich: Arbeitest du? und die Frauen antworten: Nein, ich bin Hausfrau. Ich bin gerne Hausfrau, aber wenn ich 60, 70 Jahre alt bin – wovon soll ich dann leben? Und das, obwohl ich mein ganzes Leben lang geschuftet habe.

Mein Mann hat früher bei der Müllabfuhr gearbeitet, aber als sie mitbekamen, dass er einen Wirbelsäulenschaden hat, haben sie ihn entlassen. Die Versicherung tritt nicht ein, da sie bestreitet, dass er krank ist. Heute schlägt er sich mit dem Verkaufen von Losen durch, manchmal von Brot, oder er stellt irgendetwas anderes her. Manchmal mäht er irgendwo den Rasen, bekommt einen Job auf einem Bau – was sich so ergibt.

Wir wohnen auch in einem Barrio. Ich gehöre zur Klasse der Armen, so wie jene, zu denen wir gehen. Es gibt keinen Unterschied zwischen uns von der SAC und den Frauen vom Red, wir sind alle gleich – lediglich mit einer unterschiedlichen Vision, denn wir arbeiten schon seit vielen Jahren so. Wenn wir mit den Frauen in den Barrios reden, dann kostet es uns viel Mühe, dass die Frauen erst mal erkennen, was sie alles an Arbeit machen, und dass es nicht ihre Pflicht ist, zu Hause zu bleiben und diese Arbeit zu tun. Sie kennen ihre Rechte nicht – darum gibt es soviel Gewalt und Diskriminierung. Sie wissen vieles einfach nicht. Genau wie ich damals. Ich dachte, dass die Arbeit der Frau ihre Pflicht wäre und dass alles, was ich hätte, Pflichten seien und keine Rechte.

Nachdem ich lange Zeit hier dabei war, hat sich meine persönliche Situation grundlegend geändert. In meiner Partnerschaft zum Beispiel. Früher fühlte ich mich meinem Mann gegenüber schuldig, wenn ich nicht saubergemacht hatte, wenn ich nicht gewaschen hatte. Heute ist das ganz anders. Wir teilen uns die Arbeit zu gleichen Teilen auf: Wir waschen beide, wir kochen beide, wir bügeln beide – alles. Am Anfang war mein Mann nicht begeistert – um nicht zu sagen: es gab eine Riesenkrise – wegen dieser Kultur hier, die ziemlich machistisch ist. Die meisten Männer tun zu Hause nichts, sie lesen, sie hören ihrer Partei zu, sie trinken Mate – das war's. Aber gut, mein Mann hat es nach und nach verstanden, dass in einer Partnerschaft beide gleich sind, sonst ist es keine Partnerschaft. Doch im Moment kriselt es wieder! Weil ich so viel unterwegs bin, jeden Vormittag und jeden Nachmittag. Aber ich sage ihm immer, wenn ich wählen müsste, würde ich meine Familie nicht aufgeben für die Arbeit. Ich will beides: Meine Familie und mit den Frauen zusammensein. Denn letztlich sind sie es, die immer bei mir sein werden. Die Gruppe ist meine Stütze. Dein Partner kann immer irgendeinen Grund haben, warum er geht – darauf ist kein Verlass. Aber meine Frauen bleiben. Das sage ich ihm auch immer: Männer gibt es viele; Männer gibt's im Überfluss. Aber die Gemeinschaft, den Halt, den ich brauche, den finde ich hier.

Wenn ich zu Hause bin und nicht mit der Gewerkschaft arbeite, fühle ich mich schlecht, denn ich weiß, dass es in den Barrios eine Frau geben könnte, die braucht, dass man ihr zuhört. Oder dass wir etwas für sie machen. Normalerweise heißt es in den Barrios: Dein Problem ist deins und von sonst niemandem. Man mischt sich nicht ein. Aber das stimmt nicht: Es ist das Problem von allen! Es gibt viel Gewalt, nicht nur Schläge, sondern häusliche Gewalt. Das ist die, die man nicht sieht. Darum sage ich auch, meine Veränderung war von der Nacht zum Tag. Dafür war die SAC sehr wichtig. Es begeistert mich, wie wir hier zusammen sind, denn alles wird diskutiert, deine Meinung zählt, meine zählt, wir hören allen zu, und auf dieser Grundlage entscheiden wir. Was du denkst und was du vorschlägst, ist wertvoll. Im alltäglichen Leben ist das nicht so. Du kannst irgendeine Meinung haben, und das ist deine Weise zu denken und sonst nichts – die anderen interessiert das nicht.

Fruher fehlte es mir, für mich selber zu entscheiden. Zu sagen: Das gefällt mir und das gefällt mir nicht. Die meisten kommen hierher mit einem geringen Selbstwertgefühl. Weil du immer denkst, dass was dir passiert, passiert nur dir. Wenn du verstehst, dass deine Probleme die Probleme aller sind und dass das, was dir passiert, vielen passiert, wirst du stärker und dein Selbstwertgefühl steigt enorm. Die vielen Ohren, die dir zuhören und die vielen Münder, die mit dir reden, dich trösten und dir Aufmerksamkeit schenken – das macht die Veränderung möglich. Wenn es einer wirtschaftlich gut geht, ist das eine schöne Ergänzung, es hilft zum Leben, aber was zählt, ist was anderes. Geld und Männer sind nicht alles!«

Im Moment konzentriert sich Laura Bonano auf die Beschaffung von Schulmaterialien. Im Februar beginnt das neue Schuljahr, und im Fernsehen gibt es einen Bericht darüber, wie sich viele Eltern die Schulmaterialien für ihre Kinder nicht leisten können. Darum – und weil sie gerne mit Zahlen umgeht – hat sich Laura zur Aufgabe gemacht, eine Sammelbestellung anzubieten. Sie fährt in jedes Barrio um nachzufragen, ob Interesse besteht und wendet sich daraufhin an Hersteller mit der Frage, wie viel Rabatt sie bei einer Sammelbestellung zu geben bereit wären. Seit zwei Wochen ist Laura täglich damit beschäftigt, Kostenvoranschläge einzuholen: Sie sucht in ganz Santa Fe und per Internet auch in ganz Argentinien. Dabei sammelt sie das erste Mal Erfahrungen mit dem Web, sie hat erst vor kurzem den Umgang damit gelernt.

Inzwischen hat Laura ein Angebot für drei verschiedene Ausführungen: à 3 Peso für die ganz Kleinen, à 6 Peso für die Mittleren und à 8 Peso für die Großen. Im Geschäft würden diese 10, 15 und 22 Peso kosten. »Wir reden von dem Allernötigsten«, stellt Laura klar. »Nicht von all dem, was die Schulen verlangen.«

Um die Rabatte bewilligt zu bekommen, müssen jeweils 50 oder mindestens 100 Bestellungen vorliegen. Doch die Nachfrage hält sich in Grenzen, und es sieht nicht so aus, als ob Laura genügend Interessierte zusammen bekäme. Warum, weiß sie nicht. Ob viele denken, die Schule würde schon irgendwie dafür sorgen? Ob Großeltern die Materialien schenken oder alleinstehende Mütter den Kauf den Vätern überlassen? Oder ob die 150 Peso einfach schon ausgegeben wurden, und nun selbst diese Beträge nicht mehr übrig sind? Laura ist ratlos.

Vermutlich wird diese Arbeit also umsonst gewesen sein. Aber das sei nicht so wichtig, sagt Laura. Es gehöre eben zu ihrer Aufgabe. Und ihre Erfahrungen mit dem Internet gehen ihr nicht verloren.

»Viele sagen mir: Warum machst Du das, die werden sich nie ändern!«
Gladys Díaz, 28 Jahre

Gladys Díaz ist seit drei Jahren bei der SAC, und mit 28 Jahren die Jüngste. »Als ich kam, gab es noch kein *Red Interbarrial de Mujeres*. Ich habe Theater studiert, und habe bei der Frauengewerkschaft einen Theater-Kurs angeboten. Es kamen aber nur fünf Frauen, das reichte nicht. Ich blieb dann wieder weg, bis sie mich mal anriefen und vom Red erzählten. Ich sollte Kurse in den Barrios anbieten, damit die Frauen lernten sich auszudrücken. Das habe ich gemacht, das heißt, um in den Workshops nicht nur zu reden, haben wir mit körperlichen Übungen begonnen: mit Tanzen oder mit Spielen. Auf diese Weise konnten sich die Frauen einstimmen. Ich bin dann richtig in die SAC eingestiegen, habe mich selber weitergebildet und Kurse gegeben über AIDS, Verhütung und alles, was mit Gesundheit zu tun hat.

Mit der Zeit hat mich immer mehr das andere an den Workshops interessiert: der Kontakt mit den Frauen; die Erfahrungen, die sie haben, zu wissen, was bei ihnen vor sich geht. Und dass wir eine Gruppe sind, dass wir uns auseinandersetzen. Denn erst gehst du dahin und erzählst denen, was du erzählen wolltest, fängst zu arbeiten – und plötzlich hörst du ihnen zu: was bei ihnen gerade tatsächlich passiert, welches Problem sie beschäftigt – zum Beispiel, dass sie beim Kinderarzt sich morgens um sechs Uhr in die Schlange stellen müssen, bis sie um neun hineinkönnen, all das – und dann versucht ihr, eine Lösung zu finden.«

Gladys lebt mit ihren Eltern und einem älteren Bruder zusammen. Der Vater, früher selbstständiger Geschäftsmann, bekommt nach 30 Jahren Renteneinzahlungen nun monatlich 300 Peso. Die Mutter ist Hausfrau, der Bruder arbeitet nicht. Gladys erhält nach einem Jahr ehrenamtlicher Arbeit in der SAC inzwischen die 150 Peso Arbeitslosenunterstützung und trägt damit zum Auskommen der Familie bei. Trotzdem reicht es hinten und vorne nicht. »Wir verzichten auf vieles. Zum Beispiel Kabelfernsehen, Telefon – vor einiger Zeit haben wir das abgemeldet, weil wir es nicht mehr bezahlten konnten. Und früher haben wir jeden Tag Fleisch gegessen. Das mussten wir als erstes weglassen. Aber auch andere Lebensmittel. Früher war man hier immer einen vollen Kühlschrank gewöhnt. Ja, es hat sich sehr verändert. Alles ist so viel teurer geworden! Man lebte von den 300 Peso vor der Teuerung ganz anders als heute.

Wir Frauen von der SAC sind fast alle auch aus den Barrios. Mit dem Fahrrad brauche ich 35 Minuten bis hierher – ich komme mit dem Fahrrad, denn allein für den Bus ginge das Geld schon drauf. Sicherlich aber macht Bildung einen Unterschied. Und wie viel die Frauen früher verdient haben. Denn die Mittelklasse, das erste, was sie dir sagen, ist: Diese Frauen sind doch fertig – sie haben keine Bildung, und warum kriegen die immer so viele Kinder? Ich habe mit LehrerInnen und ProfessorInnen gesprochen, die mir das gesagt haben. ›Warum machst du das, die werden sich nie ändern! Du führst mit ihnen Workshops durch, und danach werden sie das gleiche machen wie vorher.‹ Viele sagen mir: ›Warum suchst du dir nicht eine andere Arbeit, warum machst du nicht etwas anderes? Warum nicht vier Stunden als Verkäuferin?‹ Sie sehen keinen Sinn in all den Treffen und Workshops, die wir hier machen. Mich macht das wütend! Statt dass sie mal versuchen zu sehen, warum die Frauen in dieser Situation sind, warum die so leben. Und statt, wenn möglich, ihnen alles zu übergeben, was wir können, damit sie nicht noch weiter absinken.

Letztes Jahr hatte ich einen Job als Sekretärin in einem Möbelgeschäft. Morgens habe ich das gemacht, danach bin ich den ganzen Nachmittag hierher gekommen. Das ging ein Jahr lang so, dann haben sie mich rausgeschmissen: Es gab zwei Sekretärinnen und eine reichte. In dieser Zeit gab es viel Druck von meiner Familie, weil ich keine richtige Arbeit gesucht habe. Meine Eltern wollten, dass ich richtig Geld verdiene. Heute gefällt es ihnen immer noch nicht, aber sie sagen nichts mehr.

Ich profitiere ja selber enorm von dem, was ich hier tue. Ich habe mich sehr verändert, denn früher habe ich ganz genauso gedacht, habe genauso diskriminiert. Habe gesagt: Ah, diese Schwarzen in den Barrios, die arbeiten ja nicht. Ich habe gedacht, wie die Mittelklasse eben denkt. Und ich habe immer noch Freunde und Freundinnen, die solche Sachen gegen die Armen sagen.

Es ist auch die Angst, dass die Menschen in den Barrios sich bilden, weil die Mittelklasse selber um ihre Position bangt. Dazu kommt, dass die Menschen aus den Barrios nun für die Auszahlung der Unterstützung zu den Behörden in der Innenstadt gehen müssen – früher hat man die nicht in der Innenstadt gesehen. Viele waren noch nie dort! Jetzt aber kommen sie auch um zu demonstrieren. Hier in Santa Fe bleibt die Mittelklasse bei Demonstrationen zu Hause. Wenn dann die ganzen Menschen aus den Barrios kommen, haben sie Angst, dass sie angegriffen und beraubt werden.

Ob ich wieder mit Theater etwas machen werde, weiß ich nicht. Gestern haben sie mich angerufen, dass ich Abendkurse geben soll. Ich hätte heute hingehen sollen und war nicht dort. Um jemanden zu ersetzen. Morgen habe ich auch so viel zu tun hier in der SAC. Und zu Hause werden sie mir sagen: Frag sie erst, wie viel sie dir zahlen!!

Die Arbeit hier ist für mich wie die Arbeit an einem Spinnengewebe. Überall arbeiten Frauen daran, nicht nur wir hier in Santa Fe, in der SAC, im Red, sondern alle Frauen – so sehe ich das. Und wenn irgendwo etwas kaputt geht, dann geht es an einer anderen Stelle weiter.«

»Ich hatte keine Zeit, ich hatte Geld.«
Barbara Laurini, 26

Ihre dreijährige Tochter María Victoria mit ihrem offenen Wesen, ihren braunen Augen und blonden Haaren war damals der Anlass, warum Barbara ihre Anstellung in einem Architekturbüro verlor. In diesem Job wurde sie auch schon mal nach Panama auf Geschäftsreise geschickt. Als ich erwähne, wie jemand erzählte, er habe früher das Zehnfache verdient, lacht Barbara auf. »Ich habe früher mehr als das Zehnfache verdient. Darum sprechen wir von dem Verlust der Würde, denn wenn man zwischen 1.500 und 2.000 Dollar verdient, dann kann man Pläne entwerfen – in die Zukunft denken. Wenn dir aber plötzlich nichts mehr bleibt und du zusehen musst, wie du immer tiefer fällst, wird das Leben traumatisch. Das Schlimmste war, als wir gar nichts mehr hatten – also noch bevor die Regierung diesen Arbeitsplan ausgegeben hat – nichts, gar nichts. Nichts, nichts, bis dahin, betteln zu müssen – um etwas Milch, etwas Essen! Diese Hilflosigkeit ist dabei das Schlimmste von allem: wie eine Waise zu sein, allein auf der Welt zu sein – so fühlt es sich an. Denn es erzeugt Ohnmacht, nicht zu wissen, was man tun soll; dass du an die Türen klopfst und niemand macht dir auf. Es nimmt dir alles Menschliche, egal welchen Status du vorher hattest. Aber wenn du das nicht gewöhnt bist, dann fällt es doppelt so schwer. Das gewohnte Leben zu verlieren, ist sehr schwer. Das prägt einen Menschen total. Wenn ich mich daran erinnere, muss ich weinen.

Früher stand ich mich gut. Ich hatte ein Auto und konnte die Miete bezahlen, das Licht, das Gas, das Telefon, das Handy, das Benzin – das war alles, woran ich gedacht habe. Ich kannte alle Restaurants in Santa Fe, habe stets das beste Essen gegessen. Kleidung habe ich mir viel gekauft! Um diesen Lebensstandard halten zu können, musste ich enorm arbeiten. Aufgestanden bin ich spätestens um sechs Uhr, und spätestens um sieben bin ich aus dem Haus gegangen. Meistens kam ich mittags heim, manchmal nicht. Hier ein Treffen, dort eine Besprechung, Leute hier, ein Kostenvoranschlag da – ich arbeitete, arbeitete, arbeitete. Abends blieb ich bis acht Uhr, manchmal wurde es zehn.

Immer hatte ich mit Menschen zu tun, hatte viele gesellschaftlichen Beziehungen. Bei allen wichtigen Ereignissen war ich dabei. Erst als ich das nicht mehr konnte, fiel mir auf, dass es nicht fehlte. Es brachte mir nichts, absolut nichts. Ich war Teil einer Gesellschaft, die nur das äußere Bild von einem interessierte. Und so lebte ich. Ich machte nichts, was einen praktischen Sinn gehabt hätte, irgendetwas, was mit der Zeit Bestand gehabt hätte.

Es ist sehr selten, dass man in einem Arbeitszusammenhang menschliche Werte findet heutzutage, wo es um die Karriere und darum geht, immer mehr zu verdienen. Diejenigen, die Arbeit haben, merken gar nicht, wie sie am Leben sind und das Leben nicht genießen. Vielleicht ist es, weil sie noch nie etwas verloren haben. Oder vielleicht haben sie etwas verloren, aber nichts daraus gelernt. Manche Menschen werden depressiv – sie erreichen einen Punkt im Leben, wo sie alles haben und sich fühlen, als hätten sie nichts. Wo sie nicht wissen, wofür sie eigentlich existieren. Als es mir am Nötigsten fehlte, verstand ich, dass es auf das Persönliche mehr ankommt als auf das Notwendigste. Heute weiß ich, dass das Leben einen anderen Sinn hat, als den, den ich ihm früher gab.

Ich begann, mich zu verändern: mein Denken, meinen Charakter. Heute fühle ich, dass ich intensiver leben will, in dem Sinne, dass ich es genieße, mit meiner Tochter zu spielen oder ihr einfach zuzuschauen, es zu genießen, im Garten zu arbeiten, mir selber eine Hose zu nähen, mir einen Pullover zu stricken. Früher bin ich ins Geschäft gegangen und habe mir alles gekauft. Heute genieße ich es, einen Kuchen zu backen; der schmeckt besser. Heute mache ich alles selber. Früher wusste ich wohl, wie das ging, aber ich habe es nicht getan – aus Angst, Zeit zu verlieren. Denn ich hatte keine Zeit, ich hatte Geld. Heute genieße ich die Zeit. Früher war sie ein Verlust, heute ist sie ein Vergnügen.

Mein Selbstwertgefühl war ganz schön runter. Wenn es dir so schlecht geht, dann siehst du dich selber wie in einem Film, mit all dem Leid – und es dauert, bis zu das begreifst und bis du das akzeptierst. Noch immer muss ich darüber weinen.

Als ich meine Arbeit verlor, hatte ich das Gefühl, man nähme mir die Würde. Aber Würde kann man nicht wegnehmen – denn es ist etwas in dem Menschen selbst. Ich habe gemerkt, dass ich meine eigenen Werte habe und dass ich die verteidigen muss. Es liegt an mir, wie ich mich als Frau wertschätze, wie ich mich als Mensch wertschätze. Heute beurteile ich auch andere nach ihren Handlungen – nicht nach ihrem wirtschaftlichen oder gesellschaftlichen Status.

Ich hatte damals zunächst meine Familie um Hilfe gebeten. Und dann um Geld. Und dann um Essen. Sie haben es mir geliehen, aber sie erwarteten, dass ich wieder eine Arbeit bekomme. Alles hat seine Grenze. Dann habe ich mir Dinge ausgeliehen, habe mit irgendwas bezahlt, was ich noch hatte, habe etwas aus meinem Haus verkauft, Bücher und was weiß ich. Jede noch so kleine Kleinigkeit erscheint dir wie eine Riesensache, weil sie unerreichbar ist. Für mich und meine Tochter waren die ersten 150 Peso ein Vermögen – nach sechs Monaten des Nichts, wo wir nur verloren, verloren,

verloren haben – bis hin zum Essen. 150 Peso – das habe ich vorher in zwei Tagen verdient!

Die SAC hat mir geholfen, mein Selbstwertgefühl wieder aufzubauen. Langsam habe ich mich gefestigt, und ich merkte, dass ich wieder rausgehen musste. Ich verdiene wie jeder andere auch, alles zu genießen, was ich mache; wenn es einer Person gut geht, mit dem, wie sie ist, dann erscheint mir das wunderbar. Denn ich war nicht glücklich. Auch nicht, als ich noch gearbeitet habe – damals habe ich vielleicht gedacht, ich sei glücklich, aber ich war es nicht. Heute entdecke ich Wertvolles in Dingen, die ich vorher noch nicht einmal gesehen haben.

Durch meine eigene Not kann ich den Schmerz und die Ohnmacht von anderen verstehen. Es ist nicht dasselbe, es von außen zu sehen oder es am eigenen Leibe zu erleben! Man kann versuchen zu verstehen, aber dasselbe ist es niemals. Nur wenn du es selbst erlebst, kannst du es wirklich begreifen.

Hier in der SAC habe ich begonnen, mich zu entwickeln. Die Gewerkschaft gibt mir die Möglichkeit zu schreien und gehört zu werden. So wie bei der öffentlichen Anhörung in der Stadtverwaltung. Damit die dich hören, musst du denen aber kräftig in die Weichteile treten. Sonst sehen sie dich gar nicht, sonst nehmen die gar nicht wahr, dass du etwas von ihnen willst. Sie machen sonst so weiter wie immer. Und was nützt es dir, deine Rede im Protokoll der öffentlichen Anhörung zu finden, wenn sie auf Gleichgültigkeit gestoßen ist? Bei Gleichgültigkeit hilft gar nichts. Wenn du aber die Gefühle von jemandem erreichst, brauchst du keine Protokolle mehr. Das ist der Punkt: Wie zerstört man diese Gleichgültigkeit? Das ist das Schwierigste.

Zuerst habe ich nicht gut verstanden, was es heißt, dass das eine Gewerkschaft ist. Jetzt glaube ich, dass es die Stütze ist, die wir haben – es ist wie sich eine Rüstung überzuziehen. Du weißt, was Du daran hast. Für mich ist das Red eine Möglichkeit, mich mit anderen zu verbinden, die mich wirklich kennen, und darum entsteht eine andere Beziehung als normalerweise. Woanders interessiert nur die ökonomische Beziehung. Im Red dagegen wird eine familiäre Verhaltensweise aufgebaut. Oder zumindest handelt es sich darum – einige verstehen das, andere nicht. Mir gefällt es.

Dass es nur Frauen sind, macht es besonders, denn du wirst verstanden, wie dich nur eine Frau verstehen kann. Vielleicht haben mehrere Frauen nicht dieselbe Lebensauffassung wie Du, weil sie andere Erfahrungen gemacht haben. Aber Du kannst andere finden, die dir gleichen, mit denen du dich identifizieren kannst. Mit Männern geht das nicht so, die haben andere Lebenseinstellungen.

Ich habe selber in den Barrios gewohnt. Aber ich habe dort keine Bekannten gehabt. Morgens habe ich gleich den Bus zur Schule genommen, bin zum Mittagessen zurück und dann wieder weg. Erst zur Schule – und ich habe viel dafür gebüffelt! –, dann zur Arbeit: Zeit hatte ich nie, also auch nicht, Menschen aus meiner Umgebung zu treffen. Erst als ich in der SAC war und begann, in die Barrios zu fahren, da habe ich erst begonnen, die Menschen dort kennen zu lernen. Obwohl ich seit Jahren dort wohnte.« Was sie früher von den Menschen in den Barrios gedacht hat, frage ich Barbara. Sie lacht auf. »Ich habe früher nicht gedacht!«

Barrio La Guardia

Wenn Argentinien in vieler Hinsicht auch als Industrieland gelten konnte, so gab es jedoch immer Gegenden, in denen die Menschen nie an den Lebensstandard im globalen Norden anknüpfen konnten. La Guardia gehört dazu.

La Guardia ist so weit außerhalb von Santa Fe, dass es sich eigentlich um gar kein Barrio mehr handelt, sondern um ein eigenes Dorf. Fließend Wasser, das heißt ein Anschluss an das städtische Trinkwassersystem, gibt es bis heute nicht. Hier zogen Menschen hin, die es sich nicht leisten konnte, in Santa Fe zu wohnen – und nur solche, denn wie sehr auch La Guardia durch seine romantische Lage besticht, so gehört es doch zu einem der ersten Überflutungsgebiete des Flusses Salado. Gab es früher alle zehn Jahre ein heftiges Hochwasser, so sind es nun alle zwei oder drei Jahre – das letzte Mal stieg es bereits bis fast an die Decke der Häuser.[32]

Es scheint nur, als stünde die Zeit hier still. Doch muss es vor noch einigen Jahrzehnten einen starken Baumbestand gegeben haben, der nicht nur

32 Keine zwei Monate nach meinen Interviews, im April 2003, kommt es in Santa Fe zu einer Jahrhundertflut: bis zu acht Meter steigt der Fluss Salado. Über 150.000 Menschen sind davon betroffen, 60.000 müssen ihre Häuser verlassen, Tausende verlieren jedes Hab und Gut, mindestens 24 sterben. Dem Staat wird vorgeworfen, die notwendigen Sicherungsvorkehrungen nicht getroffen zu haben. Erwerbslosenbewegungen aus Buenos Aires organisieren einen Konvoi mit Hilfsgüter. Im Januar 2004 gehen 2.000 Menschen auf die Straße (das *Argentinisches Tageblatt* v. 31. Jan. 2004 vermeldet »Ausschreitungen«), um von der Regierung finanzielle Unterstützung zu fordern.

der zunehmenden Bebauung, sondern mehr und mehr auch dem Bedarf an Feuerholz gewichen ist. Die meisten leben hier schon lange, so dass die NachbarInnen sich hier kennen. 1.000 bis 2.000 leben hier, so schätzen die Frauen. Keine weiß es genau. Doch langsam verändert sich die Einstellung: Die Menschen, welche immer und immer wieder ihre Möbel und Habseligkeiten durch das Wasser verlieren, beschließen immer öfter, von hier fortzugehen.

Im Laufe der Jahrzehnte waren die Metall-Hütten durch feste Bausteine ersetzt worden. Einige hatten es zu einigem Wohlstand gebracht. Doch im Zuge der Krise setzte auch hier die Verarmung ein. Viele mussten ihre letzten Habseligkeiten verkaufen, um für kurze Zeit etwas zu Essen zu haben.

53 Frauen sind hier im Red, und vier oder fünf oder sechs Männer – das weiß keine so genau. An der Wand hängt ein Schild: »NO se acceptan HOMBRES – Männer werden nicht akzeptiert«, steht darauf, und die Großbuchstaben in rot ergeben die Kurzformel: Keine Männer! »Nur Familienvorstände«, heißt es noch darunter, um klarzustellen, dass es nicht akzeptiert wird, wenn eine Frau auf den Namen eines Mannes hier arbeitet.

Bei dem wöchentlichen Treffen der Kommission als Vorbereitung auf die Vollversammlung sind außer Nidia Kreig von der SAC noch acht weitere Frauen anwesend, einige davon haben ihre Kinder mitgebracht. Die Frauen von der Strickkommission fragen, ob es noch Pullover gibt, die aufgelöst werden können, um so an neue Wolle zu kommen. Außerdem sind in der vergangenen Woche kaum Frauen zum Arbeiten gekommen. Im Gemüsegarten wurden Pflanzen gestohlen. Nicht alle haben ihre 1,50 Peso für die Miete des Gemeinschaftshauses bezahlt. Die Gesundheitskommission erzählt den neuesten Stand im Kampf mit der Gemeinde um die kostenlose Herausgabe von Spiralen zur Empfängnisverhütung. Der versprochene Wasseranschluss – das Wasser, das herumgereicht wird, ist braun, aber angeblich trinkbar – soll nun statt 15 Peso 30 im Monat kosten. Die Frauen entscheiden, hierzu Flugblätter zu erstellen und in der Nachbarschaft zu verteilen. Ob ein Markttag angesetzt werden sollte? Nein, es gibt gerade kaum etwas zu verkaufen. Stattdessen planen die Frauen ein Fest, mit zwei Peso Eintritt für Verpflegung inklusive. Angesetzt wird dies auf den 8. März, den Internationalen Frauentag, gleich im Anschluss an die für dieses Datum geplante Blockade. Die Kirche soll den Raum zur Verfügung stellen. Auf der Demonstration gegen den Irak-Krieg war keine von ihnen – alle haben einen anderen Grund; keine sagt: Ich habe andere Sorgen.

»Es gibt kein billiges Essen.«
Überleben in La Guardia

»No es que vimos, sobrevivimos. – Wir leben nicht, wir überleben.« So fasst Beatriz Almada, die in Colastiné Sur wohnt und in La Guardia im Gemüsegarten arbeitet, ihre Situation zusammen. *Vive – sobrevive!* lautet zur gleichen Zeit der eingängige Hit der vielbeachteten ersten *Big Brother*-Staffel. In dem nun Folgenden sowie den entsprechenden Abschnitten bei den anderen Barrios Colastiné Sur und San José soll durch die Beschreibungen jeweils einer meiner Interviewpartnerinnen ihre ökonomische Situation verdeutlicht werden.

María Isabel Ritacca, 30, lebt mit ihrem Mann und drei Kindern in einem Haus auf dem Grundstück der Eltern. Sie arbeitet im Red und nebenbei betreut sie eine alte Dame in Santa Fe. Ihr Mann gehört zu den wenigen Männern in La Guardia im Red und jobbt nebenher bei einem Remis-Unternehmen auf Abruf – Remis sind unlizenzierte Taxis.[33]

María Isabel gehört mit ihrer Familie damit bereits zu den Besserverdienenden: 300 Peso bekommen sie und ihr Mann für ihre Arbeit im Red, dazu verdient sie 160 Peso durch das Putzen (die Transportkosten bereits abgezogen), und er trägt noch einmal rund 320 Peso durch seinen Remis-Job bei. Die zwei mal zwei Peso Schulbafög mitgerechnet, ergibt sich ein durchschnittliches Monatseinkommen von rund 780 Peso.

Feste Ausgaben sind 70 Peso Schultransportkosten für die Kinder, zwischen 30 und 60 Peso für das Telefon und 40 für das Kabelfernsehen. María Isabel legt sehr viel wert auf gutes Essen und gibt mehr dafür aus, als alle anderen: über 20 Peso am Tag. All dies zusammengerechnet ergeben sich bereits rund 760 Peso Ausgaben im Monat. Kleidung und andere Anschaffungen sind dabei noch nicht berücksichtigt.

Trotz der relativ hohen Ausgaben für Essen gibt María Isabel an, was sie äßen, habe sich durch die Krise sehr verändert. Der sonntägliche Braten falle jetzt weg, und auch die traditionellen argentinischen Empanadas könnten sie sich nicht mehr leisten: die verschiedenen Zutaten für die Füllungen zu kaufen komme zu teuer. »Letztlich ist Kochen immer teuer«, resümiert sie. »Eine Flasche Öl kostet zwischen 2,50 und 5 oder gar 6 Peso! Ich wüsste nichts zu kochen, was billig wäre. Es gibt kein billiges Essen!«

---

33 Zum Teil bilden sie den Ersatz für öffentlichen Busverkehr, denn oft fahren sie bestimmte Routen ab wie ein Bus. Sie kosten ein wenig mehr als ein Bus, sind oft aber die einzige Möglichkeit, sich fortzubewegen.

Wenn nicht in der Gesundheitskommission, arbeitet María Isabel Ritacca am Vorhang

Kommissionen

Vorhänge aus Schilf

Da das Barrio La Guardia nicht weit entfernt vom Fluss liegt, wird das dort wachsende Schilfrohr zur Herstellung von Vorhängen genutzt. Die oft über zwei Meter hohen und rund einen Zentimeter dicken Stangen werden von den Männern in der Kommission am Fluss geschnitten und ins Gemeinschaftshaus gebracht. Dort schneiden sie die Rohre in ca. 7 cm lange Stücke und lassen sie in der Sonne trocknen. Später befestigen die Frauen diese Stücke an nebeneinander herunterhängenden Fäden, abwechselnd quer und gerade, so dass sich ein hübsches Muster in einem dichten Vorhang ergibt.

Normalerweise wird ein Schilfvorhang für 15 Peso an Außenstehende verkauft, während Frauen aus dem Red 14 Peso zahlen sollen. Für den Verkauf an Außenstehende müssen die Vorhänge entweder im Barrio von Haustür zu Haustür gehend angeboten werden, oder die Frauen, die außerdem in Haushalten arbeiten, bieten die Vorhänge ihren ArbeitgeberInnen dort an. Auf diese Weise hatte Blanca den letzten verkauft. Der nächste soll am kommenden Mittwoch in einer Tombola verlost werden. *Quini* heißt das Spiel, wobei die Gewinnzahl bei einer Fernsehlotterie gezogen wird. Da hierfür 46 Nummern für je 1 Peso ausgegeben werden, lohnt es sich finanziell mehr, diese Lotterie durchzuführen, als den Vorhang zu verkaufen. Allerdings ist es auch nicht leicht, 46 Nummern loszuwerden, so dass es schließlich überwiegend Menschen aus dem Red sind, die diese erwerben.

Wenn die 46 Lose verkauft sind, dann gehen zunächst 15 Peso zurück an die Gewerkschaft, welche diese Summe als Produktionsstart zur Verfügung gestellt hatte. Davon waren Materialien wie Nadel und Faden eingekauft worden.

Carina Patricia, die Koordinatorin, fängt an, ihre Belege hervorzuholen, um mir die Preise zu zeigen, weil ich so genau – und wahrscheinlich aufdringlich – nachfrage. 12,25 Peso sind bislang ausgegeben worden. Aus den dafür gekauften Materialien lassen sich theoretisch zwei bis drei Vorhänge herstellen. Die Kosten für jeden einzelnen Vorhang sind nur ungefähr abzuschätzen; es ergibt sich eine Summe zwischen 4 und 5 Peso, wenn alle Reste aufgebraucht würden, aber in der Praxis wohl 6, da der gekaufte Faden nichts taugt und ein anderer benötigt wird. Reinerlös sind dann 40 (Lotterie) bzw. 9 (Direktverkauf an Außenstehende) Peso. An einem Vorhang arbeiten die Frauen zu siebt sieben Arbeitstage je zwei Stunden, das ergibt 98 Arbeitsstunden. Werden sie bei einer Lotterie alle 46 Lose los, ergibt sich ein Stundenlohn von rund 0,40 Peso, bei direktem Verkauf ein Stundenlohn von rund 0,09.

Carina Patricia Ramos will sich von dem ersten Geld, das an sie geht, einen Kochtopf kaufen. Das kann aber noch dauern, da zunächst die Re-Investition in andere Produktionsmittel geplant ist. So besteht die Idee, aus dem Schilf demnächst Besen herzustellen.

Nähstube

Im Nebenzimmer des Versammlungsraumes von La Guardia steht eine alte Nähmaschine, und auf einer Stange hängt Kleidung zum Verkauf. In diesem dunklen Raum arbeiten die Näherinnen von La Guardia. Einmal erlebe ich es während einer Versammlung, dass ein Mädchen vorbeikommt und fragt, ob sie sich die Kleidung mal anschauen könnte, doch geht sie wieder, ohne etwas Passendes gefunden zu haben. Die Preise sind zwar deutlich niedriger als in Geschäften, doch nicht so gering, dass jemand aus dem Barrio schnell zugreifen würde.

Stoffe und Fäden werden gekauft von dem Geld, das bereits eingenommen wurde. Davon wird neue Kleidung genäht, sie bessern aber auch alte Kleidung aus, manchmal für den Second-Hand-Verkauf und manchmal als Reparatur. Häufig tun sie dies im Tausch gegen Material, dass sie benutzen können für ihre Arbeit: alte Stoffe oder alte Kleidung. Oder einen Reisverschluss, der nicht mehr gebraucht wird.

»Es ist nicht so, dass die eine an einem Stück arbeitet und die andere an einem anderen«, sagt die 22jährige Lucrezia Perez. »Gearbeitet wird an allem gemeinsam. Wenn wir beispielsweise eine Hose herstellen, dann schneidet die eine, die nächste steckt ab und wieder eine andere näht.«

Verkauft wird nicht an Geschäfte, sondern ausschließlich im Barrio und auf den Märkten. Mit dem Absatz sehen die Näherinnen kein Problem; sie sagen, sie seien zufrieden, da nicht viel, aber immer etwas verkauft werde. Von dem Gewinn soll ein Zehntel an das Red abgeführt werden, und den Rest dürfen die Frauen behalten. Doch bislang haben sie nie etwas untereinander aufgeteilt, sondern immer alles für neue Materialien ausgegeben. Sehen sie denn, dass sich das einmal ändern wird? Zunächst entsteht eine so lange Pause, dass sie sich in Gelächter entlädt, dann antwortet die 24jährige Carina Valenzuela: »Wenn wir mal die Möglichkeit erhielten, viel zu verkaufen, dann ginge das vielleicht, aber mit dem wenigen, was wir hier verkaufen, nicht. Da müssen wir es für die Materialien lassen – wenn wir alle etwas davon wegnähmen, dann bliebe uns nicht mehr genug, um weiterarbeiten zu können.« »Natürlich gibt es Sachen, die sich nicht verkaufen«, fügt Laura Balenzuela, 28, hinzu. »Wir versuchen, daraus zu lernen: nur noch herzustellen, was sich wirklich verkaufen lässt.« Solange es keinen Gewinn gibt, nähen die Frauen manchmal etwas für sich selber, oder einen Rucksack für ihre Kinder.

›Gestoria‹

»*Gestoria*: Agentur zur Erledigung von Behördengängen« erläutert das Wörterbuch die Funktion dieser Kommission in La Guardia, welche inzwischen aber nur noch aus einer einzigen Frau besteht, weil es nicht oft benötigt wurde. Diese kümmert sich um die Formalitäten und alles Rechtliche, wenn beispielsweise Dokumente benötigt wurden. Oder wenn eine Frau ihre Lichtrechnung nicht zahlen konnte, dann geht diese mit ihr zur Behörde.

Gesundheit

Drei Frauen bilden die Gesundheitskommission in La Guardia. Koordinatorin ist María Isabel Ritacca. »Als ich damit begann, habe ich zunächst alle Gesundheitszentren in der Gegend aufgesucht, und dort mit den Kinderärzten gesprochen, um zu sehen, woran es mangelt. Mir wurde gesagt, dass es in erster Linie an Milch fehle, zudem fehlten Medikamente und weitere Kinderärzte. Ich bin dann mit einer Compañera zu den Verantwortlichen in Santa Fe. Wir hatten mit allen Müttern zusammen ein Schriftstück aufgesetzt und unterschrieben, und später sind wir alle zu einer ihrer Sitzungen, und die Mütter haben ihre Probleme erzählt. Danach haben sie begonnen, ausreichend Milch zu liefern. Aber wir mussten immer wieder auch um die Medikamente kämpfen, oft gab es nicht mal fiebersenkende Mittel! Es gab gar nichts! Doch auch dies haben wir nach einem unendlichen Papierkrieg erreicht. Heute fehlt es glücklicherweise weder an Milch noch an Medikamenten. Außerdem fordern wir ein öffentliches Telefon, denn das gibt es im Gesundheitszentrum nicht.«

Einige Behandlungen sind kostenlos, andere nicht. Auch für die Behandlung einzelner PatientInnen muss darum immer wieder gekämpft werden, wenn diese nicht die Kosten dafür aufwenden können. So wurde die kostenfreie Operation einer alten Frau an der Halswirbelsäule erstritten. In einem weiteren Fall hatte ein Junge einen Tumor im Auge. Das Auge musste herausgenommen und durch ein Implantat ersetzt werden. Diese Operation kostete 8.000 Peso. Die Mutter schaffte es, durch Benefizveranstaltungen 3.000 Peso zusammen zu bekommen und die restlichen 5.000 wurden von der Gesundheitsbehörde erstritten.

Der Mann einer anderen Compañera brauchte eine Tomografie. Das Krankenhaus sagte ihm, dass er dafür 500 Peso bezahlen müsse. Die Familie hatte aber dieses Geld nicht. Außerdem brauchte er für die Folge-Behandlung weitere 200 Peso, insgesamt 700. »Ich habe damals den Papierkram erledigt – was es für eine Bürokratie gibt, hier und überall! – habe mit den Ärzten gekämpft, ach, mit der ganzen Welt – und es erreicht. Innerhalb einer Woche bekam er alles und es musste nichts gezahlt werden. Das also ist meine Aufgabe als Koordinatorin von Gesundheit: mit Freude wie verrückt zu kämpfen!«

Geschichten dieser Art erfahre ich im Laufe der Gespräche mehrere – häufig als Beispiel für die Solidarität untereinander. Ich selber erfuhr, was es heißt, bei Krankheit oder Verletzung erst mal zahlen zu müssen – und zwar im wahrsten Sinne des Wortes am eigenen Leibe, als ich in Buenos Aires mit einem gebrochenen Fuß in die Universitätsklinik kam. Der Arzt untersuchte mich für 7 Peso kurz und schickte mich dann zum Röntgen. Hierfür musste ich weitere 20 Peso bezahlen, hatte aber nicht genügend bei mir. Da es schon sehr spät war, musste ich am nächsten Tag wiederkommen. Wie ich es damals mit meinem gebrochenen Fuß und ohne Geld für ein Taxi bis zu meiner Unterkunft geschafft habe, weiß ich nicht mehr.

Und nicht nur mir erging es so: Während ich noch auf den Arzt wartete, kamen zwei Männer herein, wovon der eine stark aus dem Kopf blutete – seine Kleidung war von oben bis unten durchtränkt. Weder er noch derjenige, der ihn begleitete, hatten die 7 Peso für die Arztvisite dabei. Offensichtlich war es unmöglich, den Verletzten unterschreiben zu lassen, dass er das Geld nachreichen solle, geschweige denn, ihn angesichts seiner Verletzung einfach zu behandeln. Es dauerte eine Ewigkeit, bis dieses Problem gelöst und er untersucht wurde. Am nächsten Tag, als ich diesmal mit Geld auf das Röntgen wartete, saß neben mir ein Rentnerpärchen, die sich zwar untersuchen, aber nicht behandeln lassen konnten – wie sollte das bei 200 Peso Rente möglich sein? Obwohl der Mann noch als Nachtwächter arbeitete, reichte das nicht aus.

Wer in Santa Fe ins Krankenhaus muss, muss früh aufstehen, um sich in die Schlange zu stellen; das gilt auch für Mütter mit ihren Kindern. Wer es schafft, kann nur bedingt aufatmen. Mirta Silva aus San José erzählt, sie und ihr Jüngstes, ein drei Monate altes Baby, hätten kürzlich eine Woche im Krankenhaus Turaspe verbringen müssen. »Glaubt nicht, dass es nur eine einzige Kakerlake gegeben hätte im Bereich der Babys – es war voll mit Kakerlaken! In der Kleidung, zwischen den Laken – überall! Ich konnte nicht schlafen, weil ich ständig mein Baby beschützen musste. Wir haben das Krankenhaus kränker verlassen, als wir gekommen sind.«

Zudem kommt es sehr häufig vor, dass das Krankenhaus die benötigten Medikamente nicht vorrätig hat. In La Guardia gibt es darum einen Medikamenten-Fond. Die Patientin muss im Krankenhaus darum bitten, quittiert zu bekommen, dass dieses Medikament fehlt, um damit bei anderen Gesundheitsstationen nachfragen zu können. Wenn das auch nicht klappt, kauft es die Gewerkschaft. Meist dauert es rund vierzehn Tage, bis im Krankenhaus das entsprechende Medikament ankommt. Dann geben sie es den PatientInnen und diese müssen es dann zur Gewerkschaft bringen, damit diese weiterhin ihren Bestand behält, und das Medikament im nächsten Notfall vorhanden ist.

Im Augenblick sucht die SAC nach Möglichkeiten, an Verhütungsmittel heranzukommen, insbesondere an Spiralen. Die Provinz von Santa Fe hatte kürzlich 16.000 gekauft mit der Maßgabe, diese umsonst abzugeben. »Es gibt viele, die sie möchten und nicht haben. Auch das ist viel Papierkram.« Es gibt auch eine Anweisung, wonach die Pille in den Gesundheitszentren kostenlos an Frauen abzugeben ist, aber tatsächlich kostet eine Packung für einen Monat drei Peso fünfzig. »Sie sagen, sie hätten nicht das Geld, um es gratis abzugeben. Für eine Spirale wollen sie 10 Peso in den Krankenhäusern. Einige können das bezahlen, aber andere haben viele Kinder und die 150 Peso reichen für nichts. Wir versuchen nun, Druck auf sie auszuüben, die Verhütungsmittel gratis abzugeben. Mal sehen, wie wir das anstellen müssen.« Eine der Frauen ist mit dem sechsten Kind schwanger. Abtreibungen sind illegal in Argentinien – täglich sterben über zwanzig Frauen an illegal durchgeführten Versuchen, während die Reichen es sich für zwei- bis dreitausend Dollar erkaufen können. Diese Frau möchte gerne eine Sterilisation. »Das ist also noch eine Papierangelegenheit, um die wir uns kümmern. Aber das ist in Argentinien sehr schwierig. Sie machen es nur in Extremfällen. Schrecklich. Bei mir haben sie es nicht gemacht. Sie haben mir gesagt, ich sei noch jung und hätte erst drei Kinder. Aber wozu will ich noch mehr Kinder? Es kostet ein Vermögen!«

Gemüsegarten

Garten ist nicht gleich Garten in Argentinien. Ein Blumengarten heißt *jardín*, und wenn größere Pflanzen darin zum Verkaufen gezogen werden, so ist es ein *vivero*. Eine *huerta* dagegen ist ein Gemüsegarten: Hier werden Salat und Gemüse angebaut, und was sich sonst noch verspeisen lässt.

Beatríz Almada ist eine der Frauen, die in der Huerta von La Guardia arbeiten. Sie mag es, überlegt jedoch, die Kommission zu wechseln, da sie gerne etwas zusätzliches Geld nach Hause für ihre Familie mitbrächte. Im Gemüsegarten kam es noch nicht dazu. Um erst mal den Samen finanzieren zu können, veranstalten die Frauen und Männer der Kommission eine Tombola. Dafür bringen sie von ihrem eigenen Geld Lebensmittel wie Öl, Tee, Reis und Zucker mit, und stellen aus diesen einen Lebensmittelkorb zusammen. Dieser wird für je einen Peso verlost. Von dem Geld, was sie überbehalten, wird der Samen gekauft. Das Gemüse, dass sie später ernten, wird häufig zum Essen für die eigenen Familien genommen. So konnte Beatríz beispielsweise des öfteren mal einen Salat auf den Tisch stellen.

Bei der Bearbeitung des Gemeischaftsgartens in La Guardia

Der Rest wird verkauft – zum bescheidenen Preis, wie Beatríz betont. Hiervon kann dann gerade der neue Samen angeschafft werden.

»Moment, darum müssen wir jetzt warten, dass sie wachsen. Und das dauert – das dauert lange!«, resümiert Beatríz mit einem müden Unterton.

Auf die Nachfrage, warum der Garten ökologisch bewirtschaftet wird, gibt Beatríz eine Begründung, die mich erstaunt: »Es wollte eine Frau vorbeikommen von der Agrarbehörde, um uns zu sagen, welche Art von Pestiziden wir benutzen könnten, damit die Pflanzen keine Schädlinge bekommen und stark und gesund werden. Aber diese Frau kam nie. Deswegen müssen wir uns jetzt anderweitig helfen. Aber es wäre natürlich besser, wenn jemand uns zeigte, wie man das benutzt und wo wir es kaufen könnten.« Besonders die Schädlinge, welche die Blätter auffressen, machen ihnen zu schaffen. »Hätten wir Pestizide, wäre es besser. Aber wir haben keine, und außerdem haben wir auch kein Geld, um welche zu kaufen. Sie sind sehr teuer! Nun, so behelfen wir uns mit dem Wenigen, was wir haben. Aber es ist schwierig, es ist sehr schwierig für uns.«

Obwohl der Boden extrem sandig wirkt, lobt Beatríz seine Qualität. »Der wird mit Pferdeäpfeln vermischt, die wir auf der Straße einsammeln.

Dadurch wird die Erde verstärkt und gut. Aber das ist das einzige, was wir wissen.«

Stricken

Koordinatorin von der Strick-Kommission ist María Garcia. Als sie in das Red kam, gab es bereits eine Koordinatorin, aber da María mehr vom Stricken verstand, wurde sie dazu ernannt.

Im Augenblick sind modische Strickgürtel begehrt. Die Frauen strecken die Wolle vor, indem sie alle einen Peso gegeben haben; dies bildet die finanzielle Grundlage. Für 2,80 Peso kann Wolle für zehn Gürtel gekauft werden. Im Barrio werden die Gürtel für 4 bis 5 Peso verkauft, während sie beim Verkauf an Geschäfte in der Innenstadt nur 2 Peso dafür verlangen können. Ein festes Lieferungsverhältnis besteht nicht; die Frauen müssen mit ihrer Strickware von Geschäft zu Geschäft gehen und diese jedes Mal dort neu anbieten. Zudem muss für eine Fahrt in die Innenstadt das Busgeld von zwei Peso abgezogen werden. Werden dort erfolgreich fünf Gürtel verkauft, so ergibt sich beim Verkauf an Geschäfte pro Stück ein Gewinn von 1,32 Peso; im Barrio dagegen 4,72 bzw. 3,72. Allerdings kommt ein Verkauf im Barrio nicht oft vor. Trotzdem gehört die Strick-Kommission zu den finanziell am lukrativsten: Da ihre Materialkosten so gering sind, verteilen hier die Frauen – anders als in den meisten anderen Kommissionen – den Reingewinn sofort direkt an sich zurück.

Mittelbeschaffung

Recurso war eine Gruppe von Frauen, welche Benifizien veranstaltete, um das Gemeinschaftshaus zu bezahlen. Es war in dem Sinne keine richtige Kommission, sondern der Aufruf an alle, dass sie am Wochenende dafür Backen oder Kochen sollten. Es kamen aber immer nur drei oder vier, und immer dieselben. Auch stellte sich der Verkauf als schwierig heraus. Da frisch hergestelltes Essen, das nicht verkauft werden kann, schnell schlecht wird, wurde teilweise sogar verlustreich gearbeitet. So haben die Frauen beschlossen, es sein zu lassen. Dafür müssen nun alle 1,50 Peso im Monat bezahlen für die Miete des Gemeinschaftshauses.

Barrio Colastiné Sur

Colastiné Sur liegt nochmal drei Kilometer hinter La Guardia, direkt am Ufer des Flusses Salado. Wer hierher möchte mit öffentlichen Verkehrsmitteln, muss Zeit mitbringen: Es fährt nur ein einziger Bus in dieses Barrio, um 14 Uhr, so dass die Schulkinder damit zurückkommen können. Wieder in die Stadt geht es dementsprechend erst am nächsten Morgen. Allerdings kommt dieser Bus erst um 7 Uhr – zu spät, um rechtzeitig in die Schule zu kommen. Früher gab es einen um 6 Uhr, das war die richtige Zeit; und überhaupt gab es früher stündlich einen Bus.

Früher gab es ein öffentliches Verkehrssystem, dann wurde es privatisiert. Da ein Unternehmen aber nur dann Interesse an einer solchen Übernahme hat, wenn es daran verdienen kann, stiegen die Preise – und zwar so sehr, dass statt 70 Mio. Tickets nur noch 40 Mio. verkauft wurden. Immer mehr Verkehrsverbindungen wurden durch das Unternehmen eingestellt.

Die Frauen von Red Interbarrial de Mujeres in Colastiné beschließen, als Gruppe zur einer Sitzung des Stadtparlaments zu gehen, und ihr Anliegen dort in allen Facetten vorzutragen. Doch sie kommen nicht durch und werden schließlich auf den zuständigen Beamten verwiesen. Sie quetschen sich in diesem für alle viel zu kleinem Büro in sämtliche Ecken, während die Petition überreicht wird. Der Beamte versucht zu beschwichtigen: »Wir versuchen immer, Druck auf die Bus-Unternehmen auszuüben.« Er verweist auf die Übereinkunft 9080 der Verpflichtungserklärung des Busunternehmens, in welchem dieses ausreichende Transportlinien zusichert. Er sieht jedoch nicht so aus, als würde er demnächst irgendetwas darüber hinaus unternehmen. Marcela Fernández sagt, es müsste ja nicht alle halbe Stunde ein Bus fahren, alle anderthalb sei schon ganz okay. Gladys Díaz jedoch hält nichts davon: »Nein, nein, wir fordern alle 15 Minuten, kommt gar nicht in Frage!«

Noch früher, vor 20 Jahren, gab es die große Autobrücke noch nicht, sondern nur eine Fähre als Verbindung nach Santa Fe. Der Fluss war somit nicht leicht zu überbrücken, und da Colastiné an einer belebten Strecke liegt, hatte es als Dorf auf der anderen Seite eine gewissen Bedeutung. »Damals gab es drei Restaurants hier! Und viel Arbeit!«, erzählt Guadalupe Pierdabuena. Seine Abgeschiedenheit macht Colastiné fast romantisch. Es erinnert an einige von Hippies belagerte Dörfer an Stränden, welche allerdings verlockender sind als der aus Schilf bestehende Übergang in den Fluss. Der Fluss sorgt hier erst recht dafür, dass hier nur die Ärmsten woh-

Zwei Söhne schauen nach ihrer Mutter im Gemeinschaftshaus

nen, denn jedes Jahr, wenn er über die Ufer tritt, steht Colastiné als erstes Barrio meterhoch unter Wasser.

Gleichzeitig macht die Natur es einfacher zu leben. Die Männer bleiben nicht zu Hause, sondern fahren täglich zum Fischen hinaus, und tragen so zur Ernährung der Familie bei. Der große Baumbestand stellt die Versorgung mit Feuerholz sicher – somit muss niemand Hunger leiden in Colastiné. Aber zu viel mehr reicht es bei keiner der Familien.

Wenn die Frauen arbeiten, und die Männer zum Fischen sind, bleiben die Kinder oft allein – das ist eine neue Erscheinung in Argentinien, wo fast alle Frauen Hausfrauen waren. Guadalupe beängstigt das: »Die Kinder haben mehr Freiheiten, und dann gehen sie auf die Straße oder zum Videospielen – es gibt also keine Kontrolle mehr. Es fehlt die Kontrolle der Mutter und des Vaters, und die Kinder wachsen schlechter auf.«

Diese Ansammlung verträumter Häuser steht für mich im Widerspruch zu den Schreckensvisionen, die Guadalupe seit einiger Zeit verfolgen: »Ich habe zwei pubertierende Jugendliche, 16 und 18. Während des Schuljahres sind sie beschäftigt, aber in den Ferien haben sie gar nichts. Und ich weiß nicht, wo ich sie lassen soll, denn im Haus langweilen sie sich. Und auf der Straße lasse ich sie nicht. Es gibt hier viele Leute, die man nicht kennt, und die man nicht einschätzen kann. Vorher lebten hier nur Leute vom Barrio, da konnten die Kinder um neun Uhr abends rumlaufen, denn man wusste, dass ihnen keine Gefahr droht. Und jetzt kann man das nicht mehr machen, denn hier leben viele Leute, deren Gebräuche man nicht kennt. Es passiert zwar nie etwas. Aber wenn es Fremde gibt, die durch die Straßen gehen – schicke ich da meine Kinder raus? Ich sage nein! Ich lasse sie zu Hause, bevor ihnen etwas passiert.«

Viele Fremde hat es in dieser Abgeschiedenheit wohl nicht gegeben in den letzten 20 Jahren, dass die neu Hinzugezogenen solche Ängste auslösen können. Tatsächlich muss die Einwanderung nach Colastiné sich in Grenzen halten: Das Red Interbarrial de Mujeres besteht nur aus gut 20 Frauen, obwohl es die einzige Möglichkeit im Barrio ist, für den Arbeitsplan zu arbeiten und Arbeitslosenunterstützung zu erhalten.

»Den Lebensmittelladen haben wir aufgegessen!«
Überleben in Colastiné Sur

Beatriz Almada, 49, arbeitet im Red in La Guardia, wohnt jedoch in Colastiné Sur zusammen mit ihrem Mann und einem Sohn; der ältere hat das Elternhaus bereits verlassen. 15 Jahre lang hat Beatriz in einem Seniorenheim als Altenpflegerin gearbeitet. Ihr Mann arbeitete als LKW-Fahrer.

»Mein Mann ist seit vier Jahren arbeitslos. Damals erkrankte er an der Wirbelsäule – seitdem ging alles bergab. Ich hatte vor fünf Jahren einen Lebensmittelladen eröffnet. Nach der Operation von meinem Mann ist der mir unter den Händen zerronnen, denn zwei Jahre lang konnte er gar nichts machen. Da haben wir alles aufgegessen – weil ich ja diesen Lebensmittelladen hatte – alles haben wir aufgegessen! Und nun, zum Teil ging ich pleite, weil die Leute im Barrio bei mir angeschrieben hatten – und nie bezahlt haben. Viele Menschen schulden mir Geld.

Der Arzt sagt meinem Mann, er dürfe auch nicht auf den Fluss hinausfahren, weil die Arbeit mit den Netzen zu schwer für ihn ist. Aber es gibt sonst nichts – darum muss ich ihm helfen. Nachdem ich hier im Gemüsegarten fertig bin, treffe ich mich mit ihm zum Fischen. Jeden Tag von nachmittags um zwei oder drei bis abends um sieben oder acht Uhr. Danach müssen wir erst mal den ganzen Dreck abwaschen: der ganze Sumpf, die Moskitos! Dann Mate. Dann, wenn ich Geld habe, kochen – und dann nehmen wir Mate mit Brot oder dem, was es gibt. Oder mit etwas Reis, oder etwas Nudeln – Fleisch nicht, denn Fleisch ist sehr teuer. Manchmal, wenn wir einen schönen Fisch gefangen haben, essen wir den und ich mache Empanadas oder Bratfisch damit.

Aber das Fischen ist eine große Mühsal! Zudem ist das Wasser so schlecht, dass die Fische, die wir aus dem Wasser holen, oft schon tot sind, dann kann man sie weder verkaufen noch essen. Wir schmeißen sie direkt wieder ins Wasser zurück. Wir müssen leben von den 150 Peso, die ich beziehe. Und 150 Peso sind nichts. Seit zwei Monaten koche ich nur noch mit Holz. Weil ich kein Geld für Gas mehr habe – so etwas ist mir noch nie passiert, noch nie. Dieses Geld muss ich wie Kaugummi strecken! Wir verkaufen deshalb jetzt unsere Drahtnetze und andere Dinge, um noch etwas Essen kaufen zu können. Auch den Motor für unsere Barkasse – den haben wir uns mal mühselig und mit Ratenzahlungen angeschafft. Früher hatte ich mal drei Autos – alle verkauft. Seit zwei Jahren schon versuche ich, mein Haus in Colastiné zu verkaufen. Es kommen auch viele, um es sich anzuschauen, aber sie haben kein Geld. So wie es uns ergeht, ergeht es ja vielen Familien. 20.000 Peso will ich für mein Haus haben. Es ist ein massives Haus, und das einzige was fehlt, sind Fliesen. Sonst ist alles fertig: Ich habe Licht, Wasser, ein installiertes Badeszimmer, eine Küche mit Esszimmer, zwei Stockwerke – massiv gebaut –, es hat eine Garage, einen wunderhübschen Garten und einen Ofen, um darin einen Braten zu rösten. Es gefällt mir nicht zu gehen, aber ich sehe keine andere Möglichkeit.

Wir wollen nach Buenos Aires, wo unser Ältester lebt. Dort gibt es mehr Möglichkeiten zu arbeiten für meinen Mann und für mich. Mein Mann kann alles – er ist gelernter Maurer. Er kann ein Haus bauen – aus Steinen. Aber hier gibt es keine Gelegenheitsjobs. Nichts. Es gibt kein Geld – Arbeit gäbe es, aber kein Geld. Das heißt: ›Ich habe keine Arbeit!‹ – das sagt sich so, dabei arbeite ich vormittags im Red und nachmittags mit meinem Mann.

Mein älterer Sohn ist ebenfalls ohne Arbeit. Er hatte eine Abendausbildung als Klempnerausbildung begonnen, doch musste er aufhören, weil er dafür nach Santa Fe musste, und er hatte kein Geld für den Bus. Außerdem brauchte er Schuhe und Kleidung – und hat nichts. Ein paar Schuhe, die billigsten, kosten 20 Peso; Hosen 25 Peso. Jetzt wo es kalt wird, braucht er einen Pullover: Ein Pullover kostet 15 Peso. Und ab und zu müsste er da was essen – es geht nicht, es geht nicht! Der 16-Jährige geht noch in die Schule. Ich finde, Minderjährige sollten zur Schule gehen, aber ich weiß nicht, ob wir uns das noch leisten können werden in Buenos Aires.

Offen gestanden: Manchmal essen wir, und manchmal essen wir nicht. Stattdessen trinken wir Mate. Oder ich kann etwas Brot backen. Aber ich bin immer zufrieden; denn wenn ich zusammenbreche, dann bricht auch die ganze Familie zusammen. Ich bin der Halt im Haus. Wenn ich zusammenbreche, bricht alles zusammen!«

Kommissionen

Schuhmacherei

Das Red in Colastiné Sur hat sich in erster Linie auf Schuhproduktion spezialisiert. Hier machen alle Frauen alles zusammen; es wird sich nicht extra in Kommissionen aufgeteilt, denn das lohnt sich nicht bei den gut zwanzig Frauen. Wenn Arbeit im Gemüsegarten anfällt, gehen alle in den Garten, der direkt hinter dem Haus liegt und nur aus wenigen Pflanzen besteht. Ansonsten machen alle Schuhe. Ein ehemaliger Schuster bringt den Frauen bei, wie die Schuhe gefertigt werden. Es lassen sich zwei Arten unterscheiden: Clogs für Frauen und Lederhalbschuhe für Kinder. Die Schuhe werden zum einen in den Barrios direkt verkauft, und zum anderen Geschäften in der Innenstadt angeboten.

Obwohl immer wieder Kostenüberblicke aufgestellt werden, gibt es keine fertige Aufstellung – dies wäre auch unmöglich bei der Teuerung im vergangenen Jahr –, sondern ergibt sich aus den Befragungen der einzelnen durch die Koordinatorin Guadalupe Pierdabuena, wie viel beim letzten Kauf für welches Material ausgegeben wurde. Manchmal lässt es sich auch nicht mehr feststellen. Dazu kommt, dass unklar ist, wie die Preise im Moment sind, denn zur Zeit wird nicht eingekauft. Nur eines ist sicher: Sie sind gestiegen.

Die Holzbasis für die Clogs wird fertig gekauft und kostet pro Paar 4 Peso. Darunter kommt noch eine Schicht Gummi: Der Meter zu 17 Peso reicht für 16 Paare. Der Jeansstoff ist pro Meter für 19 Peso zu haben, dar-

Schön sind sie. Doch gegen die Konzerne lässt sich nicht konkurrieren

aus lassen sich 52 Paare herstellen. Dazu noch eine Zierborde (50 Centavos), Reißnägel und Schmucknägel sowie Kleber, Lack und Faden. Alles in allem errechnen die Frauen einen Materialkostenpreis von knapp 9 Peso. Von den Geschäften in der Innenstadt sind 12 Peso zu bekommen, bei Direktverkauf liegt der Preis bei 17. Die Frauen im Red müssen selber nur etwas mehr als die Materialkosten bezahlen.

Die Montage eines Paar Schuhe aus Holz dauert lediglich eine halbe Stunde. Doch mit Stoff zuschneiden, Holz schmirgeln und lackieren, nähen, nageln usw. sind es knapp drei Stunden. Wenn viel zu tun ist – zum Beispiel, wenn eine Lieferung für ein Schuhgeschäft noch nicht fertig ist – dann bleiben die Frauen, bis alles erledigt ist; manchmal bis spät.

Für die Lederhalbschuhe braucht es mehr Zeit und viel mehr Präzision. Unter anderem müssen kleine Nägel rundherum so hineingehauen werden, dass sie hinterher nicht mehr zu sehen sind – eine mühselige Arbeit. Bislang muss das Leder weder selber zugeschnitten noch genäht werden, da auch hier der ehemalige Schuster hilft. Für die Produktion im Winter sollen sie das jedoch selber können. Bis dahin muss dann Geld für Reparatur der alten Nähmaschine da sein, da diese im Moment nicht genutzt werden kann. Für die Kinderschuhe spendet der Schuster auch die Sohlen. Die zweite Sohlenschicht kostet 3,50 pro Paar. Das Gummi für die Absätze ist nicht teuer (1,50), ebenso wenig die Knopflöcher oder die Schnürsenkel – aber der Klebstoff und das Leder. des hohen Lederpreises halten die Spenden des Schusters die Herstellungskosten so gering, dass sie nicht höher als bei den Clogs liegen, nämlich bei 9 Peso insgesamt. Werden die Halbschuhe zwar im Schuhgeschäft für 20 bis 25 Peso, manchmal sogar 30, weiterverkauft; zahlen die Geschäfte auch für diese nur 12 Peso. Diesmal sind die Preise im Barrio billiger: Die Kinderschuhe sind schon für 10 Peso zu haben.

Doch auch hier ist vieles Theorie. In der Innenstadt gibt es zwei Schuhgeschäfte, die immer wieder Ware abnehmen, *Cali* und *Augio*. Ganz am Anfang nahmen sie 30 Paare ab, inzwischen sind es nur noch 10 im Monat. Und die letzte Lieferung ist noch nicht einmal bezahlt worden, obwohl schon wieder nach neuen gefragt wurde. »Wenn die nicht zahlen, dann stellen wir natürlich auch unsere Lieferung ein«, sagt Guadalupe. Da normalerweise immer bei der Übergabe das Geld gegeben wird, wird es sich erst dann herausstellen.

Auch der Verkauf in den Barrios läuft schleppend – als sie in der Nachbargemeinde La Guardia auf der Versammlung die Schuhe anboten, kaufte niemand. Denn zum einen ist ein solcher Schuh eine große Investition, gemessen an den sonstigen Ausgaben, und wird nur bei absoluter Notwendigkeit getätigt. So hat sich auch Marcela Fernández, welche zwar im Red arbeitet, aber keine Arbeitslosenunterstützung erhält, sich noch nie selber die Schuhe, die sie herstellte, für sich oder ihre zwei Kinder leisten können, obwohl sie die Schuhe bereits für einen leichten Aufpreis zu den Materialkosten bekäme. Zum anderen können nur wenige Größen hergestellt werden, da nur hierfür die zur Herstellung notwendigen Schablonen vorhanden sind. Das führt dazu, dass viele der Frauen in Colastiné keine Schuhe für sich selber herstellen können – sie sind ihnen fast durchgängig zu klein. Und nicht zuletzt sind auch die in den großen Handelsketten zu kaufenden Schuhe kaum teurer – gegen die Produktion in den Weltmarktfabriken mit ihrer Massenproduktion und den im Preis kaum noch zu Buche schlagenden Lohnkosten lässt sich nicht konkurrieren.

Darum sind die Halbschuhe im Moment auch schon für 6 Peso zu haben. Um Kapital für neue Materialien zu verflüssigen, wie Guadalupe erklärt. Und weil sie zum alten Preis niemand mehr kaufte, zumal inzwischen Sommer ist, und die Halbschuhe eher für den Winter geeignet sind. Damit liegt der Verkaufspreis unter den Materialkosten. Wenn aber jetzt Schuhe verschleudert werden, um neues Material für neue Winterschuhe zu kaufen, könnten dann die alten nicht stehen gelassen werden für den Winter, anstatt mit Verlust neue zu produzieren? Was sind Schuhe anderes als Material, bloß schon gefertigt?

»Eben, sie sind schon gefertigt, und darum können sie nicht mit der Mode gehen«, erklärt Guadalupe. Sie wissen zwar noch nicht, wie die neue Mode aussehen wird, aber eines ist sicher: Sie wird anders sein als im vergangenen Winter, und darum sind die alten dann wertlos. Und sie müssen jetzt anfangen mit der Produktion, da sie demnächst das Leder selbst zuschneiden und nähen müssen – das wird wesentlich länger dauern.

Geschäftsführung in Colastiné Sur

In Colastiné Sur ist Guadalupe Pierdabuena die einzige, die sich bereit erklärt hat, sich um die Formalitäten und die Behördengänge zu kümmern. Da ihr Barrio nur mit jeweils einem Bus pro Richtung mit Santa Fe verbunden ist, braucht es viele Stunden, für solche Angelegenheiten in die Stadt zu fahren. »Du verlierst den ganzen Vormittag, und viele haben keine Zeit dafür. Ich auch nicht, aber ich mache es. Wenn ich es mit etwas anderem kombinieren kann, dann fahre ich nach Santa Fe. Wenn ich nur dafür nach Santa Fe muss, dann geht es nicht.« Damit Guadalupe aber nicht die einzige bleibt, ist gerade eine andere Compañera ausgelost worden, die wird sich nun auch darum kümmern müssen. Ob sie will oder nicht.

Barrio San José

Im Gegensatz zu La Guardia und Colastiné Sur, welche ein Stück entfernt von Santa Fe und in sich abgeschlossen gelegen sind, ist San José ein Stadtteil im herkömmlichen Sinn. San José besitzt alle die Eigenschaften, die mit dem Begriff *Barrio* verbunden werden: Es ist dreckig, hässlich, nachts gefährlich und ärmlich. Trotz des städtischen Eindruckes sind nur die Hauptstraßen geteert, die Seitenstraßen bestehen aus Schlamm und Schlaglöchern. Hier haben alle das Land besetzt, auf dem sie wohnen, die meisten vor drei Jahren, einige aber schon vor sechs, sieben Jahren. Probleme mit der Stadtverwaltung gab es bislang nicht.

An einer besonders schlammigen Straße liegt das Gemeinschaftshaus vom Red. Es ist wesentlich größer als jene in den anderen Barrios, denn hier gehören knapp 200 zum *Red Interbarrial de Mujeres*, darunter ein Dutzend Männer. Auf der linken Seite befindet sich eine große Halle, in welcher die Versammlungen und die Märkte stattfinden. Auf der rechten Seite gehen von einem Flur mehrere kleinere Räume ab, welche für die Treffen der Koordination, für die Herstellung von Seifen, Kerzen, Pickles, oder einfach als Lagerflächen genutzt werden. Hinter dem Gebäude schließt sich noch ein kleiner ungepflegter Garten an, welcher wegen des darauf befindlichen Ofens vor allem zum Brotbacken genutzt wird.

»Wir hatten nichts und aßen nichts.«
Überleben in San José

María Angela Niní, 33, wohnt mit ihrem Mann und fünf Kindern in San José. Vor drei Jahren sind sie hierher gezogen. Vorher haben sie immer irgendwo zur Miete gewohnt, doch das wurde zu teuer »Wenn du bei der Stadt fragst, geben sie dir kein Land, weil sie dann sagen, es wäre privat – darum haben wir ein Stück genommen, und eine kleine Ranch da drauf gebaut, aus Blech und aus allem, was wir so hatten.«

Der Mann hatte zwischenzeitlich in einem Unternehmen gearbeitet und ganz gut verdient; davon konnten sie sich das Material kaufen. Sie zahlen keine Miete, weil sie ja besetzt haben, und auch kein Licht und kein Wasser, denn offiziell angeschlossen sind sie auch nicht – das ganze Barrio nicht. »Es bleibt dir gar nichts anderes übrig als dich einzuhängen. Sie werden dich nicht abklemmen, denn das machen ja alle so. Wenn sie von uns verlangen würden, das Licht zu zahlen – nun, mit dem was wir bekommen, reicht es ja nicht, um so etwas zu bezahlen.«

María Angelas Mann war seit Juni 2002 arbeitslos, bis vor genau drei Wochen. Bei seiner neuen Stelle wird sein Familienlohn aber nur für zwei statt für fünf Kinder berechnet. Normalerweise wird für jedes Kind 40 Peso gezahlt. Doch heute wird man nicht mehr eingestellt, wenn man so viele Kinder anmelden will. Ihn haben sie nur genommen, weil sie ihn schon kannten und wussten, dass er sehr gut arbeitet. Sie haben ihm jedoch gleich gesagt, dass sie nur für zwei zahlen werden. So erhält er jetzt 350 Peso monatlich – wenn er nie fehlt.

Das letzte halbe Jahr jedoch musste die Familie ohne Unterstützungsgelder und ohne Einkommen überleben. »Wie wir das gemacht haben? Wir hatten viele Tage nicht einmal etwas zu essen. Wir hatten nichts und aßen nichts. Ich wog 90 kg. Kannst Du Dir das vorstellen? Diese Hose war eng! Ich habe 20 kg abgenommen in diesem halben Jahr. Aber ich habe sie abgenommen, weil wir viele Tage nichts zu essen hatten. Seit anderthalb Monaten haben wir kein Gas mehr zum Kochen. Heute wird mein Mann das erste Mal einen Lohnanteil bekommen – jetzt werde ich wieder Gas kaufen können. Bislang habe ich mit Holz gekocht. Und einen Besen, den habe ich nicht. Ich habe bislang immer mit Papierseiten gefegt – das ist wirklich wahr!

Unsere älteren Kinder haben wir zu meiner Schwester oder zu meinem Papa geschickt, damit sie dort essen konnten. Die Kleinsten konnten wir zu einer Volksküche schicken. Später bekam der eine auch in der Schule etwas zu essen. Gott sei Dank habe ich eine Schwägerin, die in einer Bäckerei arbeitet. Sie hat uns all die Tage Brot geschickt. Meine Schwester hat uns jeden Tag Tee gebracht. So hatten wir Brot und Mate. Oft hatte ich keinen Zucker und musste den Mate bitter trinken. Inzwischen habe ich mich daran gewöhnt.

Manchmal haben wir Nudeln mit etwas Öl oder etwas Tomate oder etwas Mettsoße gegessen. Anderes Fleisch nicht, dieses war das billigste. Einen Braten hatte ich seit mindestens einem Jahr nicht mehr. Auch Eier sind teuer. Milch gab es nur für die ganz Kleinen. Manchmal hat mir eine Frau hier im Red Milch mitgebracht, das hat mich beschämt, aber nun ja. Oder meine andere Schwester hat mir etwas gegeben. So haben wir das halbe Jahr herumbekommen. Anders hätten wir es nicht geschafft.

Wir haben einen Haufen Sachen verkauft, denn es gab Momente, in denen wir völlig verzweifelt waren. So das Handy, und Türen und Fenster, die wir noch hatten, weil ein Teil unseres Hauses noch gar nicht fertig ist.

Meine Schwester hat mir sehr viel geholfen. Mein Vater nicht, denn er hat selber noch zwei minderjährige Kinder und ist auch arbeitslos: Er arbeitete im selben Unternehmen wie mein Mann, und auch er wurde rausgeschmissen. Aus der Nachbarschaft hat mir nur eine einzige geholfen – als es ihr früher schlecht gegangen war, hatte ich ihr etwas gegeben. Wir helfen uns gegenseitig. Aber nur die eine. Nicht alle. Normalerweise mischt man sich bei den Nachbarn nicht ein. So sieht die Wirklichkeit aus, in der es sich hier lebt. «

Kommissionen

Juristische Kommission

Vergleichbar mit der Kommission »Geschäftsführung« in La Guardia und Colastiné existiert in San José eine eigene Kommission für juristische Angelegenheiten. Sie wird aktiv, wenn jemand Probleme mit der Auszahlung des Arbeitslosengeldes bekommt, oder können beraten, ob noch weitere staatliche Gelder in Frage kommen, wie beispielsweise für Mütter mit mehr als sieben Kindern. Sie unterstützen, wenn jemand aus dem Red irgendwelche Beanstandungen durchsetzen möchte. Hierunter fallen auch die Streitereien um Medikamente, denn für Gesundheit gibt es in diesem Stadtteil keine Kommission. Auch bei familiärer Gewalt ist die juristische Kommission die Ansprechpartnerin, wenn die Betroffene damit vor Gericht gehen möchte; erst vor kurzem gab es einen Fall des sexuellen Missbrauchs einer Minderjährigen.

Um diese Arbeit machen zu können, haben die Mitglieder dieser Kommission ein ganzes Jahr lang einmal in der Woche in der Rechtsfakultät ein Jura-Seminar besucht. Durchgeführt wurde dieses von Claudia Montenegro, einer Rechtsanwältin, die in engem Kontakt zu der Frauengewerkschaft steht, und auch als Dozentin an der Universität lehrt. Außer den fünf Frauen aus San José hatten an diesem Kurs auch jeweils zwei aus La Guardia und Colastiné Sur teilgenommen.

Bäckerei

Wenn die warmen weißen Brote aus dem aus Ziegelsteinen aufgebauten Holzofen in San José kommen, dann ist es schwierig aufzuhören, davon zu essen, bevor die Bauchschmerzen beginnen.

Die Frauen verkaufen ein Brot für 50 Centavos. Üblich ist 1 Peso, so dass die KäuferInnen jeweils fast die Hälfte sparen – fast, denn die Brote sind etwas kleiner.

30 Brote bringen für das Red demnach 15 Peso. Ein Sack Mehl à 50 Kilo kostet 55 Peso. Für 30 Brote braucht es 4 Kilo Mehl, das heißt, es reicht für zwölfeinhalb Tage, und sie können damit insgesamt 375 Brote backen. Das Mehl für einen Tag kostet 4,40 Peso. Dazu kommen 100 Gramm Hefe (1,90), 250 Gramm Fett (50 Centavos das Kilo) und etwas Salz, wovon ein Kilo für 80 Centavos für einen gesamten Sack Mehl reicht. So braucht es

für die Deckung der Kosten rund 6,50 Peso und es bleiben 8,50 Peso Gewinn.

Normalerweise wird der Gewinn unter den Frauen der Bäckerei aufgeteilt, doch heute gab es eine Sitzung der KoordinatorInnen, wo es über einen Ausgleich der Gewinne zwischen den Kommissionen ging; die Bäckerei ist die, welche mit Abstand am meisten Gewinn macht. Insbesondere soll das Geld auch zur Verfügung stehen für Reparaturen und zur Anschaffung von Produktionsmitteln für neue Projekte wie die Besenherstellung sowie das Mahlen von Mehl und das Pressen von Öl.

Reparaturen

Ausschließlich Männer bilden die Kommission für Reparaturen. Maximiliano Lazzarini, der Koordinator, ist für Elektrizität zuständig, denn darin hat er früher schon gearbeitet. Zurzeit muss das Licht wieder gemacht werden. Für die kommende Woche steht der Ofen an, damit dieser nicht immer so viel Hitze verliert.

In dieser Kommission lässt sich nichts verdienen, und die Männer werden auch nicht an den Gewinnen anderer Kommissionen beteiligt, obwohl sie – wie im Fall der Bäckerei – für die Wartung der Produktionsmittel zuständig sind. Das Gleiche gilt beispielsweise für die juristische Kommission, und für Gesundheit. Maxi sieht kein Problem hierin, da sich ja alle aussuchen könnten, in welcher Kommission sie arbeiten möchten, und auch jederzeit wechseln. Ihm selber gefällt es, mit den Händen zu arbeiten und seine Kenntnisse einbringen zu können.

›Vivienda‹

Vivienda heißt Wohnung. Auf die Frage, was die Aufgabe dieser Kommission ist, hatten die Frauen von La Guardia nur gelacht. »Keine Ahnung«, gab María Isabel Ritacca zu. »Ich habe mich darum nie gekümmert, es interessiert mich nicht. Die Frauen haben geschaut, wie wir leben, wie unsere Häuser sind, was wir brauchen, alles haben sie aufgeschrieben, wie eine ... wie eine ... – wie eine Volkszählung haben sie das gemacht: wem das Haus gehört, ob es geliehen oder gemietet ist, was für ein Badezimmer man hat, wie viele in der Familie leben, alles solche Fragen.«

In San José existiert diese Kommission ebenfalls, neben Reparatur ist sie die zweite Kommission, die ausschließlich aus Männern besteht. Diese erteilen bereitwillig Auskunft über ihre Aufgabe. Die Kommission erstellt ein Archiv über diejenigen, die im Red arbeiten, um so ein Register für zukünftige Projekte zu erhalten. Die Männer versuchen, an Baumaterialien heranzukommen, um Häuser reparieren zu können. Dann kann bereits aus den Listen ersehen werden, bei wem Reparaturen am Notwendigsten sind, und ob der Fußboden oder das Badezimmer oder das Dach erneuert werden müssen. Das übernimmt dann die Kommission für Reparaturen.

Seifen, Kerzen, Porzellan, Pickles und Süßigkeiten

Die Grundmasse für die Seifen wird fertig gekauft. Es geht bei der Seifenproduktion also nicht darum, billiger herzustellen, sondern es kommt darauf an, kleine Figuren zu gießen – Muscheln zum Beispiel – und diese hinterher kunstvoll zu verpacken. In knalligen Farben lackierte selbstgebastelte Kästchen, mit Holzwolle aufgefüllt, und darein die Seifen gebettet ergeben so kleine Geschenke. Das gleiche Prinzip besteht bei den Kerzen, nur das hier alte Wachsreste zu vielfarbigen Sternen, Blumen oder Friedenszeichen werden.

Die Kommission wurde zu groß, so dass sie sich teilte und einige Frauen stattdessen mit Kaltporzellan arbeiteten: einer Fertigmasse, die nach der Modellierung trocken und hart wird. Daraus wurden kleine Puppen und Engel hergestellt. Doch diejenige, die sich damit auskannte, wurde schwanger und kommt seitdem nicht mehr. Da die Frauen nicht genügend gelernt hatten, um die Produktion auf andere Gegenstände auszuweiten, begannen sie nun, haltbare Esswaren herzustellen, vor allem Pickles, also in Essig eingelegte Gemüse, sowie Süßigkeiten aus Früchten. Die Zutaten dafür werden von allen Frauen der Kommission zusammengetragen, um die Kosten möglichst gering zu halten. Aus diesem Grunde liegt die Produktion zur Zeit brach: Es fehlen so viele aufgrund von Krankheiten, dass die verbliebenen drei oder vier Frauen nicht genügend Zutaten zusammen bekommen. Zudem fehlen Gläser. Die 20-jährige Marcia Gorocito betont jedoch, dass diese Arbeit sich finanziell durchaus lohne: »Wir können immer viel herstellen, weil es sich hält, es wird auch gut verkauft, da es bekömmlich ist und es leckere Sachen sind, die die Leute mitnehmen und sagen: Am Abend koche ich irgendwas und dazu kann es dann Pickles geben.«

»Ich zeige mein Gesicht.«
Blanca Ester Cánepa, 50, La Guardia

Blanca Cánepa strahlt eine solche Wärme und Fröhlichkeit aus, dass man sie gern haben muss. Sie lebt mit ihren vier Kindern sowie ihren Eltern, beide um die 80, und ihrem Bruder, dessen Frau und deren sechs Kindern auf einem mit kleinen Gebäuden eng bebauten Grundstück in La Guardia. Da es nur vier Schlafzimmer für alle gibt, schläft sie meist im Haus eines Onkels ein paar Straßen weiter. Sichtlich ergriffen erzählt sie wie ein anderer Bruder vor einigen Jahren nach der Arbeit mit furchtbaren Kopfschmerzen nach Hause kam, unbedingt unter die eiskalte Dusche wollte, und das nicht überlebt hat.

Sie bezeichnet sich als getrennt lebend seit 29 Jahren. »Ich hatte früher nie Glück mit Männern«, klagt sie. Von den beiden Vätern ihrer Kinder (22 und 19 sowie 12 und 11) hält sie auch nichts mehr, vor allem weil diese sie nie in ihrem Wunsch unterstützten, sich weiterbilden zu können. Jetzt dagegen ist sie glücklich seit fünf Jahren mit einem Freund zusammen, der im angrenzenden Barrio lebt, so dass sie sich nicht zu oft sehen. Auch haben sie eine getrennte Ökonomie. Er ist mit 42 Jahren Frühpensionär. Sie lebt von dem Arbeitslosengeld und ihren Putzjobs. In einem Büro putzt sie bereits seit 19 Jahren jeden Dienstagvormittag, manchmal kann sie auf Abruf noch ein- bis zweimal in der Woche woanders saubermachen. Für fünf Stunden bekommt sie jeweils einen Lohn zwischen 10 und 15 Peso, wobei jeweils 2 Peso für die Busfahrten wieder verloren gehen. Von diesem Geld unterstützt sie auch ihre Eltern, indem sie gemeinsam essen. Neben Lebensmitteln sowie Licht und Telefon muss sie noch monatlich in der Behörde in Santa Fe die Gebühr für das Grab ihres Bruders entrichten – wenn sie das Geld dafür nicht mehr aufbringen könnte, würde der Leichnam ihres Bruders wieder herausgeholt und verbrannt.

Blanca hat sich im Barrio den Ruf einer kämpferischen Frau erworben. Genau zwischen La Guardia und Colastiné Sur liegt mitten auf der grünen Wiese der Großhandelsmarkt Macro. Als dieser im Jahr 2001 hier gebaut werden sollte, versuchte das Unternehmen den Mindestlohn zu umgehen, indem es Arbeiter aus Bolivien regelrecht importierte. Diese sollten für «weniger als nichts» (Blanca) arbeiten: für 50 Centavos in der Stunde. Währenddessen hungerten die Familien in der Umgebung und die Männer waren arbeitslos – dass nur Männer für diese Jobs in Frage kamen, erschien allen Beteiligten logisch. Diese trauten sich aber zu keiner Aktion, bis Blanca das in die Hand nahm. »Ich habe dann gesagt: Gut, ich zeige mein Gesicht, wenn ihr euch nicht traut, aber ihr müsst mir helfen. Ich bin schließlich kein Mann – ich bin eine Frau!«, lacht sie. Es wurden Radios und Fernsehsender angerufen und Blanca erreichte eine breite Öffentlichkeit mit ihren Interviews. »Ich habe gefordert, dass unsere Männer hier aus der Gegend eingestellt würden, damit diese ihren Kindern etwas zu Essen geben könnten.« Zudem führten sie jeden Morgen in der Frühe eine Demonstration durch. Nach einer Woche gab die Geschäftsführung des Großhandels nach. So waren viele Männer aus der Gegend wieder in Lohn und Brot. Für einige Zeit.

Im Red sieht Blanca keine Probleme mit den Männern, zieht es aber vor, unter Frauen zu arbeiten: »Man sieht, dass Frauen mehr bewirken können als Männer. Der Mann ist nichts ohne die Frau. Denn die Frau geht immer an die Front, der Mann dagegen wartet ab.«

Blancas älterer Sohn jobbt gerade in dem Reinigungs-Unternehmen, welches für den Macro zuständig ist; auf Abruf und für einen Peso in der Stunde. Gemessen an der Inflation, die es seit der Geschichte mit den Bolivianern gegeben hat, ist dies nochmals weniger als das «weniger als nichts», was diese damals hätten bekommen sollen. »Sie zahlen ihm einen Hungerlohn! Er verdient gar nichts! Wie Schwarze Sklaven werden die dort gehalten«, flucht Blanca. Trotz eines fertigen Studiums hat er noch nie eine feste Arbeit bekommen. Der Jüngere macht unterdessen seine Papiere fertig, um zum Militär gehen zu können. »Mir gefällt das nicht, aber ihm. Nun ja, auf die eine oder andere Weise muss es ihm ja auch gefallen, denn es gibt nichts anderes. Es gibt einfach nichts anderes. Er hatte zwei Jahre lang auf Elektromechaniker studiert, aber es gab kein Geld mehr, es fertig zu machen. Insofern ziehe auch ich es vor, dass er zum Militär geht.«

»Es gibt nichts anderes.«
Francisca Bijalba, 57, Müllsammlerin, San José

Francisca Bijalba bezeichnet sich als ›Ciruja‹: eine, die auf der Straße lebt. Ihr Beruf: Müllsammlerin. ›Cartonera‹ wird dieser in Argentinien erst jetzt wieder vermehrt auftretende Beruf genannt. Francisca und ihr Mann sammeln Papier, Glas und – mit viel Glück – Aluminium. Etwas anderes, etwa andere Metalle, lässt sich nicht zu Geld machen.

Die 56-jährige ist mager und sehr klein, mit einem dunklen Teint und langen schwarzen, zu einem Schopf zusammengebundenen Haaren. Sie strahlt eine Lebendigkeit aus, die sie jung wirken lässt. Dabei geht es ihr gesundheitlich nicht gut: Sie hat Nierenschmerzen und niedrigen Blutdruck, was bei großer Hitze ein Problem sei, sagt sie, sowie starke Schmerzen im Rücken. In einigen Nächten liegt sie deswegen wach bis morgens um drei Uhr. Sie hatte ein Medikament dagegen, doch das ist alle.

»Ich arbeite viel. Wir haben zwar ein Pferd und einen Karren, doch können wir das Pferd seit über einem Monat nicht benutzen, da wir die zehn Peso für die vier Hufen nicht aufbringen können. Auf solchen Wegen wie hier vor dem Zentrum könnte das Pferd laufen, aber auf den Straßen mit Asphalt nicht. Auch gefällt es mir nicht mit dem Pferd, mir gefällt es zu gehen, ich habe einen Handkarren. Ich laufe viel. So um acht Uhr morgens gehe ich los und kehre gegen zehn zurück. Dann muss ich kochen und wenn ich Wäsche habe, dann waschen. Jetzt, wo sich hier die Arbeitszeiten geändert haben, arbeite ich im Red von zwei bis fünf Uhr. Und danach, so um sieben, gehe ich noch mal los, bis zehn Uhr abends. Den ganzen Tag! Ich habe keine Zeit! *Nada*. Aber es gibt nichts mehr auf der Straße – *nada*! Früher haben sie dich gerufen, wenn sie dich gesehen haben, sie haben dir Kleidung gegeben oder irgendwas – aber heute: tststs. Heute sehe ich mal einen Karton, mal eine Flasche, die tue ich dann in meinen Handkarren, und wenn ich Aluminium finde, dann das natürlich auch. Aber es gibt nichts, es gibt nichts mehr. Wir können auch keine Alt-Kleidung mehr verkaufen, nichts. Die Straße ist nicht mehr wie früher!

Am nächsten Morgen bringen wir das dann zum Verkauf. Aber was schon! Wir finden ja kaum etwas. Ein Kilo Papier sind 50 Centavos. Für ein Aluminium bekommen wir 3 Centavitos. Das ist nichts! Für ein halbes Kilo Aluminium ganze 50 Centavos. 3 Peso für einen Karton voll. Den anderen Tag bin ich verkaufen gegangen, und die Frau hat den Karton gewogen und ich frage sie: Wie viel ist es? Und sie sagt: 2 Peso. Manchmal bekomme ich 2, 50 oder 3. Das reicht zum Kochen, sonst für nichts.

Nein, es gibt nichts, *nada*. Und man geht und geht. Am Abend und am Morgen, abends und morgens. Zum Glück gibt es eine Bäckerei, die Brot gibt für die Kinder. Es ist kein frisches. Man schneidet es und legt es in den Ofen, um es für die Kleinen warm zu machen. Fünf habe ich zu versorgen – alles Enkel. Was bleibt da? Nichts. Weder für Fleisch, noch für Gemüse, nichts. Man bekommt heute für 3 Peso ein Paket Tee und ein halbes Kilo Zucker, und das war's!

Francisca Bijalba

Wie sollen wir da 10 Peso für die vier Hufeisen aufbringen? Wir haben das nicht! Aber unsers ist kein dürres, es ist ein schönes Pferd! Die Kinder schneiden ihm Gras am Nachmittag, und das reicht bis zum nächsten Tag. Manchmal gebe ich ihm auch etwas hartes Brot.

Ich muss meine Enkel aufziehen, meine Töchter haben mir alle ihre Kinder überlassen. zwölf, zehn, neun, acht und sechs Jahre sind sie alt, zwei Mädchen und drei Jungen. Ich muss darum kämpfen, sie groß zu bekommen. Meine Tochter Cuni wohnt irgendwo mit einem neuem Freund, aber die sehe ich nicht mehr. Wovon die lebt, weiß ich nicht. Und auch die dritte ist mit jemand anderem abgehauen, als ihr Baby zwei Monate alt war, denn der Neue wollte den Jungen nicht, also ziehe ich ihn auf. Eine Tochter lebt noch bei mir, Faviana. Sie hatte als Kind Hirnhautentzündung, und ist seither nie wieder gesund geworden. Sie kämpft mit ihren Kleinen, sie passt auch auf die anderen Kinder auf, und hilft im Haus mit. Aber wer muss das Essen ranschaffen? Ich. Und ich ziehe sie auch auf.

Als ich zehn Jahre alt war und bei meiner Mutter gewohnt habe, habe ich schon als Kindermädchen gearbeitet und ein Baby betreut. Als ich elf wurde, starb mein Vater. Wir waren insgesamt zehn Frauen; Brüder hatte ich nicht. Meine Mutter hat gewaschen und gebügelt; so hat sie uns roßgezogen. Und wir haben ihr geholfen, bis wir selber Frauen waren.

Mein Mann ist eigentlich Maurer, und früher hatten wir damit unser Auskommen. Aber eines Tages hat er keinen Job mehr gefunden. Und als wir wieder einmal weder ein noch aus wussten, sahen wir jemandem mit einem Müll-Karren vorbeiziehen. Also habe ich zu ihm gesagt: Mensch, lass es uns auf diese Weise probieren. Es gibt nichts anderes. Was sollen wir sonst tun? Wenn nicht, dann verhungern wir. Hiermit kämpft man wenigstens noch. Warum nicht, hat mein Mann geantwortet, und so haben wir uns aufgerafft und haben einen Karren gekauft, haben unseren Mut zusammengenommen und sind eines Tages losgezogen. Damals fanden wir noch viele Dinge, bis hin zu Radios, sogar Kassettenrecorder und solchen Sachen! Aber heute ist es nicht mehr wie damals, heute gibt es nichts mehr auf der Straße.«

»Es una historia, la vida mia! – Mein Leben, das ist eine Geschichte!«
Encarnación Escobar, 56, San José

Die Bäckerei in San José, Santa Fe, wirft ungefähr neun Peso Gewinn ab pro Tag. Diese werden verteilt unter den sieben Frauen, die in der Brotherstellung arbeiten. Alle Frauen machen dasselbe, erklärt mir Encarnación Escobar, eine 56jährige kräftige Frau, der ich beim Brotbacken zugeguckt hatte. »Aber als ich zuschaute, da haben Sie die ganze Zeit alleine gearbeitet!«, sage ich. Sie lacht. »Stimmt! Ich mache den Teig, forme die Brote, tue sie in den Ofen und hole sie wieder heraus. Aber den Gewinn verteilen wir trotzdem gleichmäßig.

Ich lebe davon, dass ich Brot backe und verkaufe, bei mir zu Hause. Brot und einfaches Gebäck. Nein, nein, das ist keine Bäckerei, ich habe einfach einen Ofen, allerdings einen besseren als hier. Ich kann den ganzen Tag Brot backen, weil das Feuer separat ist, also muss es nicht bei jedem Backen aus- und wieder angemacht werden. Das ist viel praktischer. Ich kann sieben mal 18 Brote herstellen und verkaufe alles. Allerdings, im Augenblick mache ich nicht so viel, während der heißen Jahreszeit geht das nicht, da backe ich einmal am Morgen und das war's. Im Winter wieder. Ich verkaufe das Brot für einen Peso, hier sind es nur 50 centavos. So helfen wir den Leuten. Allerdings sind meine Brote größer und schöner.

Ich lebe davon seit ich alleinstehend bin, seit 17 Jahren. Vor meiner Trennung habe ich als Hausmädchen gearbeitet. In neun Familien gleich-

Encarnación Escobar

zeitig! Morgens um fünf habe ich das Haus verlassen und abends um fünf bin ich zurückgekommen, bin von einem zum anderen gegangen: Saubermachen, Waschen, Bügeln, alles. Daraufhin bin ich an der Wirbelsäule erkrankt, und konnte nicht mehr. Das war die Zeit, als ich begonnen habe, das Brot zu backen. Ich habe viel in meinem Leben gearbeitet!

Acht eigene Kinder habe ich großgezogen, sieben habe ich adoptiert und dann gibt es noch weitere zwanzig, die ich irgendwann auch mal mit aufgezogen habe. Einige tragen meinen Nachnamen. María Rosa zum Beispiel, 23 ist sie jetzt, war das Kind meiner Schwägerin, aber ihr Mann sagte, das Kind sei nicht von ihm; und meine Schwägerin konnte es nicht behalten, weil er sie geschlagen hat. Da war die Kleine sieben Monate alt. Ich habe sie dann genommen.

Zwei habe ich von Müttern bekommen, die als Prostituierte auf der Straße gearbeitet haben. Zwei waren von einer Freundin; sie hatte keine Arbeit, kein Haus, und deshalb wollte sie die Kinder ins Heim geben. Aber dort werden sie schlecht behandelt und darum hat sie sie mir überlassen. Ich behandele sie gut, gebe ihnen zu essen, habe es sauber und kümmere mich um sie. Die Kinder sind jetzt alle groß und alle verheiratet. Nur der Kleinste, der ist neun, der ist eigentlich mein Enkel, aber er nennt mich auch Mami.

Seine Mutter, meine Tochter, hat einen Mann, der nicht sein Vater ist, und sie haben noch drei kleinere Kinder. Außerdem will er nichts mehr von der Mutter wissen.

Jetzt habe ich noch zwei, vier und fünf Jahre alt. Mich haben sie nie zur Schule geschickt, und seit letztem Jahr gehe ich in die Abendschule; dieses Jahr will ich lesen lernen. Als ich eines Abends um halb zehn aus der Schule kam, fand ich die schlafenden Kinder mit ihren Dokumenten unter dem Kissen bei mir. Bald ist es ein Jahr, dass ich die Kleinen habe. Ich habe die Mutter nur einmal gesehen. Sie war der Besuch meiner Nachbarin und anscheinend hat diese ihr erzählt, dass ich eine Frau bin, die fremde Kinder aufzieht. Sie hat mir mit den Papieren die Kinder offiziell übertragen.

Ja, und dann die anderen, die ich jeweils eine Zeit lang aufgezogen habe. Ein Onkel von mir hatte seine Frau verlassen. Das waren neun, zwischen zehn Jahren und einem Monat. Die habe ich gemeinsam aufgezogen, bis der Jüngste fünf Jahre alt war. Dann haben sie sie mir weggenommen und nach allen Seiten hin verteilt. Und zwei weitere, da hat die Mutter auch als Prostituierte gearbeitet, die hat mir ein monatliches Gehalt gezahlt dafür. Die beiden hatte ich fast drei Jahre. Insgesamt waren es also 20, die ich ein bisschen aufgezogen habe, 27 mit den adoptierten und die acht von mir macht 35, die ich Gott sei Dank alle groß bekommen habe.

Ich sammle alle Kinder auf, die schlecht leben. In den Barrios gibt es viele, die Lebensmittel brauchen. Ich koche jeden Tag einen großen Topf, und um den Tisch rum sitzen die Kleinen der Nachbarinnen und bekommen so etwas zu essen. Und ich bin arm! Ich arbeite für einen Bruder, er bekommt die 150 Peso und gibt mir davon 30 im Monat ab. Mir haben sie keinen Arbeitsplan gegeben, weil ich eine Pension bekomme. Das sind 100 Peso; heißt 5010, das Programm. Ich bekomme das seit 20 Jahren, weil ich aufgrund meiner Wirbelsäule invalide bin.

Mein Bruder arbeitet auf dem Land im Norden, er kommt nur runter, um das Geld abzuholen. Für mich ist das viel Arbeit für 30 Peso. Hier gibt es noch andere Frauen, die auf andere Namen arbeiten, die eine für ihre Schwester, die teilen sich das Geld, und eine andere macht es für ihren Vater und bekommt 50 Peso. Aber na ja, mein Bruder verdient auch wenig. Ich möchte ihm damit einen Gefallen tun – darum komme ich, nicht wegen der 30 Peso. Klar, 50 wären besser, aber er fragte mich, ob ich es für 30 mache, und ich habe ja gesagt. Doch es ist sehr wenig.

Und ich komme, weil es mir gefällt. Mir gefallen die Compañeras, ich fühle mich wohl – darum bin ich hier. Mir gefällt die Gemeinschaftlichkeit

– vereint zu sein. Es ist das erste Mal, dass ich in einer Gruppe tätig bin. Bisher habe ich immer alleine gearbeitet: bei mir zu Hause oder in Privathäusern. Aber immer alleine. Natürlich könnte ich mich hier weniger engagieren. Aber ich mag es zu arbeiten. Was die anderen ohne mich machen würden kann ich nicht sagen, denn ich habe noch kein einziges Mal gefehlt. Darum arbeite ich: um anderen zu helfen.«

»Dass man Vertrauen hat.«
Maximiliano Lazzarini, 24, San José

Maxi, wie Maximiliano Lazzarini von allen genannt wird, ist nicht der einzige Mann im Barrio San José, aber der einzige, der sich aktiv einbringt. Der 24-jährige lebt mit seiner ›Señora‹ und seiner zweijährigen Tochter zusammen. Sowohl er als auch seine Frau arbeiten im Red. Sie haben beide eine Arbeitsbeschaffungsmaßnahme erhalten, da seine Frau Nadia nicht als *Jefa de familia* gemeldet ist – was nur eine Person in der Familie sein darf –, sondern bereits seit vier Jahren in einem anderen Arbeitsplan registriert ist. Es war eines der ersten Programme, mit denen der argentinische Staat finanzielle Hilfe geleistet hat. Bei diesem Plan brauchte es noch keine hungernde Familie im Hintergrund, um ihn zu bekommen, es reichte, erwerbslos zu sein. Da Nadia und Maxi einen kleinen Laden besitzen, kommen sie schichtweise.

»Wir haben zu Hause sechs Videospielgeräte und wir teilen uns die Aufgaben. Während ich im Red die Stunden ableiste oder in der Koordination bin, arbeitet meine Señora im Geschäft und danach kommt sie hierher. Auch die Hausarbeit erledigen wir beide. Ob beim Saubermachen oder Kochen – wir bilden ein Zweierteam. Wenn beispielsweise einer abends müde nach Hause kommt und keine Lust mehr hat, dann kocht der andere. Wenn ich koche, das ist kein Problem. Das einzige, was ich nicht mache, ist Wäsche waschen und bügeln. Das macht meine Frau. Dafür halte ich den Garten in Schuss, die Pflanzen und Blumen.

Früher habe ich woanders für den Plan gearbeitet, wo viel von einem verlangt wurde. Wenn du gefehlt hast, dann hast du das nachholen müssen. Meine Señora hat letztes Jahr ein Baby verloren; fünf oder sechs Tage habe ich damals damit verbracht, mich um sie zu kümmern, und es hat mich gestört, dass von mir verlangt wurde, trotz dieses familiären Problems arbeiten zu müssen. Ich habe ihnen gesagt, bis es meiner Señora wieder besser geht, komme ich nicht. Darum habe ich einen anderen Ort suchen müssen und bin hierher gekommen – ich wusste damals nicht, was das *Red Interbarrial de Mujeres* ist.

In Argentinien gibt es viel Machismus. Ich sehe das anders. Ich glaube nicht, dass das ›schwache Geschlecht‹, wie man hier in Argentinien sagt, existiert. Die Frau und der Mann sind gleich. Entweder der eine arbeitet zu Hause – oder umgekehrt. Es gibt keine Präferenz für eines der Geschlechter. Darum stört es mich hier nicht. Es geht mir gut und es stört mich nicht, zwischen den Frauen zu arbeiten. Ich sehe es positiv, denn hier werden sehr die Rechte der Frau verteidigt, die sie oft nicht bekommt. Und so jung ich auch bin, so habe ich schon viele Frauen kennen gelernt, die Männeraufgaben erledigen. So diskriminiere ich weder Frauen noch Männer. Für mich sind alle gleich und können das Gleiche machen.

Offen gestanden hätte ich gar nicht gerne mehr Männer im Red. Sie arbeiten nicht. Es gefällt ihnen nicht zu arbeiten, oder es stört sie – hier scheint es jedenfalls so. Woanders kann das anders sein. Aber hier wird das meiste von den Frauen getan. Die Männer machen in einem Moment ihre Reparaturen, und im nächsten setzen sie sich hin, um Mate zu trinken.

Wenn ich wählen könnte, würde ich am Liebsten wieder mit alten Menschen arbeiten. Du lernst so viel von ihnen – sie haben einen anderen Humor, sie haben einen anderen Blick auf das Leben. Und wie sie dich behandeln: mit Respekt, egal wie alt du bist. Außerdem zeigen sie dir, das Leben wert zu schätzen.

Im Augenblick kann man sich nicht die Arbeit aussuchen, die man möchte. Darum muss man in dem arbeiten, was man hat – auf irgendeine Art und Weise versuchen, Geld zu bekommen, um Leben zu können. Um meine Tochter in den Kindergarten zu schicken, muss ich 50 Peso zahlen – also ein Drittel meines Einkommens! Und ich habe nur eine einzige Tochter. Wie das Familien machen sollen, die zwei haben oder mehr, weiß ich nicht.

Früher konnte man auswählen und in dem Beruf arbeiten, der einem gefallen hat. Ich bin 24, und seit sechs Jahren kann man sich in Argentinien nicht mehr aussuchen, was man arbeiten möchte. Es hängt alles davon ab, welche Gelegenheiten sich ergeben.

Aufgrund der Krise habe ich Elektriker gelernt. Darin kann ich ab und zu mal arbeiten. Das ist etwas, was mir gefällt. Aber es sind Gelegenheitsjobs, nichts, wo man einen Monatslohn erhält. Auch von meinen Tätigkeiten im Sozialbereich und als Elektriker abgesehen habe ich einen guten Lebenslauf: Früher war ich bei der Landesregierung angestellt. Aber zur Zeit nützt es mir nichts. Heutzutage ist es trotz aller Studien oder Titel schwierig, Arbeit zu bekommen. Als ich anfing zu arbeiten, nach meinem Studium, habe ich gut gelebt. Sowohl ich als auch meine Frau haben den ganzen Tag gearbeitet – und ich allein habe 1.200 US-Dollar verdient – das ist das zehnfache von dem, was ich jetzt habe. Seit fast drei Jahren bin ich erwerbslos. Ich habe mein eigenes Geschäft, ich arbeite im Red – nun, ich habe mich nicht gelangweilt. Und ich miete ein Haus, ich habe jeden Tag zu essen – es gibt welche, die das nicht haben. In diesem Sinne geht es mir im Moment gut. Außerdem lebt man nicht schlecht, weil man das Leben zu schätzen lernt.

Überhaupt habe ich hier viel gelernt. Wie man über die Menschen denkt, verändert sich sehr. Dass man Vertrauen hat. Bei den Jobs, die ich bisher ausgeführt habe, war ich es gewöhnt, dass sich alles darum dreht, Gewinn zu machen. Hier ist es ganz das Gegenteil: Hier macht man viele Sachen, um sich gegenseitig zu helfen. Ich glaube, das ist eines der wesentlichsten Dinge.

Und gut ist am Red, dass wir hier alle gleich sind. Hier wird nicht geurteilt über Personen anhand des Aussehens, wie jemand sich hält oder was jemand weiß. Hier sind alle gleich – egal ob Politiker, Rechtsanwälte, Doktoren oder ArbeiterInnen – und ich glaube, dass ist eines der wichtigsten Sachen, die das Red ausmacht. Wenn du hier in Argentinien auf die Straße gehst, dann wirst du danach beurteilt, wie du dich kleidest und wie du aussiehst. Hier im Red passiert das nicht. Ich halte mich für eine intelligente Person – ob ich mich so kleide wie jetzt oder schick mache. Darum lache ich, wenn eine Person im Zentrum sagt: Guck mal dieser Schwarze. Oder über andere sagen: Schaut diesen an, der nichts hat, und um Geld bitten muss – morgen kann ich diese Person sein, die um Geld bittet.«

»Ich habe mich auch verändert.«
Silvano Villarruel, 11, San José

Meistens kümmert Silvano sich um die kleineren Kinder, die von den Frauen zum Red mitgebracht werden. Auch in der Koordinationssitzung war er mit drin, weil er zuhören wollte, wurde aber rausgeschickt. Jetzt sitzt er mir auf dem Rasen gegenüber und ist nur schwer dazu zu bringen aufzuhören, mit seinem Schlüsselbund zu klappern.

»Meine Mutter nimmt mich immer mit, wenn sie zum Arbeiten herkommt, damit ich ihr helfe. Es gibt hier nur zehn Männer und einen Haufen Frauen: 168. Die Atmosphäre ist darum sehr anders. Einige Frauen sind hierher gekommen, die vorher woanders für den Plan gearbeitet haben; sie sagen, dass es sich hier besser arbeiten lässt. Ich bin gerne hier. Weil die Frauen viel Lachen, sie erzählen Witze, all sowas. Sie amüsieren sich miteinander. Und manchmal machen sie sich über die Männer lustig.

Man merkt, dass die Frauen sich hier anders verhalten. Sie besprechen die Probleme, die sie haben; darum treffen sie sich auch immer, um zu sehen, welche Schwierigkeiten es gibt. An anderen Orten wäre das nicht möglich, man würde sie nicht lassen. Die Männer würden sie arbeiten schicken. Woanders schweigen die Frauen eher.

Mir gefällt es, wie sie die Probleme lösen, aber mir gefällt nicht, dass sie einige nicht lösen. Zum Beispiel gab es öfter Streit zwischen zwei Frauen, und die eine ist dann nicht mehr zum Arbeiten gekommen. Da haben die von der *Coordinación* bei ihr angerufen, dass sie rausgeschmissen ist. Die ist dann nicht mehr gekommen. Also, das war keine Lösung.

Die Männer fehlen nicht viel, aber die Frauen. Weil sie zu Hause viel zu tun haben, und nicht kommen können. Es gibt Frauen, die mit ihren Männern gemeinsam hier arbeiten. Darum ist dann niemand zu Hause, der kochen könnte. Sie schließen ihr Haus ab und kommen hierher. Andere Frauen kommen alleine, da bleiben die Männer zu Hause und geben den Kindern was zu essen, während die Frau arbeitet. Mein Papa macht das auch. Wenn Mama zur Arbeit muss, dann bleibt Papa zu Hause und kümmert sich um meine Geschwister, denn ich gehe ja mit ihr. Er wäscht auch ab und alles. Bis abends um halb acht, dann geht er arbeiten bis morgens um sechs. Er hat eine Bäckerei. Nur sonntags arbeitet er nicht. Mama hilft nicht in der Bäckerei. Sie arbeitet bei der Brotherstellung im Red, und zeigt den Frauen, wie es geht. Sie selber bekommt es von Papa erklärt.

Meine Eltern sind schon alt: Mama ist 35, und Papa 44. Er ist also der Ältere. Er ist es auch, der die Entscheidungen trifft, und meine Mama nur, wenn er nicht da ist. Das ist ganz normal so, und mir erscheint es gut. Hier sind es eher die Frauen als die Männer, die die Entscheidungen treffen. Hier ist es richtig, dass die Frauen die Entscheidungen treffen, denn es gibt mehr Frauen als Männer. Die Männer reden hier nur, wenn sie gefragt werden. Sie sagen, die Frauen redeten mehr als die Männer, weil sie weniger arbeiteten. Aber das stimmt nicht. Die Frauen arbeiten mehr, die Männer arbeiten weniger.

Egal, wer von meinen Eltern entscheidet, beide entscheiden gut. Meine Mama arbeitet jetzt seit gut einem Jahr im Red, und sie hat sich sehr verändert seitdem. Sie ist viel verständnisvoller geworden. Früher musste ich ihr immer im Haushalt helfen, heute darf ich auch spielen. Auch sonst hat sie sich sehr verändert. Sie ist viel fröhlicher geworden. Sie wollte nie aus dem Haus gehen, selbst nicht, wenn Papa mit uns allen einen Ausflug machen wollte. Sie ging nicht gerne raus, aber jetzt ja.

Ich habe mich auch verändert. Früher war ich schrecklich. Als ich kleiner war, hatte ich eine Hündin. Die habe ich manchmal so mit Steinen beworfen, dass sie davon blutete. Darum habe ich das Gefühl, mich verändert zu haben: weil ich früher Sachen gemacht habe, die ich heute nicht mehr mache. Wenn meine Mama wegging, wollte ich mit, aber sie sagte, dass ich auf meine Geschwister aufpassen müsse. Und als uns langweilig war, haben wir ein Feuer gelegt. Früher habe ich meiner Mama nicht geholfen; heute aber, wenn sie mich um etwas bittet, dann mache ich es. Vielleicht hat meine Veränderung mit der Atmosphäre hier zu tun. Die Frauen sind weniger aggressiv, sie reden mehr, wenn es Konflikte gibt.

Hier im Barrio gibt es schon einiges, was man machen kann. Man kann Schnecken im Wasser suchen. Wir jagen sie und dann spielen wir mit ihnen. Manchmal können wir das auf der Straße, und wenn dann Autos vorbei fahren, gehen wir rein. Wir können auch zum Videospielen gehen. In den Ferien fahren wir mit der Familie in die Innenstadt von Santa Fe. Und am Donnerstag werden wir zur Feier meines elften Geburtstages alle zusammen irgendwo an die Küste fahren. Wir fahren immer weg, wenn einer von uns Geburtstag hat. Nein, es fehlt mir an nichts. Ich bin glücklich.«

Piquetero-Bewegungen in Buenos Aires

»La capital« – »die Hauptstadt« – wird das Zentrum von Buenos Aires von den Menschen genannt, die in den Außenbezirken dieser riesigen Stadt wohnen – so als wohnten sie selber ganz woanders.

Das tun sie auch. Zwei Stunden Fahrt sind nichts Ungewöhnliches, um in die Innenstadt zu kommen. Mehr als ein Drittel aller ArgentinierInnen leben im Großbereich Buenos Aires; viele Familien sind erst in den letzten Jahrzehnten hierher gezogen.

Solano ist Anfang der achtziger Jahre besiedelt worden. Dies geschah in der üblichen Form: durch Besetzungen. Einige waren kollektiv organisiert, andere nutzten einfach die Gelegenheit, sich ebenfalls ein Gelände anzueignen.

Wer heute durch die Straßen hier läuft, sieht Hütten aus Wellblech und Karton neben Häusern aus Steinen und mit Ziegeln. Individuell konnten es einige zu Wohlstand bringen, aber wer hier auf die Straße tritt, hat die gleichen Bedingungen wie alle, sei es die erhöhte Kriminalität oder die verschmutzte Umwelt. Doch für einen Großteil der hier Wohnenden setzte bereits Mitte der neunziger Jahre die Erwerbslosigkeit und mit ihr die Armut ein.

Die ›Bewegung erwerbsloser ArbeiterInnen‹ MTD Solano

Andrés Fernández erzählt die Geschichte der MTD Solano: »Irgendwann haben wir gesagt: Nun, was machen wir mit dieser Erwerbslosigkeit, wie können wir uns dem entgegenstellen? Es gab bereits Erfahrungen mit Arbeitslosenbewegungen im Norden und im Süden des Landes, und auch hier in Buenos Aires, in Varela gab es eine interessante MTD-Gruppe, die sich organisiert hatte. Darum haben wir gesagt: Machen wir etwas Ähnliches – und so haben wir im August 1997 begonnen. Und ich war dabei! Es war

Vermummte, Straßensperren, brennende Reifen: Solche Bilder prägten das Image der Piqueteros. (Foto: Andrew Stern/AndrewStern.net © 2002)

meine erste politische Erfahrung. Die meisten Leute kannte ich schon über mein Engagement in einer Pfarrei. Auch hat den Beginn der Arbeit sehr erleichtert, dass Alberto als Priester dort für die Bewegung stand. Viele sind damals über die Kirche zu der Bewegung gestoßen, aber eigentlich hatte die Kirche nichts damit zu tun. In unseren ersten Versammlungen von Erwerbslosen hatten wir auch Mönche dabei; als in der vierten Versammlung die erste Besetzung einer Straßenkreuzung beschlossen wurde, sind sie gegangen.

Am Anfang haben wir uns mit Compañeros aus Varela getroffen, wollten wissen, wie sie es gemacht haben – alles. Und dann haben wir das fast kopiert. Darum hatten wir zunächst ein Generalsekretariat und alles, was zu einer hierarchischen Organisation dazugehört – wir hatten es! Ende 1998 begannen wir, all das zu diskutieren. Hinsichtlich des sozialen Wandels war das Wichtigste, unsere Form der Initiative zu verändern – gleichberechtigt miteinander zu arbeiten. Und so schied das Generalsekretariat dahin!

Die Arbeitspläne wurden 1996 eingeführt. Wir haben gleich gesagt, wir werden nicht darum bitten, dass sie uns eines Tages Arbeitslosenunterstützung geben, wir werden von ihnen fordern, dass sie die uns heute geben. Und wir werden auch unabhängig von der Unterstützung die Arbeit machen. Offiziell hieß es, dass die Arbeiten den Sinn hätten, das Barrio zu erhalten. Das lief darauf hinaus, dass die Politiker des Barrios sich das Haus schön machen oder die Geschäftszone säubern ließen, um so Geld von den Geschäftsleuten bekommen zu können. Darum haben wir gesagt: Solche Arbeit werden wir nicht machen. Wir werden Häuser bauen, Parks anpflanzen, all so was. Damals funktionierte das noch so: Wir haben Projekte vorgeschlagen, die sie akzeptierten, und dann gaben sie uns so viele Arbeitspläne, wie dieses Projekt brauchte.

In den ersten sechs Monaten haben wir unglaublich viel erreicht, zum Beispiel, dass die Menstruationstage respektiert werden, dass die Schwangerschaftsmonate respektiert werden und dass es drei Fehltage für jeden gibt, der krank ist; dass sie alles zur Verfügung stellen, was zum Arbeiten benötigt wurde: Kleidung, Handschuhe, all das.

Doch als der Moment kam, als die Anträge erneuert werden mussten, haben sie Druck auf die Leute ausgeübt, gesagt, wenn du aus der Bewegung nicht austrittst, dann bekommt du keinen Arbeitsplan mehr. So sind von 150 Compañeros, die Unterstützung bezogen, und den 350, die an Versammlungen teilgenommen haben, Mitte 1998 nur noch 30 übriggeblieben. Der Druck war sehr stark – die Compañeros, die das Geld brauchten, konnten da nicht viel drüber nachdenken. Andere blieben. Damals haben wir begonnen, über Autonomie zu reden, nicht abhängig zu sein, weder vom Staat noch von sonst irgendetwas. Damals haben wir mit unseren eigenen Projekten begonnen, mit den eigenen Werkstätten, der Produktion. Angefangen zu funktionieren haben die Mitte 1999.

Unsere Ziele, auf welche wir uns schon in jener vierten Versammlung 1997 einigten, lauten: Arbeit, Würde und sozialer Wandel. Unsere Organisationsprinzipien lauten: Autonomie, direkte Demokratie und Horizontalität.«

Solano umfasst sieben Barrios, darunter San Martín und Monteverde, aus welchem die folgenden Interviews stammen. 10 Peso geben die einzelnen von ihren 150 Peso ab. Daraus wird ein Gemeinschaftsfond finanziert, aus welchem die Rohstoffe für die Werkstätten und auch die Medikamente finanziert werden. Umgekehrt können die Gewinne nicht wie in Santa Fe untereinander in jeder Arbeitsgruppe aufgeteilt werden, sondern wandern zurück in den Gemeinschaftsfond.

Nidia Kreig von der Frauengewerkschaft beschrieb neben den feministischen Impulsen, aus denen heraus ihre Organisation entstanden war, die Politik der MTD Solano als wichtigen Anstoß für die Gründung vom Red Interbarrial de Mujeres. Die MTD Solano wiederum nennt als Anstoß den Aufstand der Zapatistas in Mexiko vom 1. Januar 1994 und deren Politikansatz.

»Der Zapatismus ermöglichte ein neues Denken«

»Wir müssen die Welt nicht erobern. Es reicht, sie neu zu erschaffen. Durch uns. Heute«, sagen die Zapatistas, eine indigene Widerstandsbewegung im Lakandonischen Urwald von Chiapas, im Südosten von Mexiko. Sie konkretisieren: »Eine Welt, in die viele Welten passen.«

Damit inspirierten sie die globale Widerstandsbewegung, bis hin zu den Erwerbslosen in den Vororten von Buenos Aires. Die MTD Solano bezieht sich nicht zuletzt bei der Thematisierung von Herrschaftsstrukturen auf die Zapatistas. Wie diese versuchen sie, in ihren eigenen Strukturen das zu leben, wofür sie kämpfen. Doch wer sind die Zapatistas eigentlich? Niemand kann das besser sagen als sie selber:

> »Wir möchten uns vorstellen. Wir sind das Ejercito Zapatista de Liberación Nacional. Unser Leben war weniger wert als die Maschinen und Tiere. Wir waren wie Stein, wie Gräser auf den Wegen. Wir hatten kein Wort. Wir hatten kein Gesicht. Wir hatten keinen Namen. Wir hatten kein Morgen. Für die Macht, die sich heute weltweit mit dem Namen ›Neoliberalismus‹ kleidet, zählten wir nicht, wir produzierten nicht, wir verkauften nicht. Wir waren eine nutzlose Nummer für die Konten des Großkapitals.«[34] »Wir gingen und sagten den Mächtigen: ›Hier sind wir!‹, und der ganzen Welt riefen wir zu: ›Hier sind wir!‹ Und schaut, wie die Dinge stehen: Damit ihr uns seht, haben wir unser Gesicht verborgen; damit ihr über uns sprecht, verweigern wir unsere Namen; und um zu leben – sterben wir. Und dann kamen die Flugzeuge und die Hubschrauber, die Panzer und die Bomben, die Kugeln und der Tod und viele Leute aus vielen Orten sagten: ›Sprecht mit ihnen‹, und die Mächtigen sagten zu uns: ›Sprechen wir miteinander‹, und wir sprachen miteinander, und wir sagten ihnen, was wir wollten, und sie verstanden nicht recht und wir wiederholten ihnen, dass wir Demokratie, Freiheit und Gerechtigkeit wollten, und sie machten ein Gesicht, als würden sie nichts verstehen, und gingen ihre makro-ökonomischen Pläne und ihre ganzen Aufzeichnungen über den Neoliberalismus durch und diese Wörter waren nirgendwo zu finden und ›Wir verstehen nicht‹ sagten sie zu uns und boten uns eine hübschere Ecke im Museum der Geschichte an und längerfristigen Tod und eine goldene Kette, um die Würde zu fesseln. Und wir, damit sie ver-

34 Subcomandante Marcos im Juli 1996; zitiert nach: REDaktion 1997, II-V.

> standen, was wir wollten, machten in unseren Gebieten also das, was wir machen wollten. Mit dem Beschluss der Mehrheit organisierten wir uns und machten uns daran, Demokratie, Freiheit und Gerechtigkeit zu leben.«[35]

Nicht zur Solidarität mit ihrer Rebellion rufen die Zapatistas auf, sondern dazu, den eigenen Kampf zu erkennen und zu führen:

> »Ihr sollt erkennen, dass wir nichts Besonderes sind. Ihr sollt erkennen, dass wir der rebellische Spiegel sind, der zu Glas werden und zerbrechen will. Ihr sollt erkennen, dass wir sind, um nicht mehr zu sein, was wir sind, um die Ihr zu werden, die wir sind. Wir sind die Zapatistas. Wir laden Euch alle ein, dass wir uns zuhören und miteinander sprechen, um uns alle zu erkennen, die wir sind (...) Hinter unserem schwarzen Antlitz, hinter unserer bewaffneten Stimme, hinter unserem unsagbaren Namen, hinter uns, die Ihr seht, dahinter sind wir Ihr. Dahinter sind wir die gleichen einfachen und gewöhnlichen Leute, die sich in allen Ethnien und Hautfarben wiederholen, die in allen Sprachen sprechen und an allen Orten leben. Die gleichen vergessenen Männer und Frauen. Die gleichen Ausgeschlossenen. Die gleichen Nichttolerierten. Die gleichen Verfolgten. Wir sind die gleichen Ihr. Hinter uns sind wir Ihr. Hinter unseren schwarzen Mützen verbirgt sich das Gesicht aller ausgeschlossenen Frauen, aller vergessenen Indigenen, aller verfolgten Homosexuellen, aller verachteten Jugendlichen, aller Migranten, aller Gefangenen aufgrund ihres Wortes und Denkens, aller erniedrigten Arbeiter, aller Toten des Vergessens, aller einfachen und gewöhnlichen Männer und Frauen, die nicht zählen, die nicht gesehen werden, die nicht genannt werden, die kein Morgen haben.«[36]

Der Aufstand der Zapatistas am 1. Januar 1994 – dem Tag des In-Kraft-Tretens der Nordamerikanischen Freihandelszone NAFTA – fällt in eine Zeit, in der Francis Fukuyama das Ende der Geschichte verkündet hat, in der die Bewegungen des Südens an Kraft verloren haben, und die Bewegungen des Nordens sich in Nichtregierungsorganisationen verwandeln. Kaum jemand glaubt damals daran, dass eine andere Welt möglich sei. »Der Zapatismus schlägt wie ein Blitz in diese lange Nacht ein«, beschreibt es das eng mit der MTD Solano verknüpfte *Colectivo Situaciones* aus Buenos Aires. »Und es scheint, als spräche er direkt mit jedem Einzelnen von uns. Es scheint, als tauchte er auf, um uns – in einer überraschend einfachen Sprache – zu sagen, dass die Rebellion immer richtig ist, dass man ›ohne Vorbilder‹ kämpfen und denken kann, dass der Widerstand und die Erschaffung von Neuem existieren, hier und jetzt, als lebenswichtiger Anspruch« (Colectivo Situaciones 2003a, 823).

Der Zusammenhang war schnell hergestellt. Zwischen dem zapatistischen *¡Ya basta!* (Jetzt reicht's) und dem *¡Que se vayan todos!* (Alle sollen

35 Subcomandante Marcos; zitiert nach: ebd., 13.

36 Subcomandante Marcos im Juli 1996; zitiert nach: ebd., VIII-XIII.

abhauen!) ließ sich eine merkwürdige Übereinstimmung wahrnehmen: Beide brechen radikal mit gegebenen Strukturen von Politik und Repräsentation – nicht nur der herrschenden, sondern auch traditioneller linker Formen, in denen das Verständnis vorherrschte, mit Machtergreifung eine Gesellschaft verändern zu können. Mit ihrer Absage an eine Eroberung der Welt und ihrer Ansage, die Welt neu erschaffen zu wollen, drücken die Zapatistas genau dies aus. Noch deutlicher verweisen sie in dem folgenden Zitat auf die Tragödien linker Revolutionen in der Geschichte, in der eine Avantgarde glaubte, die Wahrheit zu kennen und die anderen Menschen zu ihrem Glück zwingen zu können:

> »Es gilt, nicht die Formel zu wiederholen, es sei notwendig, die Macht zu ergreifen, um die Welt zu verändern und dann in der Macht fangen wir an, die Welt besser zu führen, das heißt so wie ich, der ich an der Macht bin, finde, dass sie besser wäre. Sondern es kommt darauf an, eine Welt zu schaffen, nicht wie die Macht sie will, nicht wie wir sie wollen, sondern eine Welt zu schaffen, in die viele Welten passen, so viele Welten wie nötig sind, damit jeder Mann und jede Frau ein Leben in Würde führen kann und alle ihren eigenen Begriff von Würde leben können. Wenn wir nicht mehr versuchen, als das alte müde Rad der Geschichte zu drehen, kommen wir wieder an, wo wir hergekommen sind.«[37]

Das Colecitivo Situaciones beschreibt, wie der Zapatismus ihren Kampf veränderte. »Der EZLN sagte – für uns – vollkommen unwahrscheinliche Sachen: Wie sollte man ernst nehmen, dass man nicht für die Übernahme der Macht kämpfte? Wie sollte man – ohne dass unser politischer Verstand zusammenbräche – akzeptieren, dass der Staat nicht das Zentrum der Revolution ist? Wie sollte man – ohne dass wir uns umgehend auflösten – zugeben, dass die Avantgarden, von jetzt an, ein Hindernis für gesellschaftliche Veränderungen darstellen?« Nach und nach habe sich ihre eigene Betrachtungsweise verändert.

»Der Zapatismus ermöglichte ein neues Denken über die Revolution«, so das Colectivo Situaciones weiter. »Weg von Forderungen an den Staat und weg von der Hoffnung, diesen zu übernehmen – hin zu einem umfassenden Kampf gegen das Kapital um die Formen des Seins und des Tuns auf allen Terrains.« Hiermit verbunden sei die Erkenntnis, dass sowohl Reform als auch Revolution nicht hinreichend sind, da Macht im alltäglichen Tun verankert ist. Dagegen werde Autonomie als eine Form der Gegenmacht verstanden, die es ermöglicht, sich den herrschenden Formen des Tuns zu entziehen, eigene Blöcke von Raum und Zeit herzustellen und

37 Subcomandante Marcos, zitiert nach: REDaktion 1997, 113.

Formen der materiellen Reproduktion des Lebens alternativ zu Markt und Staat zu behaupten.[38]

Wie bei den Zapatistas politisiert die MTD Solano den Begriff Würde. Andrés Fernández: »Wir sagen: Wenn wir uns unsere Würde wiederaneignen wollen, dann müssen wir zuerst aufhören, Subjekt irgendeiner Herrschaft zu sein. Nur so können wir wir selber sein, unsere eigenen Helden sein, unsere eigene Geschichte schreiben. Wir haben uns Erfahrungen aus der Geschichte angeschaut, in denen das Ziel die Befreiung war und die in der Unterdrückung endeten – die russische Revolution zum Beispiel. Früher haben wir gesagt, dass es das System ist, das sich ändern muss. Heute sagen wir, dass sich nicht nur das System ändern muss, sondern dass sich das ganze System der Unterdrückung ändern muss. Heute sagen wir, dass die Arbeit nicht in der Logik des kapitalistischen Systems stehen darf. Diese Art der Arbeit suchen wir und sie ist das Ziel der produktiven Werkstätten. So haben wir gesagt, wir müssen das Arbeitsverständnis verändern. Ich kann keine neue Gesellschaft erwarten, ohne mein Inneres als gesellschaftliches Subjekt zu verändern. Darum haben wir gesagt: Wir müssen unsere Form der Organisierung verändern, wir können nicht weiter dieses traditionelle und vertikale Schema reproduzieren, wenn wir die Gesellschaft verändern wollen. Wir haben dann die Horizontalität beschlossen.«

Mitte 2002, während seines Aufenthaltes in Buenos Aires, stellt der mexikanische Theoretiker John Holloway die Frage nach einem »städtischen Zapatismus«. Holloway bezieht sich ausdrücklich auf den zapatistischen Aufruf, die Welt neu zu erschaffen ohne die Macht zu übernehmen. Die Vorstellung, dass die Revolution die Einnahme der Macht zur Abschaffung der Macht bedeute, habe sich als Irrtum erwiesen (Holloway 2002, 31 ff./248). Es gebe heutzutage einen Verlust an revolutionärer Zuspitzung, nicht aber weil die Menschen sich nicht nach einem anderen Typus Gesellschaft sehnten, sondern weil sich herausgestellt habe, dass die frühere Zuspitzung eine Illusion war. Doch danach gefragt, wie dies ginge – die Welt

38 Dies erinnert an das hegemonietheoretische Verständnis von Herrschaft durch Antonio Gramsci. Dieser hatte klargestellt, dass es mit dem Sturm auf die Bastille heute nicht mehr getan ist, sondern dass alle Bereiche der Gesellschaft von Hegemonie durchdrungen und geformt sind; dass Hegemonie – im Unterschied zu reiner Herrschaft – von der Mehrheit mitgetragen wird: teils wegen materiellen Zugeständnissen an bestimmte Menschengruppen, teils wegen der hegemonial durchtränkten Alltagsverstandes. Zu einem wachsenden hegemonietheoretischen Verständnis von Herrschaft innerhalb der Globalisierungsbewegung haben die Zapatistas wesentlich beigetragen; vgl. Brand/Hirsch 2003, 841.

zu verändern, ohne die Macht zu übernehmen – neige er dazu zu husten und zu stottern, und zu versuchen, das Thema zu wechseln. Es gebe die Antwort nicht – darum sei es so wichtig, sowohl praktisch als auch theoretisch, an einer Antwort zu arbeiten.

Zentral in Holloways Philosophie ist das ›Tun‹. Der ›Schrei‹ als Ausgangspunkt aufgrund von Leid – vergleichbar mit dem ¡Ya Basta! und dem ¡Que se vayan todos! – schließe immer auch ein Tun ein. Dieses Tun verändere, und negiere damit einen bestehenden Zustand. Dabei sei es immer eine gesellschaftliche Handlung, da es auf dem Tun anderer Menschen aufbaue – so wie es nicht geht auf einem Stuhl zu sitzen, ohne dass jemand den Stuhl hergestellt hat. Nach Holloways Vorstellung kann dieser Fluss des Tuns unterbrochen werden, wenn das Tun ein befohlenes Tun ist, wodurch sich die Fähigkeit etwas zu tun in die Unfähgikeit etwas zu tun verkehre. Von einem aktiven Tun wird es zu einem passiven, erlittenen und von außen auferlegten Tun: Tun wird zu Arbeit.

Es gibt kein unschuldiges Subjekt, betont Holloway: »Instrumentelle Macht reicht in uns hinein und verändert uns, zwingt uns, aktiv an ihrer Reproduktion beteiligt zu sein.« Doch wendet Holloway die eigene Verstrickung positiv, denn schließlich sei instrumentelle Macht nichts weiter als die Metamorphose kreativer Macht, und deshalb vollkommen von dieser abhängig. Dies werde jedoch meist nicht gesehen, stattdessen werde verfestigtes Tun als Grenze hingenommen. Darum blieben viele Forderungen reformistisch, weil nicht die grundsätzliche Gestaltung von Institutionen und Gesellschaft als veränderbar angesehen werde (ebd., 129).

Das Ziel der Revolution ist nach Holloway und den Zapatistas die Veränderung des gewöhnlichen, alltäglichen Lebens, weshalb die Revolution aus dem gewöhnlichen, alltäglichen Leben heraus entstehen muss. Oder wie es in Argentinien heißt: Aus dem Stadtviertel heraus beginnt die Geschichte bereits, sich zu verändern.

Kommissionen

Volksküche

Comedore – Volksküchen – gibt es in Solano in jedem Barrio. Die Lebensmittelpakete der Regierung werden hier nicht direkt an die Familien ausgeteilt, sondern für das Gemeinschaftsessen benutzt – in der Regel Reis mit einigen Fleischresten darin. Doch daran liegt es nicht, dass das Essen immer nur von einem kleinen Kreis genutzt wird: zum einen ist für viele der Weg sehr weit, zum anderen bevorzugen die meisten, wie eh und je in ihren Familien zu essen anstatt in der Öffentlichkeit. Dafür nehmen sie sogar hin, selber nicht so billig Kochen zu können. Ganz umsonst ist die Volksküche jedoch auch nicht: Ein Peso ist Richtwert für eine Mahlzeit. Der Rest wird aus den zehn Peso Monatsbeitrag und aus den staatlichen Lebensmittelpaketen gedeckt.

»Wir wollten keine Volksküchen, viele Compañeros haben gesagt: Nein, Volksküchen, da sind wir dagegen«, erzählt Albert Spagnolo. »Aber dann haben wir festgestellt, dass viele Familien, viele Kindern einen schlechten Gesundheitszustand hatten. Man kann Kinder sehen, die sieben oder acht Jahre alt sind, die sehr schlecht ernährt sind – das war uns nicht egal.« Nicht nur die Volksküche entstand auf diese Weise; für die Kinder ist daraufhin eine *copa de leche* eingeführt worden: ein Glas Milch für alle.

»Vielleicht ist es nicht das, wofür wir kämpfen, aber wir müssen einsehen, dass wir stark sein müssen, um kämpfen zu können«, erzählt Alberto weiter. »In einer Zeit mussten wir plötzlich viel laufen, das heißt demonstrieren. Einmal haben uns Compañeros gefragt: Wie kommt es, dass wir so schlapp und ausgelaugt sind? Wir verlieren unseren Enthusiasmus, dabei waren wir doch so fröhlich. Das war schon bemerkbar. Da gab es eine Großmutter, die uns sagte: Das ist schlechte Ernährung. Wenn jemand schlecht ernährt ist, dann sinkt seine Energie. Und wir haben eingesehen, dass wir vielleicht langsamer in unserem Prozess vorwärts gehen müssen, um uns zunächst auf die Frage der Lebensmittel zu konzentrieren wissend, dass wir den Hunger nicht einmal innerhalb der Bewegung beenden können, geschweige denn im Barrio.«

Vorhänge aus Plastikflaschen

Im Stadtteil San Martín von Solano arbeite ich mit einer Gruppe junger Erwachsener, vermutlich noch Teenager, an Plastikvorhängen. Wir sind vier Männer und mit mir vier Frauen. Die Jungs schneiden die grünen und weißen Plastikflaschen – alle in der Größe von anderthalb Litern – zunächst an einer Seite von oben nach unten auf, und dann in ca. 1 cm dicke Querstreifen. Diese Arbeit ergibt Blasen an den Fingern, weshalb sie äußerst unbeliebt ist. Später werde ich in einem anderen Gemeinschaftshaus von Solano, in Monteverde, mitbekommen, dass die dort ausschließlich aus Frauen bestehende Gruppe sich abwechselt, oder aber zwischendurch Männer bittet zu schneiden, welche nicht zu der Kommission gehören.

Hier in San Martín ist die Arbeitsteilung von Anfang an eindeutig: Die Männer bekommen Blasen und Schmerzen. Wir Frauen nehmen derweil die einzelnen Streifen und flechten sie an den langsam wachsenden Vorhang an. Eile hat bei diesem Geduldsspiel niemand, die kleinen Arbeitsniederlegungen zwischendurch nehmen einen beträchtlichen Teil der Arbeitszeit ein. Die Jugendlichen versuchen offensichtlich, die Zeit als Gruppentreffen zu nutzen.

Verdenken kann ich ihnen das nicht. Um es rundweg zu sagen: Diese Arbeit ist so monoton und stupide, wie Arbeit nur sein kann. Von Befreiung ist hier nichts zu spüren, und nicht-entfremdete Arbeit stelle ich mir deutlich anders vor. Zu wissen, dass die Jugendlichen hier jeden Nachmittag rumsitzend ihre Lebenszeit verschwenden, gruselt mich.

Mein Gespräch mit der 28-jährigen Koordinatorin in Monteverde, Carina Mabel Chávez, macht klar, das diese Arbeit zudem noch ein finanzielles Desaster darstellt: Ein Plastikvorhang kann für 25 Peso verkauft werden – im Vergleich zu den Schilfvorhängen aus Santa Fe für 15 Peso ein stolzer Preis. Und während in La Guardia Probleme beim Verkauf bestanden, besteht hier zur Zeit eine große Nachfrage nach diesen Plastikvorhängen, da sie in Mode gekommen sind. Bei mir ruft dieser Preisvergleich Erstaunen hervor, da die Plastikvorhänge alle irgendwie schief werden und so eindeutig nach wiederverwendetem Müll aussehen, dass ich mir ihren Gebrauch in Deutschland nicht vorstellen kann, während die aus Schilfrohr aus Santa Fe vermutlich für teures Geld verkauft werden könnten. Auch Carina Mabel hatte zunächst nicht damit gerechnet, die Vorhänge für so viel Geld verkaufen zu können. Doch die Herstellung kostet viel Arbeit, und sogar viele Schmerzen beim Schneiden, und nicht zuletzt geht eine Schere nach der anderen dabei kaputt. Darum haben sie versucht, diesen Preis durchzusetzen, und damit Erfolg gehabt. Allerdings holt der stolze Preis nicht viel heraus, berechnet man die Gesamtzahl der aufgewendeten Arbeitsstunden – was zuvor noch niemand gemacht zu haben scheint in Solano.

Für einen einzigen Vorhang werden 400 Flaschen gebraucht. Diese werden nach Gebrauch aufgehoben oder auf der Straße gesammelt. Allein das ist »*Mucho trabajo!* – Viel Arbeit!«, wie Carina Mabel viermal hintereinander versichert – insbesondere zur Zeit, wo aufgrund der Modeerscheinung von vielen in Eigeninitiative solche Vorhänge hergestellt werden, und die Flaschen begehrt sind.

Nach der vielen Arbeit des Sammelns, welche außerhalb der offiziellen Zeiten passiert, arbeiten morgens und nachmittags 15 Tage lang jeweils zehn Frauen jeweils vier Stunden– wenn man sich richtig beeilt, wie Carina Mabel deutlich macht –, und sonst 20 Tage an der Herstellung eines einzigen Vorhanges: waschen, schneiden, einflechten. Sowohl Fehlzeiten als auch mithelfende Männer einmal unberücksichtigt, ergibt dies zwischen 1.200 und 1.600 Arbeitsstunden – im Schnitt also 1.400! Auf den Stundenlohn umgerechnet bedeutet dies weniger als zwei Centavos – und das noch ohne das Sammeln der Flaschen einberechnet zu haben oder den finanziellen Verlust durch zerbrochene Scheren. Und, so muss dazugesagt werden, hier im Barrio arbeiten die Frauen deutlicher schneller als die Jungen und Mädchen in San Martín es getan haben. Hier herrscht Arbeitsmoral.

Tischschmuck und Spielzeug

Bevor die Plastikvorhänge begonnen wurden, hat dieselbe Kommission andere Dinge hergestellt. Carina Mabel Chávez, die beständig betont, welchen Spaß sie daran hat, sich selber aus Zeitschriften alles Mögliche beizubringen, zeigte ihren Compañeras, wie sie Spielzeug für Kinder aus Gummi herstellen können. Auch Tischschmuck für dic rituclle Fcier des 15. Geburtstages eines Mädchen, aus weißen Plastikflaschen gebastelt, mit Blumen darin, steht an den Seiten der Gemeinschaftsräume noch zahlreich auf Lager. Stickereien für Fernseher, Tische und Telefone gehören ebenfalls ins Sortiment. Wie Blumentöpfe selber hergestellt werden können, hatte Carina Mabel im Fernsehen gesehen, und es bei sich zu Hausc nachgcmacht. Es klappte, aber allein der Zement und der Sand waren schon zu teuer geworden. Wie bei so vielen anderen Produkten, rentiert es sich nicht mehr.

Clotilde Silvero umringt von weiteren Näherinnen

Nähstube

In der MTD Solano wurde entschieden, dass zurzeit Taschen hergestellt werden, weshalb die einzelnen Kommissionen in den Stadtteilen nun alle rucksackähnliche Beutel herstellen. Die meisten sind aus alten Jeanshosen: Die Beine wurden abgeschnitten und ebenso wie der Reisverschluss zugenäht, und an den Bund wurden Träger befestigt, so dass der Eindruck einer Hose erhalten bleibt. Eine solche Überhängetasche kostet dann je nach Größe ein oder zwei Peso: Da der Stoff nichts kostet, können sie so billig abgegeben werden. Vor kurzem hat eine Frau eine alte Jeans gebracht, und wollte daraus gerne eine Tasche genäht haben, erzählt die 45jährige Clotilde Silvero, und das hat sie dann auch ohne weitere Gegenleistung gemacht. Das macht sie nur bei Mitgliedern der MTD. Die meisten bezahlen jedoch. Reicht der Absatz? Clotilde holt erst mal tief Luft. »Mehr oder weniger«, sagt sie. Früher gab es in den Gemeinschaftshäusern dauerhaft Stände, doch da viele gar nicht zum Arbeiten kommen, bauen die Näherinnen – bis auf einen Schneider, der den anderen zeigt wie es geht, sind es alles Frauen – jetzt lieber ihre Tische direkt vor der Werkstatt auf. Dadurch erreichen sie die Öffentlichkeit im Barrio. Eigens von der MTD veranstaltete Märkte gibt es nicht, nur die Stadtteilmärkte.

Außerdem bringen Leute zerrissene Kleidung, die wieder in Ordnung gebracht und dann verkauft wird. Manchmal muss aber auch Stoff gekauft werden. Clotildes Wunsch wäre, die Schneiderei zu erweitern, doch reichen die Einnahmen nicht für genügend Stoff. Zuletzt mussten sie die Produktion von Kinderhosen aus diesem Grund einstellen: Der Stoff dafür kostete im letzten Jahr 27 Peso für drei Meter, daraus ließen sich fünf bis sieben Hosen für Kinder zwischen vier und zehn Jahren nähen. Die wurden normalerweise für 4 Peso abgegeben. Trotz dieses geringen Preises ging der Absatz nicht schnell genug, damit die Hosen nicht aus der Mode kamen. Darum boten sie die Ware auch Geschäften an, diese zahlten jedoch nur drei Peso. Auch im allgemeinen gilt hier wie in Santa Fe, dass Waren an die Geschäfte noch billiger verkauft werden als innerhalb der Bewegung – und damit liegen die Preise wie im Beispiel der Hosen oft unter den Materialkosten. Mit der Prioritätensetzung auf die Bedürfnisbefriedigung der Menschen ist das nicht zu erklären.

Gesundheit

Bei dem Gespräch mit der Koordinatorin der Gesundheitskommission in Barrio San Martín von Solano, der 34jährigen Célia Britos, liegt ein im wahrsten Sinne des Wortes ätzender Gestank in der Luft. Dieser kommt von einer nahe gelegenen Papierfabrik. Célia erklärt, dass dadurch besonders die Haut und die Atemwege gesundheitlich belastet werden. Sie haben viel versucht, etwas dagegen zu unternehmen, doch ohne Erfolg. Célia klingt desillusioniert, wenn sie – als sei dies eine Erklärung – in Bezug auf die Fabrikbetreiber sagt: »Diese Leute sind Kapitalisten.« Die Medikamente liegen gerade breit zerstreut auf dem Fußboden. Einige wurden gespendet, sogar ganz aus Italien kam ein großer Teil davon; jedoch sind mehrere bereits abgelaufen. Diese werden heute aussortiert. Was nicht gespendet wurde, wird von der Caritas gekauft und finanziert durch den Gemeinschaftsfonds – in der MTD Solano sind es immerhin zehn Peso, die monatlich von der Arbeitslosenunterstützung abgegeben werden müssen. Eine besondere Ordnung zwischen den Medikamenten scheint es nicht zu geben.

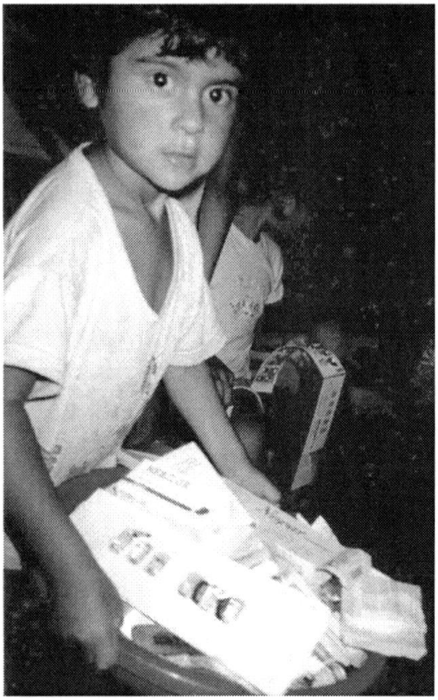

Alte Medikamente werden
aussortiert – die Kinder helfen mit

Hier in San Martín sind es vier Frauen in der Gesundheitskommission, wovon eine morgens arbeitet und die anderen drei am Nachmittag; in den anderen fünf Barrios gibt es jeweils zwei oder drei Personen, sowohl Männer als auch Frauen. Die Medikamente werden zentral in San Martín gesammelt, von hier werden die anderen Barrios versorgt. Pro Monat werden in der MTD Solano 1.500 Peso für den Kauf von Medikamenten verwandt. Sie werden gegen Rezept unentgeltlich herausgegeben. Es existiert jedoch kein Erstattungssystem wie in Santa Fe, da auch nach 14 Tagen die Medikamente nicht ausgehändigt werden durch die Krankenhäuser, wo meist nur Basismedikamente wie Antibiotika vorhanden sind. Protestaktionen für die kostenlose Behandlung Kranker, wie in Santa Fe üblich, werden in Solano nicht durchgeführt.

Nicht nur die Medikamentenvergabe wird zentral organisiert, auch die Weiterbildungen erfolgen zusammen; zur Zeit bilden sich die Kommissionsmitglieder in Prävention. Dafür kommt unentgeltlich eine Ausbilderin aus der Innenstadt nach Solano. Die Konzentration auf Prävention ergibt sich auch aus dem Gedanken heraus, dass Medikamente immer erst das letzte sein sollten, was jemand nimmt: »Die MTD setzt nicht auf Medikamente«, erklärt Célia. »Viel besser ist es vorzubeugen.« Doch für das Herz und gegen Bluthochdruck werden viele Arzneimittel verlangt: Allein gegen Hochdruck nimmt – so schätzt Célia – rund ein Fünftel Gegenmittel ein. Célia erklärt sich diese unglaubliche Zahl mit der starken psychischen Belastung der Compañeros und Compañeras, ihren vielen Sorgen. Auch psychische Störungen sind häufig. Eine andere Behandlung als Medikamente gibt es nicht. Und diese sind teuer, so dass sie nicht ausreichend angeschafft werden können. Therapien kann sich hier niemand leisten, aber manchmal kommen Psychologie-Studierende vorbei, um ihre Hilfe anzubieten. Darunter ist eine Studentin, welche Workshops über familiäre Gewalt durchführt. Sie macht darüber Fortbildungen mit den Mitgliedern der Gesundheitskommissionen, arbeitet aber auch einzeln mit einigen Betroffenen.

»Gewalt ist ein Thema in der MTD: Gewalt seitens der Regierung, und Gewalt in der Familie. Es gibt jedoch auch Compañeros, die nicht darüber sprechen möchten, wie sie leben«, sagt Célia. »Ja, die Mehrheit mag da nicht drüber reden. Aber es werden Vorträge darüber gehalten. Und auch der Arzt kommt und hält Vorträge über Gynäkologie und über Gewalt. Über Gynäkologie werden hinterher Fragen gestellt. Aber über Gewalt nicht.« Entsteht denn daraus hinterher eine Diskussion? »Nein, es wäre notwendig, aber es passiert nicht.«

Gemüsegärten

Die MTD Solano nutzt ein großes altes Industriegelände: die *Roca Negra – der schwarze Felsen*. Die Innenräume werden gerade renoviert. Frauen arbeiten schon in einer improvisierten Volksküche. Neka Jara hat heute die ersten Kaninchen für eine Zucht gekauft. In einem Raum soll ein Computerraum entstehen von der autonomen internationalen Medienvernetzung *indymedia*.

Das riesige Gelände um die drei Gebäude herum wird als Gemüsegarten genutzt. Hier sind überwiegend Männer beschäftigt. Allerdings erklärt Carina Mabel Chávez, sie gehe ab und zu mal in den Garten, denn wenn sie auch keine Lust auf die Arbeit mit den Pflanzen habe, so grabe sie doch sehr gerne um – schließlich habe sie mehr Muskeln als Männer.

Neben diesem großen Gelände haben viele in Solano – dort, wo es möglich ist – Minigärten bei ihren Häusern angelegt. Häufig sind diese kleinen Grundstücke von NachbarInnen geliehen, und nicht nur die Miete hierfür wird mit Gemüse bezahlt: Auch alles mögliche Andere kann dagegen eingetauscht werden. Liegen die Gegenleistungen wertmäßig zu weit auseinander, wird die Differenz mit Geld ausgeglichen.

Lederwerkstatt

»Heute haben wir nichts zu tun, da wir kein Material haben, und daher haben wir einen Tag frei«, erklärt mir Andrés Fernández, warum er gerade nicht arbeitet. »Wir konnten nichts kaufen«, erzählt er weiter auf Nachfrage, »weil vergessen wurde, die Buchhaltung zu machen über die letzten Ausgaben für die Materialien, die gekauft wurden. Bevor wir also wieder Geld bekommen für neues Material, müssen erst die ganzen Kostenaufstellungen und Bilanzen erstellt worden sein über die Vorgänge seit dem letzten Einkauf. Das Geld ist wohl da, aber niemand hat die Kostenvorgänge festgehalten. Ich denke, dass wir übermorgen wieder arbeiten werden«. Andrés soll der einzige bleiben, den ich in Solano treffe, der davon ausgeht, dass es die Leder-Werkstatt wieder geben wird.

Auch Carina Mabel Chávez hat früher ein Jahr lang darin mitgearbeitet. Es hat ihr gefallen, sagt sie, Schuhe und Taschen herzustellen. Doch das Leder wurde sehr teuer in der Inflation. Zusammen mit den anderen Materialien wie der speziellen Farbe und dem Klebstoff konnte es nicht mehr angeschafft werden. Der Fond reichte hierfür nicht aus. »Ich denke aber, wenn man Schuhe aus Stoff machen würde, dann ginge es – nicht aus Leder, denn Stoff ist billiger.«

Kinderwerkstatt

Um den Kindern einen eigenen Raum in der MTD Solano zu geben, hat Mélina Chullmir mit einigen anderen zusammen ein Projekt für diese begonnen. »Ehrlich gesagt, als die Idee entstand, wussten wir gar nicht, was wir damit machen wollen.« Bis jetzt haben sie keinen eigenen Raum im wörtlichen Sinn. Das Haus, in dem sie sind, ist nicht für Kinder eingerichtet, sondern gehört einer Familie, die in ein anderes Land gegangen ist und es gegen eine geringe Miete überlassen hat.

Bislang gibt es jeweils zwei zweistündige Gruppentreffen in der Woche für Kinder von drei bis sieben Jahren und für Kinder von neun bis dreizehn, sowie eine Karnevalsgruppe für alle Altersgruppen. Als Hort während der Arbeitszeit der Eltern sind diese Treffen nicht geeignet, da sie nur halb solange dauern. Stattdessen sind sie gedacht als Bildungsmöglichkeit für die Kinder, als Alternative zu dem, was diese zu Hause, im Barrio oder in der Schule mitbekommen. »Klar gibt es die Notwendigkeit, Kindern Nachhilfe zu geben, viele Eltern können das nicht. Aber es ist auch klar, dass wir nicht viele sind mit viel Zeit, und dass wir nicht alles machen können, deshalb haben wir uns für etwas anderes entschieden. Denn bei Nachhilfe musst du dich an dem orientieren, was die Schule vorgibt.«

Mit den Größeren wurde durchgenommen, was kollektive Organisierung bedeutet: gegenseitige Hilfe und Verbindlichkeit; und was es heißt, sich selber zu organisieren, wie man nach Lösungen sucht – all das mit Aktivitäten wie Plan-Spielen. Die Teamer treffen sich jeden Sonntag, um die fünf Workshops vorzubereiten, auf die Kinder abgestimmt, und Ziele für die Woche zu entwickeln. Die Kinder kommen, um sich zu amüsieren, aber die Spiele haben einen Sinn. Am Schluss der Treffen gibt es immer noch etwas Kreatives. Die Kinder selber schlugen das vor.

Mit den Kleinsten werden andere Sachen gemacht: noch spielerischer, mit mehr Anleitung, aber auch mehr Phantasie. Oft geht es aber auch nur darum, ihnen Sachen zu zeigen oder zu erklären, die sie nicht kennen. Doch auch hier wird den Werkstätten der Erwachsenen nachempfunden produziert: Sandalen aus Karton oder Nachtische ähnlich wie in der Bäckerei – nur ohne Ofen, denn das wäre zu gefährlich.

Letztes Jahr fuhren sie mit knapp 40 Kindern – einige Eltern ließen ihre nicht – für zwei Tage in ein Camp am Fluss. Finanziert wurde es durch den Gemeinschaftsfond der MTD »Für die Kinder war das eine wunderschöne Erfahrung: die Natur, die Freiheit, und man merkte, dass sie in dem ganzen Jahr schon viel Respekt voreinander gelernt hatten. Die meisten sind vorher noch nie verreist gewesen. Manche kannten keinen Baum und nicht den Fluss, an dem Buenos Aires liegt.«

Die Größeren sollen demnächst auf dem alten Fabrikgelände *Roca Negra* ein Stück Erde bekommen, das sie bearbeiten können. Auch soll ein Tag Sport eingeführt werden. Am nächsten Tag werde dann etwas Kreatives hergestellt, denn die Kinder seien sehr daran interessiert, Sachen selber machen zu können, erzählt Mélina, um diese dann auch selber auf Märkten zu verkaufen. Auch jetzt wird schon manchmal auf einen Markt gegangen: »damit sie sehen können, wie eine solche Ökonomie funktioniert.«

Es sind auch Kinder dabei, deren Eltern nicht bei der MTD sind, und auch diese müssen nichts zahlen. Es können aber nur Kinder aus San Martín daran teilnehmen, die anderen fünf Barrios von Solano liegen zu weit weg. Manchmal stellen Mélina und ihre Compañer@s ihre Arbeit in den anderen Barrios vor, damit dort auch so etwas aufgebaut wird. In dem Stadtteil Monteverde gibt es Kinderbetreuung, wenn Demonstrationen oder Straßenblockaden anstehen. Einige Frauen bleiben dann mit den Kindern zurück, und sie kochen auch für sie. Früher blieben viele Frauen stattdessen bei Demonstrationen zu Hause.

Presse-Arbeitsgruppe

Um Informationen innerhalb der Bewegung und nach außen hin fließen zu lassen, gibt es eine Presse-Arbeitsgruppe. Auch umgekehrt soll manche Information von außen in die Bewegung kommen: zum Beispiel, wenn die MTD Solano ihre Solidarität gegen die Unterdrückung der indigenen Mapuches demonstriert, und deren Kampf bekannt gemacht werden soll. Auch internationale Themen spielen eine Rolle in den internen Veröffentlichungen. Zudem soll für den Fall einer Repression ein Netz über die eigene Bewegung hinaus funktionieren, um schnell reagieren zu können. Seit Beginn der MTD schon kommt ein Boletín heraus, wenn auch unregelmäßig. Zur Zeit unseres Gesprächs wird gerade eine Web-Seite aufgebaut.[39]

Im Moment arbeitet nur Andrés Fernández in der Presse, die anderen sind gerade im Urlaub oder woanders innerhalb der Bewegung. Die Arbeit sei wegen der internen Kriterien ziemlich schwierig, erklärt er, denn dass kein Compañero ein Privileg besitzen dürfe, bedeute nicht zuletzt ein Nein gegen die Freistellung von produktiver Arbeit durch politische: Die Pressearbeit wird nicht als Arbeitszeit anerkannt, und muss zusätzlich erbracht werden.

Früher sei das mal anders gewesen, erzählt Andrés, aber viele hätten geglaubt, dass in der Pressegruppe nicht gearbeitet werde, und sie hätten zudem nicht die Bedeutung der Medien für die Bewegung verstanden. »Sie haben gesagt: Wir wollen keinen Compañero, der den ganzen Tag rumreist, nach Informationen sucht oder Interviews gibt, der den ganzen Tag am Computer sitzt oder mit Leuten redet, die von außen kommen – während

---

39 Inzwischen existiert sie: http://www.solano.mtd.org.ar.

wir arbeiten. Sie sahen es als Hobby an, um sich die Zeit zu vertreiben! Darum wurde die Presse ausgegliedert aus der Arbeitszeit, und erfolgte freiwillig.

Die Compañeros, die einigermaßen die Bedeutung der Presse verstehen, und sich außerhalb ihrer Arbeitszeit darum kümmern, sind wenige. Mehrere haben deshalb die Gruppe verlassen. Aber auch die anderen haben es manchmal nicht geschafft, zu unseren Treffen zu kommen. Wir haben uns immer Montag nachmittags um drei Uhr getroffen, und es kam vor, dass niemand da war, weil – was weiß ich nicht, die Entschuldigungen waren vielfältig. In Wirklichkeit haben sie dem nicht genug Bedeutung zugemessen.

Ich bin seit Anfang an dabei. Manchmal schlage ich anderen vor, dass sie den Pressesprecher machen, aber es ist sehr schwer, jemanden zu finden. Für die, die in der Gruppe mitmachen, haben wir aber auch schon Weiterbildungen in Rhetorik durchgeführt.

Wir hatten erst vor kurzem erneut die Diskussion, ob wir uns als Arbeitsgruppe konstituieren wollen. Wir waren zu viert, das waren zu wenige. Als die Versammlung uns akzeptiert hat, haben sich zehn Compañeros mehr angeschlossen. Wir waren also 14, da haben wir gesagt: machen wir zwei Schichten zu siebt. Was die Neuen aber wollten, war eine Gruppe, wo weniger Einsatz nötig wäre. Sie dachten, dass Presse eine Aufgabe wäre, wo der Tag schnell und ohne viel zu tun vorbei ginge. Aber es gibt unglaublich viel zu tun: Du musst dich hinsetzen und die Nachrichten analysieren, um sie deinen Compañeros präsentieren zu können. Oder wenn du zum Radio musst ... – nun, alle Aufgaben machen viel Arbeit. Und die Compañeros begannen, die Gruppe wieder zu verlassen – bis wir auf dieselben vier zusammengeschrumpft waren. Es wurde wieder zur freiwilligen Arbeit erklärt. Wieder konnten wir nicht mit vieren funktionieren, und haben erneut gebeten, dass es als Arbeitszeit gelte. Aber nein, wir sind wieder, wo wir vorher waren.«

Porträts

»Für mich wäre das mein Tod gewesen.«

Alberto Spagnolo, 38

»Ich bin in der Kirche ausgebildet worden, im Priesterseminar. Aber ich war nie isoliert, sondern immer eingebunden in die Gemeinden. Ich hielt den Kontakt mit den Kämpfen in den Gemeinden schon, als ich studierte, wenn auch begrenzt wegen der Zeit fürs Studium. 1997 bin ich nach Quilmes gekommen. Dort war ich in einer Diözese im Norden, in San Ysidro. In diesen zwei Jahren dort habe ich mich verändert, weil mich dieses Experiment, diese Bewegung interessierte. Aber nicht im Kopf – ich hatte noch nie vor, Karriere zu machen, sondern ich habe immer danach gesucht, wie ich diesen Kampf unterstützen kann. Die Kirche könnte da viel zu beitragen, aber es gibt nicht viel gute Erfahrungen damit. Einige – wenige, aber einige.

Als sie hier in dieser Zone mit der Bewegung angefangen haben, wurde das von der Kirche als gut angesehen: den Erwerbslosen zu helfen als karikative Handlung, wie sie glaubten. Bis dahin war alles gut. Bis wir anfingen zu kämpfen und sich Widersprüche mit den Mächtigen ergaben, dem Gouverneur, und eine offizielle Bitte von Regierungsseite kam, dass sie uns rausschmeißen sollten, weil wir ein schlechtes Beispiel abgäben. Die Kirche hat sich von der Macht korrumpieren lassen, wie die hierarchische Kirche es immer tut. Sie wollten uns räumen, mich baten sie, dass ich die Obdachlosen vor die Tür setzen sollte. Ich sagte nein. Nun gut, es gab einen Konflikt. So endete die Besetzung der Kirche, die Beziehung zwischen der Gemeinde und den Erwerbslosen. Mir entzogen sie die Lizenz.

Aber es war eine Wahl: Sie boten mir den Wechsel in eine Gegend auf dem Land an – sehr reich, aber sehr tot. Dort gibt es kein Leben – für mich wäre das mein Tod gewesen! Das hat mich nicht interessiert. Aber es ist auch ein Verzicht auf die Sicherheit, die dir eine hierarchische Institution geben kann. Du kannst mit den Allerärmsten arbeiten, aber immer wirst du den ökonomischen Rückhalt, die Sicherheit und den Status haben, wenn du zu einer hierarchischen Institution gehörst. In diesem Sinne verzichtete ich auf diese Sicherheiten.

All das, was unser Volk lebt: Wir sind ein Teil davon. Aber mit der immensen Freude, gemeinsam zu kämpfen. Trotz all der Schwierigkeiten stehen wir fest und widerstehen und gehen vorwärts. Wir sind mehr geworden, denn 1996/97 waren wir sehr kleine Organisationen – sehr hinterfragt von der ganzen Gesellschaft und das hat uns manchmal Angst gemacht – aber wir waren sehr entschlossen, daran hat es uns nie gemangelt.

Der Versorgungsaspekt ist ein Teil der MTD. Wir sagen, dass das Projekt ein Projekt der Veränderung der Beziehungen ist, die wir haben, und darum ist das, worauf es uns am meisten ankommt zu entwickeln, das Leben innerhalb der Bewegung. Wir passen darauf auf, Medikamente zu haben, um uns zu heilen, Lebensmittel zu haben und wir kämpfen gegen die Regierung um diese Versorgung, aber wir reduzieren es nicht auf die Ökonomie. Die MTD will nicht nur eine finanzielle Unterstützung sein, es ist ein Projekt, welches damit zu tun hat, uns grundsätzlich vom Kapitalismus zu befreien, in welchem wir geprägt und erzogen worden sind – um irgendwie in eine neue Art der Gesellschaft eintreten zu können, in welcher wir leben wollen. Wir wollen nicht auf eine Revolution warten müssen, um dann die Macht zu übernehmen, um anders leben zu können. Wir sind geprägt von dem, wie wir bisher gelebt haben. Darum hat unser Projekt mit diesen neuen Beziehungen zu tun, dieser neuen Subjektivität, mit einem Weg, einer Entwicklung, die wir machen, die von dem Konkreten ausgeht: dem gemeinschaftlich arbeiten.

Wir reden viel von der Wirklichkeit des Menschseins. Die Praxis des Sozialismus war eine Reduzierung: dass der Mensch, wenn er die Produktionsweise verändert, als Folge auch den Menschen verändere. Wir glauben, dass unsere Wirklichkeit viel mehr ist als die Ökonomie. Es ist natürlich ein Teil unseres Lebens, und für uns ist es eine Erfahrung in der absoluten Prekarität. Wir sind sehr arm, aber in einer Weise, die das Kollektive einbezieht: etwas Gemeinschaftliches, was nicht mehr mit Markt zu tun hat, mit Profit, sondern wir befriedigen mit unserer Arbeit unsere Bedürfnisse in einer neuen Art, die den Kapitalismus nicht durch Kapitalismus ersetzt, welcher sich leicht über das Geld reproduziert, über die Ware.

Darum ist es für uns der Produktionsbereich, die kollektiven Unternehmen, ein Ort, um diese neuen Beziehungen praktizieren zu können: dass es sich nicht mehr um das Individuum handelt, um die Arbeit, sondern um das Kollektiv, die Bedürfnisse – alles in einer Form, in die Praxis umzusetzen, worüber wir sprechen. Das bricht bereits diese Logik zu sagen: »Ich arbeite so und so viele Stunden, darum nehme ich mir jetzt so viel« – sondern, wenn ich alleinstehend bin, nur so viel zu nehmen wie ich brauche. Es ist ein Bruch mit dieser klassischen Moral, dass wir die Arbeit bewahren müssten. Die kapitalistische Logik ist sehr ausgeprägt, vor allem in extremer Not. Über ein Kollektiv zu sprechen, etwas, was keinen Profit erbringt – das ist schwer.

Tatsächlich kostet es dich sehr viel mehr, wenn du diskutieren musst, bis alle einen Konsens gefunden haben – das ist schon eine Aufgabe! Aber sie ist viel reicher, nachhaltiger als wir glauben. Das ist Reichtum: teilnehmen zu können und sich einzubringen – kein passives Objekt mehr zu sein, sondern ein Subjekt zu sein, ProtagoinistIn der Transformation deiner eigenen Geschichte.«

»Die Veränderung geht mit dem Alltäglichen einher.«
Neka Jara, 40

»Früher hatte ich einen guten Job: ein gutes Gehalt!« Neka Jara lacht. »Ausbilderin für Gesundheitserziehung in einem Krankenhaus. Und nun gut, auch ich habe entschieden, mich all dem hier zu widmen. Es ist ein Risiko: Du musst deinen Lohn aufgeben, um hier mitmachen zu können. Und ja: mein ganzes Leben hat sich verändert, alles!

Vor knapp zwei Jahren haben sie mich rausgeschmissen, weil ich in der Bewegung war. Auch mich haben sie vor die Wahl gestellt, aus der Bewegung auszuscheiden oder ohne Arbeit zu bleiben – nun gut. Heute leben wir von der Arbeitslosenunterstützung und einigen Gelegenheitjobs.

Als wir vor fünf Jahren begannen, ahnten wir nicht, womit wir anfingen. Wir haben uns als Nachbarn zusammengetan und haben begonnen, miteinander zu diskutieren. Als wir begannen, kamen wir aus sehr unterschiedlichen Erfahrungen. Das war sehr schwierig und wir überlegten, wie wir uns befreien könnten. Es hat sich als Prozess ergeben, aus dem miteinander reden haben wir es Tag für Tag entdeckt. Es ist eine neue Erfahrung und in ihrem Grund basiert sie auf ganz vielen Irrtümern: Gewissheiten, Ungewissheiten – es ist, als wenn wir permanent auswerten würden, wie wir gehen wollen und mit wem. Durch die Demonstrationen haben wir diesen Bruch in der Geschichte entdeckt: Wie die Revolution zu erreichen ist, wie der soziale Wandel zu erreichen ist.

Darum haben wir all diese täglichen Arbeiten in den Barrios, worin wir Orte sehen, Räume, die uns die Möglichkeiten geben unsere neuen Beziehungen zu praktizieren – und so eine neue Subjektivität, ein neues Mensch-Sein entstehen zu lassen. In diesem Sinne sagen wir, dass die Konzeption der Revolution und der Transformation, die es früher gab, an einem Endpunkt angelangt war: etwas nehmen, sich an einen Ort zu setzen, damit hinter die Dinge sich verändern. Darum sagen wir, dass die Veränderung immer mit dem Alltäglichen einhergeht.

Wenn es keine ganzheitliche Arbeit gibt, um damit den Kampf erschaffen zu können, den Widerstand, die Wiederaneignung, die Rechte, die Dinge, die wir verloren haben – wenn es keine ganzheitliche Arbeit gibt, dann ist es sehr schwierig. Zum Beispiel hatten wir hier die Erfahrung der Landbesetzungen gemacht. Alles was du hier siehst, sind Barrios, die ihren Ursprung in Landbesetzungen haben – und es war immer bemerkbar, dass es eine sehr starke Integration gibt, einen sehr starken Kampf aller. Aber wenn sich das Grundstücksproblem gelöst hat, das der Wohnung, und sowie der Staat die Besetzungen duldet, kehrt das Privateigentum sofort zurück. Jeder beginnt, auf sein eigenes Grundstück aufzupassen, es abzustecken und es einzuzäunen.

In der MTD haben wir so ähnliche Erfahrungen gemacht. Darum sehen wir diese Räume als die beste Möglichkeit, sich zu kollektivieren, sich zu sozialisieren, Räume der Bildung, der Diskussion, des Dialogs – obwohl wir uns auch streiten müssen, aber einen Konsens zu erreichen ist wichtig.

Es gibt Compañeros, die argumentieren, dass wir sehr wenig Effektivität besitzen, und sehr wenig Effizienz. Das sind kapitalistische Begriffe. Es kann schon sein, dass es so ist, aber ohne Zweifel ist es sehr viel reichhaltiger, viel freier.

Wir erfüllen nicht die Stunden, weil es das Ministerium befiehlt. Wir geben uns die Erwerbslosenunterstützung und wir analysieren im Barrio die Dinge, die fehlen. Zum Beispiel: Es fehlt eine Volksküche, es fehlt eine Bäckerei – immer in Übereinstimmung mit der Wirklichkeit, dem Bedürfnis. Die Idee ist, dass ein Projekt nicht entsteht als Gegenleistung für die Unterstützung, die dir gegeben wird, sondern aus dem Bedürfnis heraus, aus der konkreten Wirklichkeit heraus, die wir leben.

Eine andere Sache ist, dass nichts, was produziert wird, vereinzelt passiert, sondern alles, was produziert wird, geht in einen gemeinsamen Fond. So versuchen wir, uns Werte wieder anzueignen, welche sozialer und kollektiver sind. Gleichzeitig ist das sehr schwierig. Es ist schwer, es kostet viel in der Praxis, wir machen das mit großen Schwierigkeiten, aber zumindest sind das die Kriterien.

Auf gewisse Art beuten wir uns auch selber aus, das heißt: machen, machen, machen die ganze Zeit, fast unter Leistungsdruck, als müsste das alles so sein – darüber wird viel geredet. Aber wir entdecken auch, dass es viel gibt, was wir nicht machen. Beispielsweise wird die Umwelt zerstört, wenn wir keine Bäume pflanzen, wenn wir keine gesunden Bereiche erschaffen – der Staat wird das nicht betreiben. Es gibt einen Haufen Dinge, die wir tun, um das Leben zu verteidigen. Das hat nichts mit Selbstausbeutung zu tun, sondern damit, das Leben fördern zu wollen. Auch das ist eine Frage der kapitalistischen Produktion. Wenn alle in der Welt nur zwei Stunden arbeiten würden, könnten wir alle gut leben: Wir könnten uns ernähren, uns bilden – es gibt nicht einmal die Notwendigkeit, dass andere viele Stunden arbeiten und wir nicht. Aber heute, wenn wir einige Dinge nicht tun, dann werden sie nicht getan. Darin liegt ein Unterschied zu Europa: Hier, wenn wir nicht kämpfen, sterben wir.«

Die ›Bewegung der kämpfenden Erwerbslosen‹ MTDL Guernica

Die Geschichte der ›kämpfenden Bewegung erwerbsloser ArbeiterInnen‹, der MTDL Guernica ist etwas verworrener – kurz nach meinem Aufenthalt dort erfolgt erst eine, und wenige Monate später die zweite Spaltung der Bewegung. Bei ihrer Blockade der Raffinerien von Shell, EG 3 und Repsol am Dock Sur ein Jahr zuvor, wo ich die Bewegung kennen gelernt hatte, waren sie noch Teil der autonomen Vernetzung Aníbal Verón gewesen. Dort wurden sie wegen Meinungsunterschieden »rausgeschmissen«, wie sie es ausdrücken. Sie gründeten daraufhin die *Front der kämpfenden Arbeiter* (FTC) mit, einer tendenziell trotzkistisch ausgerichteten Dachorganisation. Sie selber seien aber unabhängig, betont Mónica Rojas bei meinem Besuch.

Genau dies wird einige Monate später zur Spaltung führen: Während es sich bei der ersten Austrittswelle um die Machtstellung einzelner in der Organisation dreht, ist für die zweite die zunehmend trotzkistische Orientierung der FTC ausschlaggebend. Jene, die sich in ihrer Autonomie beschränkt fühlen, gründen die MTD *La Verdad* (Die Wahrheit).

Zum Zeitpunkt meines Aufenthaltes in Guernica herrscht noch Einigkeit.

Kommissionen

Radio

Neben Kunsthandwerk, dem Gemüsegarten – der hier in Guernica ist der schönste! – dem Kindergarten, der Milchausgabe, und der Tischlerei gibt es auch den *Taller Popular*, der nur aus einer Frau und einem Mann besteht, Verónica Fernández und Julio Caesar de Vita, beide Anfang 20. Der Taller Popular macht das Radio der MTDL seit nunmehr fünf Monaten.

Das Radio ist kein Piratensender, sondern ein Sendefenster, welches sich bei einem kleinen privaten Lokalradio eingeklinkt hat und montags, mittwochs, donnerstags und freitags von 11 bis 12.30 Uhr sendet. Kein Aufnahmegerät existiert, keine andere Technik steht zur Verfügung als nur der Sender selber. Vor allem werden Ankündigungen bekannt gegeben und Aufrufe, alte Kleider oder ähnliches zu spenden; das Radio wird also von den Arbeitsgruppen als Kommunikationsmittel genutzt. Außerdem wird natürlich Musik gespielt und werden Nachrichten gesendet – diese werden aus den Tageszeitungen vorgelesen. Dies erstaunt um so mehr, als die MTDL einen trotzkistischen Ruf hat, und der Gedanke, das Radio könnte politischer Propaganda dienen, ebenso nahe läge wie sich auf Gegennachrichten von unten aus der Bewegung heraus spezialisiert haben. Ein Übermaß an politischem Bewusstsein kennzeichnet die beiden jedoch nicht. Die Frage, ob sie sich als linke Bewegung verstehen, ruft große Ratlosigkeit hervor, bis von dem Radiomacher ein »Ich glaube nicht« kommt. Bei der nächsten Frage hakt Julio nach: »Trotzkistisch? Was ist das?«

Es handelt sich nicht im hiesigen Sinn um ein ›Freies Radio‹, da es nicht frei von Werbung ist: Ca. 20 Werbungen laufen am Tag – bei anderthalb Stunden Sendezeit. Da dies zu viel wurde, verteilen sie diese nun noch auf einen weiterem Mann aus der Bewegung, welcher stets die Stunde davor, von 10 bis 11 Uhr sendet. Dieser macht ein von den beiden Twens völlig getrenntes Programm.

In Ermangelung anderer technischer Möglichkeiten wird die Werbung mündlich vorgetragen: meist, wo diese Woche welche Sonderangebote zu erhalten sind. Im Austausch erhalten sie von den lokalen Geschäften diese Produkte, so z.B. Reinigungsmittel oder Lebensmittel im Wert von fünf bis zehn Peso. Dies wird nicht von den RadiomacherInnen selber verbraucht, sondern an geeignete Arbeitsgruppen weitergereicht, zum Beispiel Reis und Nudeln an den *Comedor*, die Milch an die Milchausgabe, Reinigungsmittel an den Kindergarten oder das Gemeinschaftszentrum. Will sich jemand etwas private Radiozeit mieten, so wird dies ebenso in Naturalien bezahlt.

Kindergarten

Jeden Montag bis Freitag, von neun Uhr morgens bis sechs Uhr abends, können die Mitglieder der MTDL ihre kleinen Kinder in den *›jardín‹* geben, wie es hier heißt. Allerdings nicht gleichzeitig: Insgesamt 80 Kinder und ihre Eltern nutzen diese Möglichkeit, 65 davon stammen aus der Bewegung, 15 einfach aus der Nachbarschaft. Von den ganz Kleinen bis zum

Schulalter finden sich hier Kinder. Selbst auf verschiedene Gruppen verteilt ergeben sich immer noch volle Räume in diesem kleinen Haus. Doch immerhin ein ganzes Gebäude konnte die Bewegung dafür zur Verfügung stellen, nur wenige hundert Meter vom Gemeinschaftszentrum entfernt. Einige Holzmöbel bilden die Einrichtung, vor allem aber ein riesiger Karton, in dem – vorausgesetzt, es herrscht gerade Ordnung – sämtliche Spielzeuge ihren Platz finden: Puppen, Plastikautos, Plastikschaufeln.

Von verschiedenen Geschäften wird Gemüse oder Obst gebracht, welches nicht verkauft wurde. Allein die in der Nähe gelegene Filiale des größten argentinischen Milchkonzerns bringt einmal im Monat rund 2.000 abgelaufene Produkte vorbei – da wird der Joghurt zum Nachtisch schon fast zum Standard. Ab und an kommt ein Vertreter des Unternehmens vorbei, um zu prüfen, ob die Produkte auch wirklich an die Kinder gehen – wie überall, sind diese auch hier in Guernica oft unterernährt. Die Menschen dächten nicht daran, dass ihre Kinder sterben werden, wenn sie noch mehr bekommen, meint die Kindergärtnerin Patricia Pugliese. Zudem würden immer mehr Mädchen schon nach der ersten Menstruation schwanger, weil sich viele Eltern heute nicht mehr um sie kümmerten. Sexualerziehung gebe es nicht, und die Verhütungsmittel seien zu teuer, ebenso wie sich die (illegale) Abtreibung nur die Reichen leisten könnten. Die Armen ohne Versicherung bekommen keinerlei Gesundheitsversorgung, so Patricia: »Wenn du kein Geld hast, dann kannst du in Ruhe sterben.«

Porträt

»Für absolut alle! In allen Welten!«
Ayelen Navarro, 11

Ayelen begleitet ihre Mutter sonst nicht zum Lokal der MTDL Guernica, aber heute ist ihr Asthma so stark, da soll sie nicht allein mit ihren Geschwistern zu Hause bleiben. Davon hat Ayelen zehn: sechs jüngere sowie vier ältere Halbgeschwister, die drei ältesten davon leben jedoch nicht mit ihnen zusammen. Als Ayelen das jeweilige Alter ihrer Geschwister aufzählt, sind es plötzlich elf. Sie geht noch einmal durch und kommt nach einiger Zeit darauf, dass sie nur ein vier-, und gar kein fünfjähriges Geschwisterkind hat.

Als ich meinen Akku wechsle, erklärt sie mir, wie man alte Batterien wieder auflädt, indem man sie in die Sonne legt. Auf die Frage, was sie

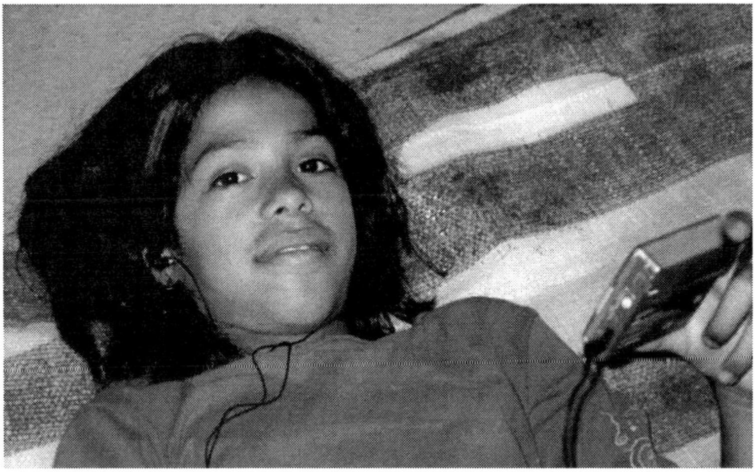

»Eine Frage habe ich noch. Wie hörst du das, was wir sprechen?«

macht, wenn sie zu Hause bleibt, fällt ihr als erstes Putzen ein. Wenn sie nicht mal wieder zu schwach ist dazu. Dann will sie gar nichts machen. Dann bleibt sie im Bett, das sie sich mit ihrer neunjährigen Schwester teilt. Ansonsten steht sie um sieben Uhr auf und beginnt, mit ihren Geschwistern zwei Stunden lang das Haus in Ordnung zu bringen. Die eine putzt, die andere wäscht ab; nur die beiden Kleinsten brauchen mit ihren zwei bzw. dem einem Jahr noch nichts zu machen, der Vierjährige schon. Alle haben ihre Aufgaben, sie selber wischt unter anderem den Boden. Nur ihr zwölfjähriger Bruder geht meistens spielen. Eigentlich müsste er abwaschen, das macht Ayelen dann noch obendrauf. »Mädchen und Frauen sind fleißiger. Jungs machen fast gar nichts«, erklärt sie. »Mein Papa macht zu Hause auch nichts. Na ja, manchmal. Er hat wichtigere Dinge zu tun hier im Lokal. Dafür geht meine Mama immer schon um zwölf Uhr von hier weg, weil zu Hause so viel zu machen ist. Und dann muss sie hierhin und dorthin und in die Innenstadt und ich pass zu Hause auf. Mein Papa bleibt fast den ganzen Tag hier.«

Da beide Eltern sich in der MTDL stark engagieren, bleibt keine Zeit für weitere Nebenverdienste, wie das bei vielen anderen Familien üblich ist. Ayelen fragt mich, was ich gerne esse, aber nur, um mir von ihren Lieblingsspeisen vorzuschwärmen: Hotdog mit ganz viel Senf und vor allem alle möglichen Süßigkeiten, die ich gar nicht kenne. »Wenn ich Geld hätte, könnte ich dir welche kaufen«, sagt sie. Sie kann sich nie welche kaufen. Auch von dem Hotdog bekommt sie nur etwas ab, wenn ihre große Schwester sich einen leistet. Ansonsten gibt es das Gemeinschaftsessen der MTDL: Ihre Mutter bringt immer einen Topf aus dem Lokal mit. Dann gibt es Reis, Nudeln oder Maisgrieß, mit Spuren von Fleisch vermischt. Auf die Frage, was sie morgens isst, weicht Ayelen mehrfach aus, das zweite Mal schon sehr offensichtlich: »Manchmal regnet es, manchmal ist es nebelig, friedefriefffund manchmal scheint die Sonne.« Beim dritten Versuch wird ihr Tonfall reine Konversation. »Tatsächlich scheint hier viel die Sonne. Manchmal wird es so heiß, dass man sich ganz mit Wasser benetzen muss!«

Im Moment sind Ferien. Nach dem morgendlichen Saubermachen sieht Ayelen fern – bis zum Programmschluss um Mitternacht. »Freundinnen habe ich nicht. Gar keine. Früher hatte ich zwei, die zu mir nach Hause kamen, aber die von gegenüber hat sie mir weggenommen. Andere Freundinnen habe ich nicht. In der Schule will niemand mit mir zusammen sein, weil ich arm bin – nicht arm, aber weil ich kein Geld habe und nie etwas mit in die Schule bringe. Ich bringe kein Geld mit, ich bringe gar nichts mit. Keine Karamellbonbons oder so was. Darum ärgern sie mich viel. Ich fände es schön, wenn mir eine sagen würde, dass ich ihre Freundin sein könnte. Aber das sagt keine. Meine Freunde sind meine Geschwister.«

Dass sie sich mit diesen die Betten teilen muss, stört sie jedoch, da ihre jüngeren Geschwister fast alle noch ins Bett nässen. Zwei Räume gibt es in ihrem Haus, einen mit insgesamt drei Betten für die sieben Kinder und einen für die Eltern.

»Ob es etwas gibt, was mir fehlt? Viele Dinge! Stühle, Tische – wir sitzen auf dem Fußboden. Mehr Betten. Sagen wir: Uns fehlen nur ein paar Kleinigkeiten – nein: Es fehlt ganz, ganz, ganz viel, nein: es fehlt alles im Haus!«, äfft sie wieder den Konversationstonfall nach. »Nein, es fehlen nur einige Dinge: Tische, Stühle, Schuhe für die Schule, überhaupt die ganzen Schulmaterialien. Fünf von uns Kindern brauchen das. Die 150 Peso reichen ja für nichts. Früher hat meine Mama immer 300 Peso zusammengespart für die Schulmaterialien. Aber heutzutage kannst du nicht mal 5 Peso sparen!

Was ich mir wünsche? Dass meine Eltern Arbeit haben. Und dass die Situation sich zum Guten wendet. Für alle! Für absolut alle! Das sie Arbeit hätten und ihren Kindern zu essen geben könnten. Ja, das! In allen Welten! Und dass wir einen Tisch und Stühle hätten und unsre Schulsachen.«

MTD La Matanza

Der Bezirk La Matanza, rund 20 km östlich von der Innenstadt gelegen, hat nicht weniger als rund zwei Millionen EinwohnerInnen. Ursprünglich durch wilde Besiedelung und ohne Infrastruktur gewachsen, wurde La Matanza Mitte des 20. Jahrhunderts zu einem bedeutenden Industriegebiet: Neben Volkswagen und Mercedes Benz siedelten sich hier große Metall- und Textilfirmen an. Das Leben pulsierte hier jedoch noch nie: La Matanza war das, was man eine Schlafstadt nennt. Bis zuletzt blieben 70 Prozent der Bevölkerung ohne Wasser- oder Abwassersystem.

Die Erwerbslosigkeit traf La Matanza besonders früh. 1995 lag sie bereits bei über 18 Prozent. Die Organisierung begann als Nachbarschaftsversammlung, weil viele ihre Stromrechnungen nicht mehr bezahlen konnten. Dabei stellten die Menschen fest, dass der Grund bei allen der gleiche war: erwerbslos zu sein. Sie begannen, sich als Erwerbslose zu organisieren. Volksküchen waren ein wesentliches erstes Element dabei. Dass ein Kind während einer dieser Speisungen an Unterernährung starb, wurde zu einem Signal. Am 1. Mai 1996 formierten sie sich als MTD mit Sektionen in San Francisco Solano, San Martín, Avellaneda, La Plata und La Matanza, mit zunächst zwei Hauptforderungen: Essen und Arbeit. Es folgte bald die Aufgliederung in weitere Punkte, darunter die Forderung nach einer Erwerbslosenunterstützung in Höhe von 550 US-Dollar sowie kostenlose Gesundheitsversorgung und die Übernahme der Kosten für Strom, Gas und Wasser. Des weiteren wurde die Einstellung der Zahlungen an den Internationalen Wirtschaftsfond gefordert.

Heute basiert ihr Handeln auf der Überzeugung, dass die Erwerbslosigkeit und ihre Situation kein Versagen des Systems, sondern Bestandteil des Systems ist. Doch diese Überzeugung stand nicht am Anfang. Eines der größten Probleme am Beginn waren die eigenen Schuldgefühle, zumal sich die Männer über ihre Arbeit definierten: »Ich heiße so und so und bin das und das – das ist so wichtig für die Identität«, sagt Soledad Bordebaray aus La Matanza. »Und hier in Argentinien war es nützlich für das System, die Schuld zu individualisieren – bis hin zum Präsidenten, der sagte, dass die Erwerbslosen nicht fähig genug seien.«

Dieses Schuldgefühl hatte sich in jede der alltäglichen Handlungen geschlichen. Als gefühlte Eigenverantwortlichkeit für den Arbeitsplatzverlust: zu glauben, erwerbslos zu sein, weil man zu alt ist, weil man ohne Berufserfahrung (sprich: zu jung) ist, weil man zu wenig oder zu lange studiert hat, weil man ein Mann oder eine Frau ist – immer je nachdem.[40]

Die MTD La Matanza bezeichnet heute dieses Schuldgefühl als die wichtigste Waffe im Kampf gegen die Erwerbslosen. Einmal im Bewusstsein verankert, ist es schwer wieder los zu werden. Das Gefühl, schuld am eigenen Ausschluss zu sein, drückte sich in jeder Handlung, in der Persönlichkeit, im Zusammensein mit anderen aus – bis hin zu dem, was ›sozialer Tod‹, oder im Spanischen ›der Tod im Leben‹ genannt wird. Diese Schuldgefühle als Herrschaftsinstrument zu analysieren empfinden sie heute als erste Aneignung: des eigenen Bewusstseins. Die Entdeckung, ohne diese Schuldgefühle befreiter leben zu können, wurde zur wichtigsten Waffe im Kampf.

Das nächste war die Überwindung der Angst. Angst vor Repression – nur zu verständlich in einem Land, in dem vor zwei Jahrzehnten noch offene Militärdiktatur mit 30.000 ›Verschwundenen‹ herrschte – und Angst vor der Hyperinflation, der Massenerwerbslosigkeit, dem Abrutschen in die Armut bis zum drohenden Hungertod. Aus Angst griffen viele zum Alkohol, und immer wieder kam es zu Selbstmorden. Die ersten Treffen waren geprägt von den persönlichen Erzählungen, in einer ausweglosen Situation zu sein. Aber es gab auch Angst, öffentlich aufzutreten, wenn es beispielsweise darum ging, sich mit Studierenden in der Universität zu treffen, welche vermeintlich so viel mehr wussten. Damit verbunden war wiederum die Angst, sich offen als Erwerbslose zu erkennen zu geben – das war keine Identität, zu der jemand gerne offen stand. Arbeit stiftet Identität als Mitglied der Gesellschaft; Erwerbslose galten als faul.

Verbindungen zu linken Parteien bestanden nicht. Von diesen wurden sie als »Lumpenproletariat« bezeichnet und es wurde ihnen bedeutet, sie sollten erst mal arbeiten gehen. Stattdessen ergaben sich Allianzen mit anderen ›Ausgeschlossenen‹ wie Homosexuellen und Nachbarschaftsbewegungen wie jenen gegen Elektrosmog und den durch Hypotheken verschuldeten Hausbesitzern. Eine breit organisierte Demonstration gegen den Hunger im September 1996, welche für den Geschmack einiger »zu demokratisch« organisiert worden war, wirkte inspirierend für die weitere Organisations-

---

40 Vgl. das von der Geschichte der MTD La Matanza handelnde Buch: De la culpa a la autogestión (Von der Schuld zur Selbstorganisation). Un recorrido del Movimiento de Trabajadores Desocupados de La Matanza, hrsg. von dem im Folgenden zitierten Toty Flores, Buenos Aires 2002.

form: horizontal und autonom. Es wurde begonnen, Texte der Zapatistas aus Mexiko zu lesen. Weitere wichtige Bezugspunkte waren die Mütter der Verschwundenen vom *Plaza de Mayo* und nicht zuletzt die Landlosenbewegung MST in Brasilien.

Damals war die MTD La Matanza die größte in ganz Buenos Aires. Heute bestehen sie aus weniger als 50 Leuten. Der Grund? Sie lehnen das Arbeitsbeschaffungsprogramm der Regierung ab. Dies unterscheidet sie von allen anderen Piquetero-Bewegungen. Toty Flores und Soledad Bordebaray erklären, warum.

Arbeitspläne? Nein Danke!

»Die Arbeitspläne sind nicht benutzt worden, um das Problem aus einer humanitären Perspektive zu lösen«, beschreibt Toty Flores die Position. »Die heute ausgeschlossen sind, die hat der Staat mit seiner neoliberalen Politik ganz bewusst rausgedrängt. Er hat sie bewusst als soziale Kosten des neoliberalen Programms in Kauf genommen. Also hat er eine Maßnahme eingeführt, um den sozialen Konflikt zu bremsen. Dafür sind die Arbeitspläne da.«

Vor Jahren bereits führte dies zu einer Spaltung zwischen der MTD La Matanza – damals eine sehr große Bewegung – und den anderen Piquetero-Organisationen. Toty, der selber erst seine Stelle als Drechsler bei dem Unternehmen *Aciundar* und dann auch die Beschäftigung bei einer Zeitarbeitsfirma verloren hatte, erinnert sich: »Als mit der großen Erwerbslosigkeit der Kampf um die Arbeit begann – das konnte man kaum glauben, in Argentinien hatte es immer Arbeit gegeben! – kämpften auch wir zunächst um Arbeitsbeschaffungsmaßnahmen. Dafür musst du eine Aufgabe kreieren. Und das teilte die Bewegung. Teilweise müssen Wahlsprüche für einen Kandidaten gemalt werden – dafür kriegst du dann deinen Plan. Wenn du das aber nicht machen willst, dann kriegst du keinen Plan. Das ist dann keine Hilfeleistung mehr, sondern absolute Herrschaftsausübung. Zuerst hat das viel Wut in uns erzeugt, dass mit dem Hunger der Armen gespielt wird, und wir sagten, wir werden nicht losgehen und malen, was wir nicht wollen. Aus Stolz sagten wir das, oder aus Würde.

Dann begannen wir zu verstehen, was es ist. In Wirklichkeit ist es eine weitere Waffe gegen die Armen. Denn es ist nicht nur eine Herrschaftsform, es erzeugt auch eine neue Kultur. Es gibt Compañeros, die seit vier oder fünf Jahren die Unterstützung beziehen. Aber vom gesamten Jahr beziehen sie vielleicht sechs oder sieben Monate. Denn alle drei Monate müssen sie wieder losziehen, um erneut darum zu bitten. Oder Straßen blockieren. Oder sie müssen irgendeinen Gefallen tun – von sexuellen bis hin zu (*sic!*) politischen.[41] Wir lehnen diese Form, Probleme über den Staat zu lösen, ab. Sie mobilisieren 10.000 und der Staat gibt 3.000 Arbeitspläne – wer ist fähig zu bestimmen, welche 7.000 nichts bekommen? Keinen Arbeitsplan und nichts zu essen?

Es sollte auch den Lohn drücken. Damals haben sie uns schon gesagt, wir verstünden nichts von Hunger – und so haben wir uns aufgespalten. Heute, nach sechs, sieben Jahren, sagt dieselbe Regierung, dass sie den produktiven Sektor neu gestalten werden, dass es möglich sein wird, Arbeitsbeschaffungsmaßnahmen in den Fabriken durchzuführen. Sie müssten dann nur noch die Differenz zum normalen Gehalt draufzahlen, also für 30, 40 Dollar hätten sie Arbeiter.[42] In zwei oder drei Jahren wird es ein anderes Niveau geben und dann fällt auch der Minimumlohn, wogegen die Gewerkschaft dann nicht mehr kämpfen wird. Daran sieht man, dass die Arbeitspläne funktional sind für das neoliberale Projekt. Wir wollen vom Staat nichts.«

Soledad Bordebaray ergänzt: »Wir haben viele Compañeros durch diese Einstellung verloren, und zunächst war es so etwas wie Stolz zu sagen, die, die da mitmachen, gehören nicht zu unserer Bewegung. Dann haben wir festgestellt, dass diese Politik sektiererisch und irrig war. Wir kämpfen gegen den Staat und nicht gegen die Erwerbslosen. Wir haben eine Haltung als Bewegung dazu, das muss aber nicht ausschließen, dass sich einzelne dafür entscheiden, aus der Not der Familie heraus.«

Aus ihrem Ansatz, eine völlige Unabhängigkeit vom Staat zu erreichen, ergibt sich eine noch stärkere Bedeutung der Selbstorganisierung für die Bewegung. Estella erzählt: »Wir begannen mit der Praxis der Selbstorganisierung, und dann lasen wir Theorie und haben dem seinen Namen gegeben. Aber was wir in den Büchern fanden, war die Theorie über die Theorie der Selbstorganisierung – verschiedene Blickwinkel: aus dem anthropologischen oder dem soziologischen, aber keine praktischen Erfahrungen, die dir erzählen, was möglich ist. Es ist natürlich nicht das Gleiche: ein selbstverwaltetes Unternehmen in La Matanza 2003, oder die Landbesetzungen der MST in Brasilien oder was bei den Zapatistas im Lacandoni-

41 Diese Prioritätensetzungen erschienen mir bemerkenswert.

42 Inzwischen ist dieser Plan umgesetzt worden.

schen Urwald in Chiapas passiert. Jede Form von Selbstverwaltung ist notwendigerweise in den lokalen gesellschaftlichen und ökonomischen Kontext eingebettet. Auch wenn es gut aussieht, kann es nicht kopiert werden. Der Kapitalismus wiederholt zwar seine Muster überall und überdeckt die jeweiligen Unterschiede, aber dennoch bleibt es unmöglich, solche Erfahrungen zu kopieren.

Da sind wir nun auf diesem Weg: vertiefen die Selbstorganisierung als gesellschaftliches Konzept, als politisches Konzept, als wirtschaftliches Konzept. In der Praxis vertiefen wir jegliche Theorie – die Theorie entwickelt sich weiter durch die Praxis. Einige der größten Schwierigkeiten sind gar nicht die objektiven, sondern die subjektiven, die inneren, nicht die äußeren. Wie kommt es, dass wir denken, wir könnten es nicht? Dieses ›Wir können es nicht‹ wird immer bleiben, wenn wir nicht praktisch ausprobieren, dass wir es können. So werden wir vielleicht fähig sein, das System zu verändern.«

»Auch mir scheint in diesem Augenblick das Wichtigste an der Selbstverwaltung zu zeigen, dass es einen Weg gibt«, pflichtet ihr Toty Flores bei. »Dabei gibt es tausend Formen, dem Kapitalismus Widerstand zu leisten – jede Gruppe entwickelt ihre eigene Art. Wir sind zusammen für das Projekt, die Welt zu verändern. Das erscheint eine Verrückheit zu sein, aber das ist es, was uns zusammenbringt.«

Kommissionen

Es existieren nur zwei Kommissionen in La Matanza: eine Nähstube und eine Bäckerei. Beide sind neu gegründet, die Nähstube noch nicht offiziell angelaufen. Bei der Bäckerei aber ist es bereits der dritte Versuch.

Bäckerei La Matanza

Toty Flores erzählt: »Wir begannen damit, süßes Gebäck für Silvester zu backen. Das wurde nicht sehr gut, und wir hatten Schwierigkeiten, es zu verkaufen. Danach haben wir Brot gemacht, und in dieser Gruppe gab es einen Compañero, der Bäcker war. Er wusste alles, die anderen wussten nichts. Was war passiert? Der Bäckermeister hat sich einen Teil des Gewinnes eingesteckt. Er kaufte 10 Kilo Mehl und verkaufte davon 10 Kilo Brot. Aus einem Kilo Mehl werden aber 1 Kilo und 400 Gramm Brot. Das heißt,

40 Prozent sind zum Teufel gegangen. Wir fragten: Warum hat er das gemacht? Das ist die kapitalistische Mentalität.

Diese erste Gruppe löste sich also auf und wir haben die Bäckerei noch mal gestartet. Nun, die einzige Art zu lernen, wie man mit Problemen umgeht, ist Erfahrungen zu sammeln. So entdeckten wir auch, dass aus dem Mehl 40 Prozent mehr Brot herauskommt, denn das Wasser kommt ja dazu.«

Die gemachten Erfahrungen unterscheiden sich nicht immer von denen, die jeder andere Betrieb auch machen würde. In den Erzählungen erscheint mir vor allem die Kundenorientierung verklärt: »Das ist eine sehr schöne Beziehung mit dem Barrio: Jeden Tag musst du auf diese Person aufpassen, damit sie am nächsten Tag wiederkommt! Wir machten anfangs zehn Brote aus jedem Kilo. Darum kamen einige Frauen, die viele Kinder hatten, und sagten, können sie nicht etwas kleiner sein, denn sonst muss ich sie durchteilen für die Kinder. Dann haben wir 18 daraus gemacht, das korrespondierte mit den Wünschen unserer Nachbarn. Wir verstanden das Unternehmen als Dienst an der Gemeinde. Aber es ist nicht leicht: mal sind sie zu klein, mal zu groß, mal zu verbrannt.«

Wenn es um die Kosten geht, wird der kapitalistische Zwang offensichtlich: »Wir verkauften zunächst, noch vor der Krise, für einen Peso pro Kilo, und das Mehl kostete 18 Peso im 50 Kilo-Beutel. Dann haben wir es zu 1,20 Peso verkauft, als der Preis auf 36 stieg. Es stieg bis zu 56 Peso und wir hielten den Preis bei 1,20. Wir mussten deshalb mehr arbeiten. Die Nachbarn aber hatten einen Vorteil davon. Das hat sehr viel Diskussion in der Gruppe ausgelöst. Es ist normal, auch den Preis des Brotes zu erhöhen, wenn das Mehl im Preis steigt – und so in die kapitalistische Logik einzusteigen.«

Die Gruppe in La Matanza begreift ihre Bäckerei als politisches Stadtteilprojekt. »Als sie letztes Jahr Dario und Maxi auf der Brücke ermordet haben, da haben wir die Bäckerei geschlossen und ein Schild gemalt, dass wir gegangen sind, weil sie Compañeros ermordet haben. Zwei Tage lang kamen wir nicht. Und als wir kamen, da wollten die Leute nicht nur Brot kaufen, sondern haben sich auch erkundigt. Es war nicht so, dass sie im Barrio das Gesicht abgewendet hätten, weil wir dort gewesen sind, oder weil wir die Bäckerei geschlossen hatten und sie zwei Tage ohne Brot gelassen hatten. Sie haben verstanden, dass wir neben unserer gesellschaftlichen Dienstleistung auch mit unserem Aktivismus weitermachen können.«

Nach einem Jahr beendeten Toty Flores und seine Compañer@s ihr Experiment. Seit zwei Tagen ist Rubén Reiri in der Bäckerei dabei: Der dritte Versuch begann. Früher war Rubén ebenfalls Metallarbeiter. Als er erwerbslos wurde, arbeitete er als Krapfenbäcker bei sich zu Hause. Doch nach fünf Jahren wurde es immer schwieriger, da immer mehr Erwerbslose versuchten, sich mit privater Essensproduktion durchzuschlagen. So begann er, sein eigenes Inventar nach und nach selber aufzuessen, bis nichts mehr davon übrig war. »Ich bin hergekommen, weil die Arbeit hier selbst organisiert wird,« sagt Rubén. »Hier kann man diskutieren und etwas tun. Jetzt geht es mir gut.«

Normalerweise kostet ein Kilo Brot 1,80 Peso, die MTD verkauft es für 1,20. Sie können billiger sein, weil sie nicht den üblichen Bäckerlohn zahlen – obwohl sie im Unterschied zu den anderen MTDs keine Arbeitslosenunterstützung bekommen. Es gibt keinen festen Lohn, sondern abhängig von Verkauf wird am Ende des Tages erst das Geld für die entstandenen Kosten beiseite gelegt, der Rest wird dann unter allen aufgeteilt, die in Bäckerei arbeiten. Wenn jemand mal nicht kommen kann, bekommt er oder sie trotzdem etwas. »Wir verdienen nicht viel Geld, aber wir haben die Freiheit zu tun, was wir wollen«, findet Rubén Reiri. »Ich bin stolz darauf, keine staatliche Unterstützung zu bekommen. Das hat mit Würde zu tun. Ich hätte auch gekonnt, aber ich wollte nicht.«

Eine andere Welt?

Eine alternative Wirtschaft? Ökonomische Aspekte

Ganze Stadtteile, die sich selbst versorgen, habe ich also nicht gefunden. Inwieweit aber entsprechen die Ansätze, die bestehen, den Kriterien für solidarische Wirtschaft? Im Fhaolgenden werden die einzelnen Aspekte beleuchtet.

Bedürfnisorientiert?

Die Wahl der erzeugten Produkte hängt nicht in erster Linie von Bedürfnissen, also von der Nachfrageseite ab, sondern wird durch die Angebotsseite bestimmt: davon, was jemand herzustellen bereit ist. Dies darf frei ausgewählt werden und hängt von der Initiative einzelner ab. Faktisch aber bietet sich nur eine begrenzte Auswahl an, wie die Wiederholung der immer gleichen Produkte belegt. Begrenzend wirkt hier die Notwendigkeit, kostendeckend zu arbeiten. Begrenzend wirkt ebenfalls ein nur beschränktes Know-How zur Herstellung verschiedener Waren. Die Schuhmacherinnen aus Colastiné konnten beides lösen, da ihnen ein Schuster bereitwillig sein Wissen sowie einige Materialien kostenfrei zur Verfügung stellte. Doch auch hier zeigt eine Berechnung der Kosten, dass diese kaum wieder durch den Verkauf hereinkommen. Ausgewichen wird auf Tischschmuck und Basteleien – offensichtlich ausgewählt, da es ohne große Kosten hergestellt werden kann. Die Herstellung der aus alten Plastikflaschen hergestellten Vorhänge wurde damit begründet, dass diese sich im Moment am gewinnbringendsten verkaufen ließen – hier wurde also nicht auf direkte Bedürfnisbefriedigung orientiert, sondern auf größtmöglichen Gewinn, welcher in der MTD Solano einer Aufstockung des Gemeinschaftsfonds dient, woraus Medikamente, teilweise der Volksküche, Mobilisationen, und wiederum Vorprodukte finanziert werden.

Am stärksten bedürfnisorientiert ist die Herstellung von Nahrungsmitteln. Dies rentiert sich bei Brot sowie bei haltbaren Konserven und Süßigkeiten. Die in La Guardia zur Aufbringung der Miete ehemals frische Lebensmittel herstellende Kommission musste ihre Arbeit einstellen, da sie oft ihre Waren nicht verkaufen konnte, bevor diese verdarben. Bei den Volksküchen kommt ein vielfach nicht bedachter Aspekt hinzu: Diese werden trotz finanzieller Not von den allermeisten nicht genutzt, was nicht nur an teilweise weiten Wegen liegt, sondern vor allem daran, dass die meisten es vorziehen, innerhalb der eigenen Familie zu essen.[43]

Bei Bedürfnisorientierung sind auf jeden Fall die Medikamente zu nennen, deren Bereitstellung durch die Bewegungen ein wesentliches Moment angesichts der Notsituation in den Krankenhäusern bildet. Die SAC und die MTD Solano haben sehr unterschiedliche Systeme hierfür entwickelt (Ausgabe und späteres Ersetzen in Santa Fe und die Finanzierung durch den Gemeinschaftsfond in Solano), die beide effektiv den Mangel beheben können. Die Medikamente müssen jedoch von außen besorgt werden, können also nicht zur Eigenproduktion gezählt werden.

Selbstversorgend?

Selbstversorgung wird obsolet, solange die fertigen Produkte innerhalb der Gemeinschaft nicht billiger als üblich angeboten werden können. Außer bei den landwirtschaftlichen Produkten und solchen, die aus Recycling-Material hergestellt werden (wie die Vorhänge, zum Teil auch die Kleidung) sind jedoch sowohl das Red in Santa Fe als auch die MTDs in Buenos Aires auf Vorprodukte angewiesen, die sie zu handelsüblichen Preisen erwerben müssen. Aus diesem Grunde ist es auch nicht möglich, die fertigen Produkte geldlos abzugeben, es sei denn, die Gemeinschaft finanziert diese aus dem Gemeinschaftsfond, wie bei den Medikamenten in Solano, was einer internen Umverteilung gleichkommt.

43 Auf ein vergleichbares Phänomen weist Heide Mertens in ihrer Untersuchung über den Kölner Stadtteil Mülheim hin. Bei ihrer Befragung, welche Einrichtungen die BewohnerInnen sich wünschten, wurden verschiedene Bedürfnisse, zum Beispiel nach einem gemeinsamen Mittagstisch oder nach einem Jugendzentrum, geäußert, also nach Einrichtungen, die im Stadtteil bereits existierten. »Konkret auf diese Möglichkeiten angesprochen, wurde klar, dass in den bereits bestehenden Einrichtungen das ›Milieu‹ nicht das richtige war. So sehr also Bedarf nach Kontakten und Treffpunkten besteht, so sehr will sich jeder auch die Leute aussuchen, mit denen etwas gemeinsam gemacht wird«; Mertens 2001, 108.

An dem Angewiesensein auf Vorprodukte vom Markt scheitert die Versorgung mit fast allen Produkten für den alltäglichen Bedarf. Die einzige Ausnahme bilden auch hier Brot und mit Einschränkungen Nahrungsmittel wie Süßigkeiten und Konserven, also haltbaren Produkten.

Vorwiegend lokal? Überregional vernetzt?

Die verschiedenen Initiativen arbeiten notwendigerweise lokal, da keinerlei überregionale Handelsstrukturen bestehen. Auch die politischen Verbindungen zwischen Bewegungen werden nicht für einen Tausch genutzt. Selbst zwischen den einzelnen Barrios derselben Bewegung findet ein Austausch nur sehr begrenzt und vereinzelt statt – so wurden beispielsweise die Schuhe aus Colastiné bei der Versammlung in La Guardia (vergeblich) und auf dem Markt in San José (erfolgreich) angeboten.

Eine Vernetzung untereinander wäre auch nur begrenzt sinnvoll, da die Produkte und Produktionsweisen sich weitgehend gleichen, sich somit weder ein Vorteil durch eine Erweiterung des Produktangebots, noch ein komparativer Kostenvorteil durch ggf. günstigere Produktion ergäbe.

Die Organisation der Mütter der Verschwundenen erklärte sich bereit, für die im illegalen Status verharrenden Betriebe als auch für die MTDs Vertriebsstrukturen aufzubauen. Dies lief aber erst an. Insbesondere die MTD La Matanza hoffte darauf, auf diesem Wege in größerem Maßstab produzieren zu können, und so zu einem »aktivistischen« Einkauf anregen zu können. In diesem Fall müssten Maschinen angeschafft werden, was den Charakter der Produktion wesentlich verändern würde.

Insbesondere bei der MTD La Matanza, aber auch bei der MTD Solano war ebenfalls der Wunsch zu hören, sich mit Agrar-Strukturen vernetzen zu können. Schritte in dieser Richtung waren aber noch nicht unternommen worden.

Vorsorgend?

Notwendigerweise ökologisch unbedenklich – so könnte man es zuspitzen – ist auch die Produktionsweise in allen Kommissionen, da die Herstellungsmethoden recht primitiv und kleinteilig sind. Durch die handwerkliche Herstellung und die zwangsläufig äußerst sparsame Verwendung von Materialien ergibt sich bereits ein umweltfreundlicher Umgang. Hinzu kommt die Tatsache, dass für die Kleidung und für Tischschmuck, Vorhänge und ähnliches auf Recyclingmaterial zurückgegriffen wird.

Dass speziell auf ökologische Herstellung geachtet wurde, ist mir dabei nicht begegnet. Eine Ausnahme bilden die Gemüsegärten. Eine Untersuchung von Christoph Arndt und Ella Haidle vom September 2003 bis Januar 2004 zeigte, dass in keinem dieser Gärten Pestizide oder Insektizide verwandt werden. Dies geschieht nach Aussagen der Befragten aus Überzeugung. Die Darstellung von Beatriz Almada, dies sei nur der Tatsache zu schulden, dass die Unterstützung der staatlichen Behörde fehle und das Geld zur Anschaffung fehle, scheint damit nicht repräsentativ zu sein.

Inwieweit hinter der Richtlinie der Gesundheitskommission in Solano, Vorbeugen sei die beste, und die Verabreichung von Medikamenten die letzte Möglichkeit, reine Überzeugung oder auch finanzielle Not steht, kann nur spekuliert werden.

Kostendeckend?

Der Frage der Kostendeckung ist bereits in den einzelnen Kommissionsberichten nachgegangen worden. Das Ergebnis ist teilweise deprimierend, beispielsweise bei den Schuhen; in Solano war die Produktion von Lederschuhen aus diesem Grunde bereits eingestellt worden. In Santa Fe bedeutet der Verkauf zahlreicher Winterschuhe im nachfolgenden Sommer unter dem Materialkostenpreis, um für den kommenden Winter neue (modische) Schuhe herstellen zu können, nicht nur finanziellen Verlust, sondern letztlich sinnlose Arbeit.

Häufig wird durch den schleppenden Verkauf nicht einmal soviel Geld eingebracht, dass neues Material eingekauft werden könnte. So kommt es zu Situationen, in denen die Compañer@s ihre Arbeitszeit lediglich absitzen. Andererseits verführt die Tatsache, dass Löhne nicht in die Kostendeckungsberechnung mit einbezogen werden müssen, zu einer teilweise extremen Ausdehnung der Arbeitszeit, wie bei den Plastikvorhängen an deutlichsten zu verfolgen ist.

Preisgünstig?

Die Bewegungen achten darauf, ihre Produkte innerhalb der eigenen Strukturen preisgünstig abzugeben. Einerseits. Andererseits versuchen sie teilweise, ihre Produkte in die offiziellen Marktstrukturen abzusetzen, was dort, wo dies gelingt – bei den Schuhen in Colastiné, beim Stricken in La Guardia und in der Nähstube von Solano – jeweils nur zu einem Preis möglich ist, der unterhalb dessen liegt, was innerhalb des eigenen Barrios, teilweise sogar unter dem liegt, was von den eigenen Leuten verlangt wird. Auf die offiziellen Geschäfte wird zurückgegriffen, da der Absatz in den eigenen Reihen bzw. Barrios nicht groß genug ist.

Preisgünstig produzieren können die Bewegungen, weil sie vom Staat zur Arbeit gezwungen werden und darum unendlich arbeitsintensiv arbeiten können. Trotzdem ist es offensichtlich nicht möglich, gegen die Minimallöhne der Maquiladoras, wie die Weltmarktfabriken in Lateinamerika heißen, zu konkurrieren, da diese ungleich größere Mengen fertigen und effizienter arbeiten können. Hinzu kommt ein Qualitätsunterschied sowie der Markeneffekt: Auch in Argentinien ist es Kindern und Jugendlichen peinlich, in sichtbar handgearbeiteten Produkten herumzulaufen.[44]

Geringer Geldtransfer?

Grundlage der Arbeit ist die Auszahlung der 150 Peso durch den Staat. Aber auch innerhalb der Bewegungen wird mit Geld gehandelt. Tausch von Produkten ist möglich, aber die Ausnahme. Wird ein Tausch als ungerecht empfunden, wird er mit Geld aufgestockt. Ironischerweise ist das klarste Beispiel, wo ohne Geld ausgekommen wird, die Werbung für das Radio in Guernica: Jeder Werbespot wird von den Geschäften in Naturalien bezahlt.[45]

---

44 Zu den Strategien, mit denen multinationale Konzerne ihre Markenpolitik betreiben, siehe das Aufsehen erregende Werk von Naomi Klein *No Logo* (2000).

45 Während Tauschen untereinander bei vielen gar keine Rolle zu spielen schien, erhielt ich vereinzelt andere Antworten, welche von einem selbstverständlichen Austausch untereinander berichten: »Sowohl mit meinen Nachbarn als auch mit den Compañeros in der MTD tausche ich Kleidung, Schultaschen, Strümpfe«, erzählt Carina Mabel Chávez aus Solano. Dies praktizierten sie in ihrer Nachbarschaft auch mit dem Essen: »Direkt nach der Krise haben wir uns zusammengetan, fünf, sechs oder sieben Familien, alle haben etwas gegeben und alle haben zusammen gekocht, jeden Tag, weil es billiger war, und nicht immer alle alles haben. Die einen bringen Nudeln, die anderen Zwiebeln, die nächsten etwas Fleisch. Ich bin immer sehr im Kontakt mit meinen Nachbarn: Du brauchst das, ich brauche das. Ich brauche was, brauchst du was? Ich gebe dir, du gibst mir. Heute bist du es, morgen bin ich es. Auch, wenn eine der Kleinen erkrankt – wohin mit der? Die Nachbarn nehmen sie, das ist mir oft passiert. Das ist gut. Wenn du dich nicht zusammentust – wohin sollst du dich wenden? Wie schön ist es, Nachbarn zu haben, Freunde zu haben, Bekannte.«

Eigenproduktion?

Eigenproduktion spielt keine Rolle. Meine InterviewpartnerInnen verneinen diese Frage klar. Dann jedoch wird deutlich, dass einiges so selbstverständlich ist, dass gar nicht auffällt, dass es darunter fallen könnte. Wie alle erzählt María Garcia, früher habe sie gerne Fertiggerichte gekauft, aber jetzt sei das zu teuer. Bei María wird noch ein anderer Bereich deutlich, welcher sich verändert hat: »Ich gehe nur noch dort einkaufen, wo es am Billigsten ist und achte auf Sonderangebote. Von allem kaufe ich nur das Billigste. Statt Putzmitteln kaufe ich einfache Seife und mache damit das Bad sauber. Natürlich habe ich viel mehr Arbeit dadurch.« Ähnliches gilt für jene, die von Fleisch auf Soja umstellen: In den öffentlichen Bussen in Buenos Aires erlebe ich es des öfteren, dass von fliegenden Händlern Kochbücher für Soja angeboten werden – denn als billiger Ersatz gelten natürlich nicht die Fertigprodukte aus Soja, sondern die Eigenproduktion aus den Bohnen. Auch dies ist äußerst arbeitsaufwendig.

Was in den Arbeitsgruppen hergestellt wird, kann nicht als Eigenproduktion gelten, da sowohl in Santa Fe als auch in Buenos Aires die selber hergestellten Produkte genauso gekauft werden müssen, als seien sie von jemand anderem in der Gruppe produziert worden. Allerdings können sie billiger erworben werden, als jemand außerhalb der Bewegung das dürfte. Häufig sind die Materialkosten ein Richtwert, manchmal kann auch getauscht werden. Gerade bei dem Kunsthandwerk oder in den Nähstuben wird oft gegen Materialien wie beispielsweise alte Stoffe oder Kleidung getauscht. Das gilt auch für Außenstehende.

Entlohnung nicht nach Marktkriterien?

Die Entlohnung erfolgt nicht über die Bewegungen, sondern direkt vom Staat in Form der Arbeitslosenunterstützung. Nach Marktkriterien findet diese Entlohnung tatsächlich nicht statt, denn 150 Peso für fünfmal vier Stunden Erwerbsarbeit in der Woche ist ein Hohn. Ein emanzipatives Element ist darin sicher nicht zu finden.

Ein Ausweg, den die Bewegungen teilweise gehen, besteht darin, faktisch wesentlich weniger als offiziell gefordert zu arbeiten. So verlangt das Red lediglich zwei Stunden Arbeit am Tag: von der offiziell zweiteiligen Schicht – morgens und nachmittags – muss nur eine abgeleistet werden.

Unterschiedlich gehen die Bewegungen mit dem Gewinn innerhalb der Kommissionen um: Während er in Solano in den Gemeinschaftsfond fließt, dürfen ihn sich die Frauen in Santa Fe auszahlen. Zu einer tatsächlichen Auszahlung kommt es jedoch nur in ganz wenigen Kommissionen, wie in der Bäckerei in San José oder beim Stricken in La Guardia. In allen anderen Fällen wird das eingenommene Geld sofort wieder re-investiert. Auch bei der Bäckerei wurde gerade von der Koordination diskutiert, den Gewinn in ein neues Projekt zu investieren. Beim Stricken handelt es sich um sehr geringe Beträge.

In La Matanza, wo ohne staatliche Unterstützung gearbeitet wird, erfolgt die Entlohnung aus dem produzierten Gewinn. Hier kann also durchaus davon gesprochen werden, dass gemäß einer Marktlogik entlohnt wird. Zudem kann das Brot nur deshalb billiger verkauft werden, weil der Lohn geringer ausfällt, das heißt die tatsächlich sich ergebende Entlohnung deutlich unter einem üblichen Bäckerlohn bleiben muss. So kann zwar für die NachbarInnen ein billiger Brotpreis erreicht werden, doch muss er durch Selbstausbeutung erkauft werden. Dieser »Dienst an der Gemeinde«, das Eingehen auf die »Wünsche der Nachbarn« ist von einer Kundenorientierung nicht mehr zu unterscheiden: »Das ist eine sehr schöne Beziehung mit dem Barrio: Jeden Tag musst du auf diese Person aufpassen, damit sie am nächsten Tag auch wiederkommt!« (Toty Flores).[46]

Innerhalb der Bewegungen gibt es keinerlei andere Form der Entlohnung für ein Engagement, das über die Ableistung der Wochenstunden hinausgeht.

Unabhängig vom Staat?

Ein klares Nein. Die gesamte Organisationsstruktur ist auf das Arbeitsbeschaffungsprogramm des Staates aufgebaut, wobei daran erinnert sei, dass es in dieser Form der Selbstverwaltung erst erkämpft werden musste. Ausnahme bildet lediglich die MTD La Matanza. Doch entwickelte sich diese aufgrund ihrer Ablehnung der Arbeitslosenunterstützung von der einmal größten zu der jetzt wohl kleinsten MTD. Weniger als 50 Compañer@s umfasst diese Bewegung noch. Zudem bekam ich bei meiner Begegnung mit ihnen den Eindruck, es mit überdurchschnittlich Gebildeten zu

46 Wie sich Verwertungszwänge in einer von der Idee her nicht auf Herrschaft ausgerichteten Organisationsform verfestigen und durchsetzen: Dies beurteilt Ulla Peters als die wesentlichste Erfahrung der Genossenschaftsbewegung in Deutschland für eine Diskussion einer gemeinwesenorientierten Wirtschaft. »Dies ist in der Tat fast zwangsläufig der Fall, wenn eine Genossenschaft mit anderen Betrieben unter jetzigen Bedingungen am Markt konkurrieren will«; Peters (2001, 44).

tun zu haben, denen es leichter fällt, Gelegenheiten für Einkommensquellen zu erschließen, welche oft außerhalb der Bewegungsstruktur liegen. Neben den üblichen Jobs auf dem Bau arbeitet eine an der Universität, einer lebt unter anderem von dem Erlös eines Buches, eine weitere plant, mit Freunden zusammen einen Essen-Bringdienst zu eröffnen. So wird die Unabhängigkeit vom Staat mit einer Eingliederung in ›normalere‹ Verdienstmöglichkeiten eingetauscht.

Herrschaftsfreiheit für alle? Feministische Aspekte

Überwindung sexistischer Strukturen im Privatbereich

Das fordistische Familienernährermodell existierte bis in die neunziger Jahre hinein weitgehend ungebrochen, und zwar selbst in der Arbeiterklasse. Gleichzeitig gewann die Frauenbewegung nicht dieselbe Stärke wie beispielsweise in der BRD. Beides führte zu einer klassischen geschlechtsspezifischen Verteilung von Aufgaben und Entscheidungsbefugnis.[47] Dadurch bedeutet allein schon die typisch neoliberale Situation, dass es leichter für Frauen als für Männer ist, (ungeschützte) Arbeitsplätze zu erhalten, einen sehr starken gesellschaftlichen Umbruch. Verstärkt wird der Wandel durch die Prozesse in den Bewegungen.

Arbeitsteilung zu Hause

Während eines feministischen Workshops in der Nachbarstadt San Justo führen Isabel Zanutigh und Nidia Kreig von der Frauengewerkschaft eine kleine Umfrage durch. Mit der Aussage »Frauen sind aufgrund ihres mütterlichen Instinkts besser geeignet, Kinder aufzuziehen«, waren 48 Teilnehmerinnen vollkommen und nur fünf gar nicht einverstanden.

47 Hiermit soll nicht gesagt sein, dies sei in Deutschland nicht (mehr) notwendig. Auch hier arbeitende Projekte haben es sich zum Ziel gesetzt, die »Fremdbestimmung in einer männlich geprägten Welt abzustreifen« und »sich in den Familien nicht mehr unterbuttern zu lassen« (anonym); zitiert nach Andruschow 2001, 100.

Fünf von sechs Interview-Partnerinnen aus der Frauengewerkschaft leben ohne Partner – was wohl kein Zufall ist. Hier erübrigt sich die Frage nach der häuslichen Arbeitsteilung. Die sechste, Laura Bonano (s. Porträt) kämpft seit Jahren darum, dass sich ihr Mann an der Hau,sarbeit beteiligt: »Das Ziel muss sein, dass die Männer an der Seite der Frau arbeiten. Dass sie die Arbeit teilen, und nicht dabei sagen: Ich mache das jetzt, weil du mir das gesagt hast.« Die Nachfrage, ob sie auch Lohn für Hausmänner fordere, stößt bei Laura allerdings auf Unverständnis: »Für die Männer? Nein. Die Idee ist, dass die Arbeit geteilt wird, aber der Lohn soll an die Frau gehen, denn wir Frauen machen viel mehr als die Männer!«[48]

Tatsächlich findet sich ein Widerspruch in den Aussagen von Frauen, die von Gleichverteilung der Versorgungsarbeit sprechen und Hinweisen, dass diese nicht erreicht wird. Einige Frauen formulieren, ihr Mann »helfe bei allem«. Wenn von tatsächlicher Gleichverteilung auszugehen wäre, so irritiert der Ausdruck ›helfen‹, welcher auf eine Hauptzuständigkeit der Frau verweist. So auch bei María Isabel Ritacca: »Er hilft mir bei allem, nur dass er nicht kocht, denn das kann er nicht. Oder es gefällt ihm nicht. Aber davon abgesehen wäscht er ab, macht die Wäsche, putzt, badet die Kinder, zieht sie an – alles. Wir teilen uns das. Zeit zum Fernsehgucken hat er genauso wenig wie ich – das sehen leider nur die Kinder.«

Deutlicher wird der Widerspruch in einer Reihe von anderen Fällen, wo auf die Nachfrage, welche Aufgaben vom Mann übernommen werden, überwiegend traditionell männlich zugeordnete genannt werden: »Wir teilen uns fast alles«, antwortet Guadalupe Pierdabuena. Erst auf Nachfrage sieht dies etwas anders aus: »Ich mache alles im Haus: wasche, bügele, koche, mache sauber. Er wartet das Haus, streicht, mäht, kümmert sich um die Elektrizität – er macht eben die Dinge im Haus, die der Mann im Haus zu erledigen hat. Er macht, was er machen muss.«

»Er kocht sehr gut, und wenn ich nicht koche, kocht er«, lobt Beatriz Almada. »Auch den Rest der Hausarbeit teilen wir, mein Mann hilft mir viel: Er mäht den Rasen, putzt das Haus, bügelt sogar. Doch, doch, er hilft

---

48 In der bundesdeutschen Frauenbewegung kam die Forderung nach Lohn für Hausarbeit Anfang der siebziger Jahre auf. Doch stieß sie auch innerhalb der Frauenbewegung auf Kritik, da das Dogma der geschlechtsspezifischen Arbeitsteilung nicht nur unangetastet blieb, sondern es sogar verstärkte. Auch wehrten sich viele Frauen gegen die Vorstellung von »Lohn für jede schmutzige Toilette, für jede freche Anmacherei und Vergewaltigung, für jede Tasse Kaffee und jedes Lächeln« – wie im Manifest *An alle Regierungen* gefordert wurde –, als Zynismus und als totale Vermarktung menschlicher Beziehungen.

mir viel. Das hat er schon immer gemacht.« Da das Rasenmähen regelmäßig als Beispiel fällt, frage ich nach, ob dies nicht traditionell Männerarbeit sei. »Es ist immer eher eine Arbeit für den Mann«, bestätigt Beatriz, und fügt dann entgegen ihrer ersten Aussage hinzu: »Aber bei mir zu Hause mache immer ich das, denn mein Mann mäht alle Pflanzen ab!«

Insgesamt reagieren meine Interviewpartnerinnen auf diese Frage sehr unterschiedlich. Manche reagieren erstaunt. In diesen Fällen ist die Arbeit traditionell verteilt: »Wer die Arbeit im Haus macht?«, fragt Carina Patricia mit leicht hochgezogenen Augenbrauen. »Ich. Er kommt müde nach Hause, und wenn er kommt, dann habe ich das Essen schon fertig. Er isst, badet und legt sich hin. Am nächsten Morgen muss er wieder los.« Denn auch, wenn die Männer erwerbslos sind, so suchen sie doch beständig nach Jobs.

Auch bei den jüngeren Paaren scheint sich erst mal nichts zu verändern: So erzählt die mit 24 Jahren Jüngste, Natalie: »Er hilft mir, aber nur beim Kochen. Der Rest bleibt an mir hängen.« Nur der einzige in Santa Fe interviewte Mann, Maxi Lazzarini, wählt andere Worte: »Was Saubermachen oder Kochen betrifft, so sind wir ein Zweier-Team.«

Es könnte sein, dass hier Unterschiede bestehen zwischen der eher ländlichen Struktur in Santa Fe und dem Großraum Buenos Aires. Insbesondere in Solano bekomme ich überwiegend zu hören, Männer arbeiteten gleichviel mit. Männer, die sich um Kinder kümmern, sehe ich jedoch kaum.

In Guernica erlebt die elfjährige Ayelen die geschlechtsspezifische Arbeitsteilung als eindeutig, sowohl zwischen ihren Brüdern und Schwestern als auch zwischen ihren Eltern: »Mein Bruder? Der macht – fast nichts. Mein Papa arbeitet nicht im Haus mit, er hat Wichtigeres zu tun. Er geht hierher, zur MTDL. Nein, nor-ma-ler-wei-se« – sie streckt das Wort, als habe sie es gerade eben erst in ihren aktiven Wortschatz aufgenommen und jetzt genießt sie diese hinzugewonnene Kompetenz, »normalerweise arbeiten die Männer fast gar nicht. Normalerweise. Manchmal, wenn sie nicht hierher gehen, dann arbeiten sie ein bisschen, aber danach müssen sie sich gleich hinlegen.«

Der elfjährige Silvano berichtet, sein Vater arbeite dann im Haushalt, wenn seine Mutter nicht zu Hause sei. Auch meine eigenen Beobachtungen ließen bei mir den Eindruck entstehen, dass viele Männer dann im Haushalt aktiv werden, wenn die Frauen länger außer Haus sind, aber alles liegen und fallen lassen, wenn diese zurück kommen. Jedoch stieß ich mit dieser geäußerten Beobachtung auf scharfen Protest bei Männern und Frauen –

vor allem in Solano. Bei der Frauengewerkschaft in Santa Fe (nicht aber im Red Interbarrial de Mujeres) wurde diese Einstellung geteilt.

Entscheidungsstruktur zu Hause

»Die Kultur ist so«, sagt Nidia Kreig von der Frauengewerkschaft, »dass die Frauen akzeptieren, dass Männer entscheiden. Das geht so weit, dass in den Krankenhäusern die Männer gefragt werden, ob sich die Frauen sterilisieren lassen dürfen. Dass sich die Frau als stark genug empfindet, selber zu entscheiden, das ist sehr schwierig zu erreichen.« Im Gegensatz dazu stimmt bei der auf dem feministischen Workshop durchgeführten Umfrage nicht eine einzige von den 56 Teilnehmerinnen weder der Aussage, »Männer können besser Entscheidungen treffen als Frauen« noch der Aussage »Männer sollten zu Hause die Entscheidungen übernehmen« voll zu.

Die Aussagen darüber, wer die Entscheidungen zu Hause trifft, gehen bei den Frauen sehr auseinander: von ›ich‹ über ›wir beide‹ zu ›er‹. María Isabel Ritacca lacht bei der Frage auf: »In der Regel ich. Ich bin diejenige, die die Hosen bei uns in der Familie anhat. Auf meinen Mann könnte ich da nicht warten – der ist immer so langsam!«

»Wir beide entscheiden, mein Mann und ich«, antwortet Beatriz Almada, betont jedoch, alles was mit dem Haus, dem Essen oder den Kindern und der Schule zu tun habe, sei ihr Aufgabenbereich. Bei María Garcia werden die Entscheidungen alle gemeinsam getroffen, sagt sie, und Guadalupe Pierdabuena führt aus: »Die Frau hat ebensoviel Recht wie der Mann, Dinge zu tun oder zu entscheiden.« Carina Patricia Ramos bekommt das Geld von ihrem Mann übergeben. Sie frage ihn dann nach seinen Wünschen, und gehe das einkaufen. Bei María Angela Niní hat sich das im Laufe der Zeit geändert: »Jetzt respektiert er genauso was ich sage, wie ich respektiere, was er sagt.«

Veränderungen im persönlichen Bereich

Sicher habe es in den Geschlechterrollen Veränderungen gegeben, aber das sei schwierig zu beurteilen, findet Soledad Bordebaray aus La Matanza. Rubén Reiri sieht das entschieden anders: »Die Männerrolle hat sich verändert. Jetzt arbeiten die Frauen wesentlich mehr als die Männer. Sie finden Jobs, arbeiten für zwei oder drei, manchmal für sechs Stunden außer Haus. Das hat unser altes Schema zerstört: der Mann ging hinaus zum Arbeiten, die Frau blieb zu Hause mit den Kindern und erledigte die Hausarbeit. Und der Mann brachte das Geld für den Unterhalt nach Hause. Das hat sich völlig umgedreht. Ich weiß noch, wie ich vor drei Jahren mit dem Bus ins Zentrum gefahren bin. Ich sitze so neben meiner Enkelin, und plötzlich fällt mir auf: 5, 10, 15 – lauter Frauen!«

»Noch vor sechs bis zehn Jahren hast du tagsüber keine Männer im Barrio gesehen, denn sie waren alle arbeiten. Es gab nur Frauen. Heute siehst du vormittags viele Männer«, berichtet Mónica Rojas aus Guernica von der Kehrseite. »Sie bringen die Kinder zur Schule, oder sie laufen einfach durch die Straße.«

Dass es jetzt häufig die Frauen sind, welche das Geld verdienen, führt häufig zu Konflikten. »Es provoziert eine Beziehungskrise.« Rubén Reiri erinnert sich an die eigene Situation. »Und dann hängt es davon ab, wie diese Krise gemeistert wird. Ich, da ich viele Kinder habe, acht, habe begonnen zu kochen, zu waschen, mich um die Kinder zu kümmern – alles. Meine Frau arbeitete in der Innenstadt – und ich musste alles mache. Und«, fügt er lachend hinzu, »ich kann es besser als sie.«

Mehrere Frauen in Santa Fe äußerten, wie wichtig die Frauengewerkschaft und das Red für ihre eigene Erkenntnis waren, dass sie selber Rechte besitzen. »Im Red haben sie uns beigebracht, uns zu wehren«, fasst es María Angela Niní zusammen. »Beispielsweise wenn es darum geht, sich wegen irgendetwas zu beschweren. Fast überall, wohin wir uns wenden müssen in einem solchen Fall, sitzen Männer auf den Posten. Du gehst da hin, und sie behandeln dich, wie sie gerade lustig sind. Darum haben wir im Red gelernt, dass wir uns das nicht gefallen lassen müssen, denn schließlich bekommen die ihren Lohn, damit sie auf uns eingehen. Wir haben viel über die Rechte der Frauen gelernt!«

Nicht wenige haben Gewalterfahrungen hinter sich, und erst im Red gelernt, sich dagegen durchzusetzen: »Für mich bedeutet das Red, uns zu befreien – dass wir unabhängig sind in dem Sinn, dass wir nicht misshandelt werden. Denn ich hatte einen Schläger als Mann. Mit dem Red fühle ich mich frei und gleichzeitig beschützt«, so eine Frau aus Colastiné Sur.

Damit ist für viele verbunden, in die Position einer ›Sprechenden‹ zu kommen, einer, die sagen kann, was sie will: »Mein Mann war gewalttätig«, berichtet eine weitere aus demselben Barrio. »Und nie konnte ich etwas sagen – nie! Nichts konnte ich sagen, nichts konnte ich entscheiden. Als wir aber mit dem Red angefangen haben, verstand ich, dass wir als Person Rechte haben. Darum hat sich bei mir vieles verändert. Vor einem Jahr noch, wenn ich an einem Nachbarn vorbeiging, dann konnte ich ihn nicht grüßen. Ich konnte mit niemandem sprechen – mit niemandem! Nicht mit Kindern, nicht mit Erwachsenen. Heute kann ich sprechen.«

Für Blanca Cánepa aus La Guardia bedeutet das Red, »zu sehen, was deiner Compañera passiert, und sich möglichst die Hände in Solidarität zu reichen.« Sie bringt das für sie Wesentliche auf den Punkt: »Deine Compañera wertzuschätzen.«

Roberto López von der MTD Solano glaubt nicht, sich durch die Organisierung sehr verändert zu haben, allerdings habe ihn bereits sein Vater »eine andere Beziehung gelehrt: nicht nur zu den Frauen, sondern zu allem, zu der Welt selber, zu der Natur. Aber es gibt Sachen, die für mich neu waren: in der Frau eine solche Fähigkeit zum Kämpfen zu sehen. Man hat ja doch eher diese traditionelle Vorstellung von der Frau – dass sie feminin ist, dass sie zerbrechlich ist. Aber hier sind einige verdammt *guerrera*! Es gibt einige Compañeras mit einer großen Klarheit, mit Charakter, die sich Respekt verschaffen und ihren Ideen Gehör.«

Heutzutage sei es ganz normal, mit so aktiven Frauen wie in der MTDL Guernica zu tun zu haben, finden sowohl Luis Coria als auch Daniel Rodríguez. Vor 20 Jahren sei der Mann zur Arbeit gegangen und die Frau zu Hause geblieben, doch in den letzten Jahren hätten die Frauen mehr Rechte bekommen. Es sei inzwischen sogar einfacher für die Frau, eine Arbeit zu finden. Luis fügt hinzu: »Meistens arbeitet der Mann mehr im Haushalt als die Frau.« »Weiß nicht – es ist gleich«, wirft Verónica Fernández ein. Daniel stimmt Luis zu: »Sie kochen, waschen, ...« »Klar! Das machen die Männer seit 20 Jahren«, unterbricht Mónica Rojas ironisch. »... bügeln, kümmern sich um die Kinder ...«, fährt Daniel fort. »Das ist nicht der Fall!« lacht Mónica. »Oder nur in nur wenigen Ausnahmen!«

Überwindung sexistischer Strukturen in den Organisationen

Arbeitsteilung in den Bewegungen

In der Frauengewerkschaft gibt es keine Männer, ebenso wenig im Barrio Colastiné Sur vom Red Interbarrial de Mujeres. In den Barrios La Guardia und San José wurden jedoch einige Männer in das Red aufgenommen: Zum einen, wenn in Ausnahmefällen beide Partner einen Arbeitsplan erhalten hatten und die Ehemänner nicht wussten, wo sonst sie einen Platz bekommen konnten, und zum anderen, um körperlich schwere Arbeiten an sie abzugeben. In La Guardia arbeiten 48 Frauen und 6 Männer: Zwei schneiden das Schilf für die Vorhänge und vier arbeiten im Gemüsegarten. In San José arbeitet die Hälfte der rund 10 Männer (bei 168 Frauen) ebenfalls im Gemüsegarten und die andere Hälfte bildet eine Reparatur-Truppe.

Trotz dieser in der Praxis klaren Arbeitsteilung bleibt es Frauen wie Männern offen, in andere Kommissionen zu wechseln. Normalerweise gingen die Frauen aber eben nicht dorthin, wo sie Öfen reparieren müssten, so María Angela Niní. Wenn es allerdings darum ginge, Formulare über den Zustand der Wohnungen auszufüllen, dann drückten sich wiederum die Männer vor der Verantwortung, und die Frauen müssten einspringen. Männer seien ja diejenigen, die immer gearbeitet hätten, weshalb sie keine Übung im Schreiben besäßen.

Männer könnten nicht nähen, so Cristina Martinéz aus La Guardia, und weil es Machos seien, wollten sie es auch nicht lernen. Einige Männer besserten sich zwar, andere jedoch nicht. Die Männer im Red zögen es vor, draußen zu arbeiten. Sie selber arbeitet genauso gerne mit Männern zusammen wie mit Frauen. Allerdings seien Frauen sensibler und »die Typen« zögen es vor, still vor sich hinzuleiden, anstatt mal was zu sagen. Auch Carina, Carina Patricia, María, Natalie, Lucrezia und Francisca sagen, es sei ihnen egal, ob sie mit Männern oder Frauen zusammenarbeiteten. Gladys Díaz, welche jeden Tag in der Frauengewerkschaft das Büro am Laufen hält und seit Jahren großen Einsatz in der SAC zeigt, reagiert überrascht: »Das habe ich mich noch nie gefragt, ob es für mich einen Unterschied macht, dass hier nur Frauen sind. Ja, wirklich, da habe ich noch nie drüber nachgedacht.«

In Colastiné Sur sind ausschließlich Frauen im Red. Die Männer fahren alle hinaus auf den Fluss, um zu fischen. Marcela Fernández hätte nichts dagegen, wenn Männer aufgenommen würden: »Dann könnten die zur Stadtverwaltung gehen und unsere Rechte einfordern. Oder wenn etwas gestrichen werden muss. Jetzt müssen wir es selber machen. All dies ist anstrengend. Nein, mich würde es nicht stören, wenn es Männer gäbe.« Angst, dass sich die Atmosphäre daraufhin verändern würde, hat sie nicht. »Die Männer sind stiller. Das sehe ich in La Guardia und San José. Sie können sich nicht so wie wir ... – wenn ihnen etwas nicht gefällt, bleiben sie stumm. Wir revoltieren eher und diskutieren.«

Diese Einschätzung wird auch von Blanca Cánepa aus La Guardia geteilt: »Wir haben einige Männer im Gemüsegarten, aber sie reden nicht. Sie haben, so scheint es ein wenig, Angst vor den Frauen!« Sie lacht. »Nein, nein, aber es scheint, als gefiele es ihnen in der Gruppe. Es gibt überhaupt kein Problem mit ihnen. Die Männer, dass sind unsere Compañeros! Sie machen dieselbe Arbeit wie wir im Gemüsegarten: die Erde umgraben, aussäen, Unkraut zupfen – alles. Aber lieber arbeite ich mit Frauen zusammen. Das ist besser, denn wir sind gleich. Wenn wir was zu sagen haben, dann sagen wir es unter uns Frauen und suchen eine Lösung.«

Maxi Lazzarini aus San José ist nicht nur der einzige Mann, der Engagement zeigt, sondern einer der aktivsten überhaupt im gesamten Red. Er hat eine einfache Erklärung für das Schweigen seiner Geschlechtsgenossen: »Wir sind hier alle gleich, aber nur wenige wollen Verantwortung übernehmen – weil es Arbeit macht.«

Mir schien, dass die Männer sich als assoziiert verstanden; wie in den Aussagen der Frauen so war auch meine Beobachtung, dass sie praktisch nicht redeten in den Versammlungen. Die Frauen erwarteten aber nicht, dass sich die Männer zurückhielten, im Gegenteil: »Wenn wir Versammlungen haben, dann reden nur die Frauen, die Männer nicht. Die Männer reden nie!«, beschwert sich Beatriz Almada aus La Guardia. »Aber zu Hause! Zu Hause reden sie, aber wenn sie reden sollen, dann nicht. Denn sie sind schüchtern. Vielleicht fühlen sie sich unwohl.« Weniger entschuldigend fügt sie hinzu: »Wir Frauen haben eine Rippe mehr als sie – wir sind intelligenter!«

In den MTDs in Buenos Aires, in denen inzwischen ungefähr soviel Männer wie Frauen organisiert sind, sind zwar die Mehrzahl der Kommissionen gemischt, doch verbleiben immer noch viele, in welchen ausschließlich Männer oder Frauen zu finden sind. Auch dies folgt in der Regel traditioneller geschlechtlicher Arbeitsteilung: So stellen sowohl im Barrio Flordia in Solano als auch in Guernica ausschließlich Männer Tische und Bänke her, sind Frauen überwiegend beim Nähen, der Milchausgabe und beim Herstellen von Körben aus gewickeltem Altpapier zu finden – in Guernica jedoch mit einem Mann als Ausnahme unter rund 20 Frauen. Den meisten Frauen gefällt es nicht, im Garten zu arbeiten, viele Männer finden sich auch in der Bäckerei. Aber in anderen Arbeitsgruppen, wie beim Radio oder der Herstellung von Vorhängen, ist das Geschlechterverhältnis eins zu eins. Hierarchien scheinen mit dieser Arbeitsteilung nicht verbunden zu sein. Am ehesten ist dies noch zu vermuten bei den Finanzen und der Geschäftsführung – in Guernica in der Hand der Frauen. Dies stimmt mit dem Umfrageergebnis aus dem Workshop in San Justo überein: Der Aussage »Frauen sind vertrauenswürdiger im Umgang mit gemeinschaftlichen Geld« widersprach nicht eine einzige Teilnehmerin. 50 stimmten dagegen voll überein mit der Aussage »Frauen sind effizienter als Männer in gemeinschaftlichen Aufgaben«.

Übernahme repräsentativer Funktionen

Entgegen dem Ruf, dass die MTDs so stark von Frauen getragen werden, fällt auf, dass in der wöchentlichen Versammlung der Delegierten aus den einzelnen Barrios der MTD Solano 13 Männer und nur 4 Frauen zusammen kommen. Darüber hinaus ergreifen die Männer öfter und länger das Wort.

»Das war nicht immer so, dass vor allem Männer reden«, kommentiert Célia Britos. »Das ist eine Entwicklung. Es sind eher die Männer, die bereit sind, Verpflichtungen zu übernehmen. Darum sind es die Männer, die die Informationen weitergeben und damit die, die reden. Am Anfang war es noch anders, da gab es weniger Männer als jetzt, jetzt gibt es viele. Und einige der Compañeros haben schon früher politische Erfahrungen gesammelt, sie sind das gewöhnt. Ob Frauen aus diesem Grund wegbleiben, weiß ich nicht, denn das ist ja eine persönliche Entscheidung – das hat ja was damit zu tun, was eine im Inneren fühlt, warum sie geht. Gesprochen wird darüber nicht.«

»Bei allem, was mit Außenkontakten zu tun hat, sind es fast nur Männer,« bestätigt Mélina Chullmir. »Dafür stellt sich kaum eine Frau zur Verfügung. Das betrifft schon die Ebene von der Vernetzung in der CTD Aníbal Verón. Jetzt sind die Frauen nicht mehr so wahrzunehmen, sie sind vielleicht nicht mehr so deutlich in der Mehrheit, aber immer noch die, die am meisten anerkannt sind in den Barrios. Jene Aufgaben, die Verbindlichkeit erfordern, wie Verwaltungsaufgaben, all das wird überwiegend von Frauen erledigt.«

»Innerhalb der MTD sind die Compañeras nicht immer die, die reden, aber es sind die, die was tun«, findet Alberto Spagnolo. Es habe sich aber durchaus schon viel getan innerhalb der Bewegung: »In die Sicherheitstrupps – die Gruppen, welche die Straßenblockaden machen und sich der Polizei stellen – da sind auch Frauen rein. Es gibt keinen Bereich, in dem nicht auch Frauen sind. Es gab Diskussionen deshalb. Der Machismos ist in Argentinien sehr stark und hier in den Barrios besonders. Wir hatten Compañeras, die sehr unter ihrem Mann litten. Wir haben mit der Rollenverteilung, dass die Frau zu Hause bleibt und der Mann auf die Treffen geht, gebrochen. Auch gibt es keine offene Diskriminierung, alle Bereiche stehen den Frauen offen, aber es gibt schon viel Unterdrückung, vor allem in der Familie. Wir hatten Frauen in der Bewegung, die von ihren Männern dafür geschlagen wurden. Es fehlt noch viel, bis der Machismos überwunden ist.«

Die Gründe für die Scheu ihrer Compañeras, repräsentative Funktionen zu übernehmen, sieht Mélina als sehr grundsätzliche an: »Ich glaube, dass die Gesellschaft im Allgemeinen und die Verhaltensweisen in den Organisationen im Besonderen männlich sind: in den Verhandlungen mit den Regierungen, in der Koordination mit den anderen Bewegung. Auch die Compañeros fühlen sich da nicht sicher, insbesondere die neuen, in diesen feindlichen Umgebungen, das erfordert eine andere Gangart. Das lässt sich natürlich nicht verallgemeinern, aber die Mehrheit der Frauen ist in einer solchen männlich geprägten Umgebung eingeschüchtert. Wir reproduzieren natürlich, was die Gesellschaft uns eingeprägt hat. Wahrscheinlich passiert das in allen Bewegungen, dass wir mehrheitlich Frauen sind und trotzdem die ganzen Repräsentanten nach außen hin Männer. Wenn dann eine Frau auftaucht, dann ist sie gleich eine Frau, als sei das etwas anderes.«

In der MTDL Guernica gibt es mehr weibliche als männliche Delegierte. Frauen vertreten die Nähstube, die Küche, das Radio sowie jeweils die Kommissionen für Lebensmittel, für Geschäftsführung und für innere Sicherheit; das Kunsthandwerk schickt sogar zwei, und drei kommen vom Kindergarten. Männer repräsentieren die Gruppen vom Gemüsegarten, der Bäckerei, der Tischlerei, der Instandhaltung, der äußeren Sicherheit sowie ebenfalls das Radio, Finanzen und Geschäftsführung. Darunter sind auch jene zwei Männer, die als »Referenten der Bewegung« bezeichnet werden.

In der Delegiertenversammlung der Dachorganisation FTC gibt es allerdings viel mehr Männer als Frauen. »Ich glaube nicht, dass es so ist, weil die Frau nicht die Fähigkeit hat«, sagt Mónica Rojas. »Ich glaube, dass es eine Fessel gibt. Das System ist hauptsächlich durch Männer geprägt, die Gesetze sind hauptsächlich durch Männer entstanden. Ich glaube, dass es durch die Erziehung kommt, wie sie dich von klein auf formen, wie du sein sollst. Mein Alter ist sehr machistisch und meine Alte lächelt – was kann da für ein Produkt bei rauskommen, von so einem Pärchen? Das Gleiche. Es sei denn, du rebellierst, so wie ich mit 13. Aber das ändert nicht mehr so viel, mit 13 bist du schon gesprägt. Du kannst dich davon nicht unabhängig machen, du kannst nur voranschreiten. Das gilt auch für Bewegungen: Alle haben schon ihre Prägung, und darum ist Veränderung schwierig. Daraus resultieren die Probleme, die die Frauen hier mit ihren Ehemännern haben.«

»Puhh, das ist kompliziert«, findet Roberto López von der MTD Solano. »Wir besitzen die übliche Ignoranz, was das Geschlechterthema angeht. Manchmal können wir mit Compañeros, denen wir vertrauen, darüber reden, aber manchmal auch nicht. In den Versammlungen besprechen wir so etwas nicht. Was jetzt passiert ist, dass in einigen Barrios eine Art psychologisch-soziale Arbeit gemacht wird. Dafür wird sehr ins Persönliche gegangen. Aber dafür braucht es viel Vertrauen und sehr kleine Gruppen von höchstens zehn – keine Versammlungen, man mag nicht alles allen erzählen.« Geschlechterverhältnisse sind in den MTDs damit in keinerlei Hinsicht ein Thema oder auf Versammlungen ansprechbar, während dies in Santa Fe ein durchlaufendes Thema ist und viele Workshops dazu angeboten werden.

In der MTDL Guernica betrachten einige sogar häusliche Gewalt als Privatsache: »Es gibt Männer, die nicht wollen, dass ihre Frauen auf die Demonstrationen gehen«, erzählt Daniel Rodríguez von der MTDL Guernica. »Es gab vor kurzem einen Fall in einer Demonstration, wo der Mann die Frau geschlagen hat. Sie hatte ein blaues Auge. Ob das war, weil er nicht wollte, dass sie mitgeht, oder wegen etwas anderem, weiß ich nicht. Wir haben erstmal nichts gemacht, aber unter einigen Compañeros haben wir darüber gesprochen. Klar, privat. Wir werden mal mit der Frau sprechen, ob der Mann ein Schläger ist, oder ob das einmalig war und nur mal so passiert ist. Mal sehen. Dann, wenn es öfter vorkommt, werden wir einschreiten – wenn wir das können, denn es ist ja ein Paar. Auf der Versammlung ist das kein Thema, weil das ja deren Privatsache ist. Wir wissen ja auch nicht, warum es zu Gewalt kam. Das ist wichtig zu wissen. Wir mischen uns nicht ein, solange wir nicht wissen, warum das passiert ist. Ob der Mann ein Schläger ist, wissen wir nicht.«

»Das ist das Problem des Paares, nicht von denen außerhalb«, findet Luis Coria. »Aber manchmal braucht man Menschen, die einem in etwas helfen«, entgegnet Verónica Fernández. »Das ist deren familiäres Problem« beharrt Luis. »Ja, aber wenn das oft vorkommt, dann geht es uns etwas an, denn die Frau ist eine von uns«, wiederholt Daniel. Mónica Rojas geht stärker auf Konfrontation: »Es ist eine Bewegung, keine Struktur wie in einer Fabrik, wir haben menschliche Beziehungen untereinander!« »Wir sagen wir doch immer, wir sind alle wie eine Familie!«, unterstützt sie Verónica. »Es wird schon seinen Grund gehabt haben«, lässt sich Luis nicht beirren. »Er oder sie wird Schuld haben.« »Nichts rechtfertigt das«, stellt

Mónica klar. »Die Frau kann die größte Schweinerei der Welt begehen, das heißt noch lange nicht, dass jemand das Recht hat, sich über sie zu stellen!« »Wenn du meinst, dass Frauen nicht zu schlagen sind, warum willst du dich dann nicht einmischen?«, fragt Verónica nun Daniel. »Ein anderes Thema«, wünscht dieser sich. Alle wollen lieber das Thema wechseln, nur Luis versucht weiterhin seinen Standpunkt zu vertreten, es sei Privatsache. Dafür unterbricht er die anderen ständig. »Als er in die Bewegung kam, habe ich gedacht, er sei stumm«, seufzt Mónica. »Er hat nichts gesagt, aber auch gar nichts! Jetzt ist er ein Jahr hier und hat Fortschritte gemacht – allerdings zu viele!«

Auf der abstrakteren Ebene herrscht mehr Einigkeit. »Die Frau hat nicht weniger Rechte als der Mann, weder der Mann noch die Frau sind mehr wert. Wir sind gleich. So sehe ich das wenigstens«, sagt Daniel. »Bei mir zu Hause kommandiert meine Mutter« fügt er noch hinzu. Vorher hatte er erwähnt, dass er mit einem Schläger als Partner seiner Mutter aufgewachsen war.

Überwindung weiterer Herrschaftsverhältnisse

Rassismus

Nicht nur die Architektur, auch die Menschen Argentiniens wirken europäischer als in anderen Ländern Lateinamerikas. Ein blonder Argentinier oder eine blonde Argentinierin ist keine Seltenheit. Nicht zuletzt nach der Finanzkrise zeigte sich, wie sehr sich einige noch als EuropäerInnen fühlen: Zigtausend nutzten ihre Abstammung, um in dem jeweiligen Land ihrer Vorfahren eine neue Existenz aufzubauen.

Indigene existieren weder in Buenos Aires noch in Santa Fe als sichtbare Ethnien, ihr Anteil an der gesamten argentinischen Bevölkerung liegt unter einem Prozent. Dieser Anteil steigt in letzter Zeit jedoch durch die Migration aus ärmeren Nachbarländern. In den von mir untersuchten Barrios gehen alle indigenen, asiatischen, europäischen und afrikanischen Nuancen bei den Menschen so gleitend ineinander über, dass sie in der Regel gar nicht auffallen. Das Wissen über die Abstammung wird oft gar nicht an die Kinder weitergegeben.

Blanca Ester Cánepa hat am deutlichsten schwarze Vorfahren. Vielleicht merke ich das nur wegen ihres Namens: ›die Weiße‹. So schäme ich mich fast, Blanca darauf anzusprechen, indem ich sie nach Erfahrungen mit Rassismus befrage. Um sie nicht auf eine schwarze Identität festzunageln, benutze ich den Ausdruck ›morena‹, was im lateinamerikanischen Kontext die Eigenbezeichnung in Abgrenzung zu ›weiß‹ und europäisch ist.

»Nein, nein, hier existiert so etwas nicht. Bis jetzt gab es noch nie eine Diskriminierung, weil jemand dunkel (*moreno*) oder weiß (*blanco*) ist. Darauf sind wir stolz, dass wir das in Argentinien nicht haben: dass sie dich diskriminieren, weil du Schwarz bist. Hier geht der Blonde mit einer Schwarzen – hier ist ein großes Mischmasch«, lacht sie. »Aber ich habe im Fernsehen gesehen, dass es das im Ausland gibt.«

Anschließend erwähnt sie jedoch noch einen Aspekt, der dann jedes Mal kommen soll, wenn ich nach Rassismus frage: die Diskriminierung als Unterklasse. »Dass sie uns diskriminieren wegen unserer Kleidung, ja, das hört man ziemlich viel.«

Auch Maxi Lazzarini bezieht die Frage nach Rassismus auf den Klassenunterschied: »Unser Rassismus bezieht sich nicht auf die Hautfarbe, sondern auf die gesellschaftliche Klasse. Dass ich Schwarz bin und du Weiß – das ist kein Problem. Ja, es gibt diesen Ausdruck von den ›Schwarzen in den Barrios‹, aber das heißt nichts anderes als: der Schwarze; oder: der mit der hellen Haut. Heutzutage ist die Unterklasse blond und hellhäutig sowie schwarzhaarig und dunkelhäutig. Es ist zwar normaler, dass arme Leute dunkle Haut haben. Aber es gibt keinen Rassismus nach Hautfarben. Hier bezieht sich Rassismus auf den Unterschied in der Kultur und im Bildungsstand.«

Obwohl diese Verquickung von Rassismus und Klassendiskriminierung sich durch alle Gesprächen durchzieht, fällt doch auf, dass die Existenz von Rassismus umso klarer bestätigt wird, desto bessergestellt die befragte Person einmal war. Gladys Díaz reagiert erstaunt auf die Aussage von Blanca, es gebe keinen Rassismus: »Es gibt überall Rassismus, das ist völlig üblich. Das erste was sie sagen ist: Diese Schwarzen, sie sind zu nichts nutze, man müsste sie alle umbringen.« Wie Blanca und Maxi hat sie das Zusammengehen von Klassendiskriminierung und Rassismus verinnerlicht, doch tendenziell umgekehrt: für diese versteckt sich hinter dem Begriff Rassismus nur Klassendiskriminierung, während Gladys bis dahin hinter Klassendiskriminierung immer Rassismus sah. Im Laufe des Gesprächs beginnt sie darüber nachzudenken, dass kein oder kaum ein Unterschied der Hautfarbe zwischen Mittelschicht und Unterschicht besteht. »Aber die Mittelklasse macht diese Unterscheidung. In der Umgebung, wo ich aufgewachsen bin, denken das alle. Und die Umgebung, wo man aufwächst und lebt – nun, ich habe es auch gedacht. Man versucht ja nicht, mit den anderen zu reden und zu sehen, was sie denken. Man sagt einfach, sie sind zu nichts nütze.«

Auch die Studentin Mélina Chullmir, die – aus einem relativ wohlhabenden Elternhaus kommend, sich der MTD Solano angeschlossen hat – bestätigt klar die Existenz von Rassismus. »Aber ja doch. Der Rassismus in Argentinien ist uralt und in allen Menschen, auf allen Ebenen, vom Staat bis in die Familie und mir scheint, über alle gesellschaftlichen Klassen hinweg. Das variiert in der Form oder wie politisch korrekt sich jemand verhalten möchte – der eine zeigt es mehr, der andere weniger, aber ich glaube, dass der Rassismus überall ist. Versteckt in dir selber. Zum Beispiel gilt als schöner, wer blond und hellhäutig ist. Und dann wieder sehr offen: Nicht umsonst wurden in Argentinien fast alle Indios umgebracht. Und die Bolivianer, die zum Arbeiten herkommen, die werden sehr stark abgelehnt.«

War mit Blancas Kampf gegen die Vergabe der Arbeitsplätze an die Bolivianer auch eine Form des Rassismus verbunden? Besteht der Rassismus eher gegen MigrantInnen als gegen ArgentinierInnen mit afrikanischen oder asiatischen Vorfahren? Drei Millionen Menschen sind in den Jahren vor der Krise aus Bolivien, Peru und Paraguay eingewandert. Es heißt, der Rassismus in Argentinien verschärfe sich gegen indianisch Aussehende.[49]

Ausdrücke wie ›die Schwarzen in den Barrios‹ oder ›cabezitos negritos – schwarze Köpfchen‹ (ein Schimpfwort, welches von Evita Perón ins Positive zu wenden versucht wurde) – lassen eine Trennung im Denken meiner argentinischen InterviewpartnerInnen als nicht mehr möglich erscheinen. Dass Rassismus und ›Klassismus‹ so eng miteinander verknüpft sind, heißt nicht, dass das eine auf das andere zu reduzieren wäre. Sie akkumulieren sich, sie können einander tendenziell wieder aufheben, und existieren doch unabhängig voneinander.

Als Thema begegnet mir Rassismus nicht in den Bewegungen, auch von Diskriminierungen untereinander ist bei all den ethnischen Herkünften nichts zu spüren. Alle Befragten betonten, dass es keinerlei Konflikte gebe. »In der MTD mischen sich alle: verschiedene Hautfarben, verschiedene Religionen. Zu Spannungen kommt es deshalb nicht«, urteilt Carina Mabel Chávez aus Solano. »Wir respektieren uns gegenseitig.« Liegt dies auch

49 Vgl.: Die Situation der MigrantInnen in Buenos Aires, Wildcat-Zirkular Nr. 64, Juli 2002, S. B6.

daran, dass aufgrund der Arbeitspläne nur argentinische StaatsbürgerInnen in den Bewegungen organisiert sind, und keine MigrantInnen?

Während die unterschiedliche ethnische Herkunft jedenfalls für niemanden eine Rolle zu spielen schien, so war die Mischung der verschiedenen Klassen sehr wohl ein Thema.

Diskriminierung nach Klassen

»Ich kam hierher zum Einkaufen«, erzählt die Frau schluchzend dem Kamerateam. Hinter ihr ist ein riesiger Supermarkt zu sehen, voll mit Menschen, die überfüllte Einkaufswagen in Eile an den leeren Kassen vorbei zum Ausgang schieben; einige der aufgetürmten Waren fallen dabei zur Hälfte auf den Boden. Hastig werden noch einige Teile davon gegriffen, dann geht es weiter. »Sie wollten also ganz normal einkaufen?«, fragt der Reporter. »Ja.« Die Frau beginnt zu weinen. »Es ist schrecklich, die Armut, die es gibt. Hier gibt es Leute, die stehlen alles – die stehlen sogar Windeln! Der Präsident muss gehen! Es ist so schrecklich!«

Das Elend und die Proteste hatten die »Hauptstadt der Gleichgültigkeit«, wie Buenos Aires im Landesinneren genannt wurde, erreicht. Der Dezember 2001 brachte zum ersten Mal Arbeiterklasse und Mittelschicht auf die Straße – wenn auch meist nicht zusammen, so doch gleichzeitig. Die Mittelschicht fühlte sich nun auch bedroht; zum anderen nahm sie durch die Proteste erst die Armut der anderen wahr. Im Slogan »*Piquete y cacerola: la lucha es una sola* – Blockade und Kochtopfdemonstration: der Kampf ist ein einziger« drückte sich dies aus. Wie hat sich das Verhältnis entwickelt?

Bevor ich nach Santa Fe kam, hatte ich mir unter einer Hausfrauengewerkschaft Frauen der Mittelklasse vorgestellt, die sich gemeinsam organisieren. Vor Ort war mein erster Eindruck, es handele sich um einige Mittelklassefrauen, die in die Barrios gehen, um dort die Frauen unterstützen. Ein Blick auf die Einkommen aber zeigt, dass es da keinen Unterschied mehr gibt.

Die 82-jährige Tita Bonini von der Frauengewerkschaft gehört offensichtlich zur Mittelklasse: Ihr Haus in Santa Fe ist etwas altmodisch mit dunklen Holzmöbeln eingerichtet. Ihr verstorbener Mann hat gut verdient. Bis zu ihrer Ehe arbeitete Tita als Klavierlehrerin.

»Wir sprechen nicht über *die* ›Mittelklasse‹, denn davon gibt es dreierlei Art: die obere Mittelklasse und die untere und die dazwischen. Aber uns alle hat dasselbe getroffen. Die Mittelklasse existiert praktisch nicht mehr, denn normalerweise hat jemand in der Mittelklasse ein Geschäft oder einen

Beruf oder ein Unternehmen. Und jetzt sind alle kleinen Geschäfte und alle kleinen Unternehmen verschwunden.«

Ähnlich schätzt es Maxi Lazzarini aus San José ein: »Nein, die Mittelklasse gibt es nicht mehr. Die sind unten angelangt. Viele von uns, die wir hier arbeiten, gehörten früher zur Mittelklasse. Die Gesellschaft hat sich in zwei geteilt: In diejenigen, die den ganzen Monat Arbeit haben und sich gut stehen, und jene, die den ganzen Monat versuchen müssen, irgendetwas arbeiten zu können und essen zu können. Bezüglich des Einkommens gibt es kaum noch Unterschiede zwischen Mittel- und Unterklasse. Allerdings darin, was jemand besitzt: ein massives Haus, mit gefliestem Boden, Licht, Ventilator – all dem; und auf der anderen Seite ein sehr bescheidenes Häuschen, was noch nicht fertig ist – dadurch unterscheidet sich heute die eine Klasse von der anderen.«

In den achtziger Jahren zählten sich über siebzig Prozent der argentinischen Bevölkerung zur Mittelschicht, nun sind es fast sechzig Prozent, die unter der Armutsgrenze liegen. »Das ist ein Prozess, bis sich jemand daran gewöhnt hat«, befindet Célia Britos aus Solano auch mit Blick auf ihre eigene Geschichte, »daran, jetzt einer anderen Klasse anzugehören«. Viele könnten das nicht akzeptieren. Verändert sich denn durch die Krise und die Verarmung der Mittelschicht etwas an ihrer Verachtung der Armen? Gladys Díaz von der SAC sagt nein: »Auch jetzt, wo die Angehörigen der Mittelklasse nicht länger mehr Geld verdienen als die Menschen in den Barrios, sprechen sie noch genauso. Obwohl sie nicht mehr in den Urlaub fahren können, sich keine neuen Autos leisten können, all den Komfort nicht mehr haben – trotzdem. Wir werden nicht erleben, dass die Mittelklasse etwas teilt mit den Frauen aus den Barrios. Als ich in einer Bank gearbeitet habe, habe ich gesehen, wie eine Frau mit Aktentasche sich aus einer Warteschlange entfernt hat, weil sie nicht so eng neben einer Frau aus dem Barrio stehen wollte.«

Barbara Laurini ist etwas optimistischer: »Nun versteht die Mittelklasse vielleicht besser. Sie wertschätzen vielleicht einiges, was sie vorher nicht wertgeschätzt haben, weil sie es nicht fühlten, weil es für sie keine Bedeutung hatte – es war einfacher zu sagen: ach, diese Armen!«

Wenn insgesamt hinsichtlich einer veränderten Einstellung der Mittelschicht die Skepsis überwiegt, wie sieht dann die Zusammenarbeit in den Bewegungen aus, wo Menschen aus ehemals verschiedenen Schichten nun zusammenarbeiten?

Unkompliziert findet es Maxi Lazzarini aus San José: »Hier im Red arbeiten wir alle zusammen, Leute aus der früheren Mittelklasse und der Unterklasse. Alle behandeln dich gleich, und das ist sehr wichtig. Es ist eine hervorragende Gruppe – wenn wir arbeiten, sind alle gleich, niemand wird diskriminiert.«

Mélina Chullmir von der MTD Solano ist bei der Beurteilung vorsichtiger: »Es gibt die Tendenz, dass sich bestehende Unterschiede reproduzieren. Das fängt bei körperlichen Merkmalen an, geht über die Art zu sprechen bis zur Art sich zu bewegen – alles. Aber in unserer Praxis ist das gerade die Herausforderung, dass sie sich nicht reproduzieren. Wir hatten das Privileg einer anderen Bildung, das gibt uns andere Möglichkeiten, etwas Neues zu beginnen, anstatt einfach in unserer Wirklichkeit zu verharren. Die Herausforderung ist, eine neue Zeit zu konstruieren und zu respektieren, was zwischen allen entsteht. Dafür ist es so wichtig, einen Raum zu schaffen, wo sich alle frei fühlen sagen zu können, was ihnen passierte oder nicht passierte, und zu versuchen, die Probleme zwischen allen zu lösen. Dass wir alle etwas wissen, dass alle etwas von allen lernen können.«

Befreite Arbeit? Emanzipatorische Aspekte

Überwindung kapitalistischer Entscheidungsgewalt

Entscheidungsstrukturen: Wie funktionieren sie formal?

In der Frauengewerkschaft in Santa Fe gibt es satzungsgemäß eine erste und eine zweite Generalsekretärin, Isabel Zanutig und Nidia Kreig. Im Vorstand sind alle acht aktiven Frauen der SAC. Es wird gewählt, die Mehrheit entscheidet, aber »eigentlich findet sich immer ein Konsens« (Gladys Díaz).

Im Red Interbarrial de Mujeres organisieren sich die Frauen in den Barrios La Guardia und San José sehr ähnlich: Einmal in der Woche findet eine Vollversammlung statt. Einen oder einige Tage vorher treffen sich die Koordinatorinnen, um das Plenum vorzubereiten. Die Koordinatorinnen werden in den einzelnen Kommissionen ernannt, sie sind nicht nur Delegierte, sondern gleichzeitig eine Art Anleiterin für die Kommissionen. Meist sind es Frauen, die sich fachlich besonders gut auskennen. Diese Funktion soll alle drei Monate wechseln: »Es soll rotieren, um gleichmäßig verteilt zu sein. Damit es neue Leute trifft und auf diese Weise vorwärtsgeht. Es kommt der Moment, wo die Person, die zunächst gelernt hat, dazu übergehen kann, selber anzuleiten« (Maxi Lazzarini). Weitere Aufgaben der Koordinatorinnen sind die Überprüfung der Anwesenheiten und die Kontrolle über die Einzahlung des monatlichen Beitrags von anderthalb Peso für die Raummiete.

Auf den Treffen der Koordination werden nicht nur die Tagesordnung für das Plenum, sondern auch Lösungsvorschläge für anstehende Entscheidungen diskutiert. Diese Vorschläge werden durch die Koordination in die Versammlung eingebracht, und dort wird darüber abgestimmt. Leichte Unterschiede aber bestehen in der Funktion der Koordination zwischen den Barrios: In La Guardia werden die Bereiche Gesundheit und Rechtliches durch Kommissionen abgedeckt, in San José sind hiermit jeweils einige aus der Koordination beauftragt.

Colastiné Sur ist zu klein, als dass sich hier die Bildung einer Koordination lohnen würde. Zudem arbeiten die Frauen nicht in Kommissionen getrennt, sondern immer gemeinsam entweder im Garten oder an den Schuhen. Hier sind es einzelne Personen, welche mit den Spezialaufgaben Gesundheit und Rechtliches beauftragt sind.

In allen drei Barrios gibt es zwei Frauen, welche sich um die Formalitäten kümmern. Offiziell sind es jedoch die Frauen aus der SAC, welche gegenüber dem Staat als Organisatorinnen der Arbeitsbeschaffungsmaßnahmen gelten und die Verantwortung tragen.

In San José ist es die Koordination, welche über alles entscheidet, was mit der Anwesenheit und den monatlichen Beiträgen zu tun hat, beispielsweise, ob mit einer Person darüber geredet werden muss, ob sie zahlt oder nicht, ob sie arbeitet oder nicht. Auch Termine für Versammlungen oder Märkte werden festgelegt.

In den jeweiligen Kommissionen sind die Frauen weitgehend unabhängig in ihrer Entscheidung, was sie herstellen möchten, wobei in San José auch hierbei ein größerer Einfluss der Koordination besteht; diese besorgt zudem das Material. In La Guardia sind die Kommissionen dafür alleine zuständig.

Die MTD Solano in Buenos Aires hat einen explizit basisdemokratischen Anspruch. Das war nicht immer so, früher hat alles das Generalsekretariat entschieden. Die Besetzung sollte alle drei Monate neu gewählt werden, aber es kam nie zu einem Wechsel. Andrés Fernández lacht, als er das erzählt. »Aber nun gut, es wurde auf diese Weise auch nicht viel erreicht!« Durch den entstehenden Anspruch, das soziale Subjekt, also die Menschen zu verändern, hat sich die Form der Bewegung verändert: »Heute gibt es nur die Generalversammlung als oberstes Organ – oder nicht Organ, wenn wir Organ sagen, denken wir schon wieder an Hierarchie. Die Sprache hat sich auch verändert: Die maximale Entscheidungsinstanz liegt bei der Generalversammlung der sieben Barrios. Dort wird alles diskutiert, und dort wird alles entschieden.«

Einmal in der Woche werden die Versammlungen in jedem Barrio abgehalten. Aus jedem Barrio kommen Delegierte auf die Generalversammlung. Das geschieht durch Wahlen, nur über die Auswahl der Delegierten wird im Konsens bestimmt. Hin und wieder werden Vollversammlungen abgehalten, woran alle aus allen Barrios teilnehmen, doch meistens entscheidet die Generalversammlung als »Syntese der Stimmen aus allen Barrios«. Kritik, Vorschläge und Ungerechtigkeiten aus den Barrios werden zusammengetragen und diskutiert. Von dort wiederum werden zwei oder drei Delegierte für die Versammlung von ganz Aníbal Verón geschickt. Dabei wird rotiert.

Da die MTD Solano sich über mehrere kleinere Barrios erstreckt, bilden die Kommissionen untereinander Koordinationen, beispielsweise in Gesundheit. Andere, wie die Gärten und die Schneidereien, vernetzen sich nicht untereinander, und entscheiden autonom. In den Kommissionen und ggf. in den Koordinationen wird abgesprochen, was als nächstes hergestellt wird; in der Generalversammlung wird dies dann mitgeteilt.

»Wenn wir in der Bäckerei aber unter uns entscheiden würden, dass irgendjemand irgendein Privileg gegenüber den anderen bekäme, beispielsweise mehr Lohn, weil er Bäcker gelernt hat – das ginge nicht. Die Bäckerei kann keine autonomen Entscheidungen treffen, die völlig quer liegen zu den Entscheidungen der Versammlung« (Célia Britos).

Bei der MTDL Guernica verbindet sich mit dem Vorwurf, die Vernetzung Aníbal Verón (in welcher auch die MTD Solano organisiert ist), gezwungenermaßen verlassen zu haben, der Vorwurf eines mangelnden Demokratieverständnisses an die Aníbal Verón. »Dort geht es von oben nach unten zu statt von unten nach oben«, heißt es, und mit »Nosotros, todos somos igual« – »Bei uns sind alle gleich«, grenzen sie sich dagegen ab – mit den gleichen Worten, die auch in der Aníbal Verón zu finden sind. Ich frage noch mal genauer nach und stoße auf ein etwas anderes Verständnis von Basisdemokratie als beispielsweise in der MTD Solano.

Die Koordination der Delegierten setzt sich auch hier aus den einzelnen Kommissionen zusammen, jeweils eine Person vertritt zehn Menschen. Die Entscheidungen in der Regel in der Koordination gefällt, und nur was sich dort nicht lösen lässt, wird in die Vollversammlung getragen. Viel sei das aber nicht, heißt es. Rotiert wurde noch nicht. Die Versammlungen mit ungefähr 200 Menschen dauern zwei Stunden, aber es gibt viel zu regeln: was die Kommissionen planen, was die nächsten Mobilisationen sein werden. »Die Leute wollten nicht alles diskutieren, sie ermüden und gehen und delegieren dies lieber in die Koordination. Diese geht manchmal von zwei Uhr nachmittags bis abends um neun Uhr. Dann wird in den einzelnen Kommissionen berichtet« (Mónica Rojas).

Zusätzlich zu den Delegierten gibt es ReferentInnen, zuständig »für alles«. Sie wurden nicht gewählt, sondern sie sind es, »einfach weil sie von Anfang an die Bewegung aufgebaut haben«. »Los más referentes« (als Steigerungsform von ›ReferentInnen‹) sind insgesamt vier. Die »referentes referentes« (als Steigerungsform zweiten Grades) sind zwei Männer, danach – in deutlich ausgedrückter Abstufung – erst eine, dann eine andere Frau, wobei letztere mit der Aufgabe betreut ist, sich um die Papierformalitäten zu kümmern. Die Frage nach Hierarchie wird von der Nr. 3 in dieser Rangfolge mit einem klaren Ja beantwortet. Sie erklärt: »Das sind die, denen in den Versammlungen am meisten zugehört wird. Sie sind die Stimme der Bewegung – das ist ganz natürlich.« »Wir reden auch«, ergänzt ein anderer, welcher nicht dazu gehört, »aber das sind die, die uns alles erklären.« »Die, die die Themen vorgeben«, fügt eine junge Frau dazu. »Das hat aber auch damit zu tun, dass die Leute sich nicht sehr einbringen, es fällt ihnen schwer zu reden«, wirft nun Nr. 3 ein. »Von Anfang versuchen wir, dass sie die Initiative in den Versammlungen übernehmen.« Die junge Frau unterstützt dies: »Die *referentes* warten immer, ob jemand anders anfängt, bevor sie selber beginnen. Sie versuchen, die Leute anzuregen, damit diese anfangen.« »Sie haben Verpflichtungen. Es sind aber keine Anführer«, stellt ein Mann klar, und ein weiterer ergänzt: »Anführer haben wir nicht«, und schnalzt entschieden verneinend mit der Zunge. »Chefs haben wir nicht«, wiederholt der erste, und auch Nr. 3 stimmt bei: »Chefs haben wir nicht, Chefs wollen wir nicht. Das sind ›referentes naturales.‹«

... und wie tatsächlich?

Schon die offizielle Umsetzung von »*Todos somos igual* – Alle sind wir gleich« kann also schon sehr unterschiedlich aussehen. Doch die Existenz von ›referentes naturales‹ nicht zu bejahen, muss nicht heißen, dass sie nicht existieren. Darum sollen im Folgenden noch ein paar Einschätzungen über die Entscheidungsprozesse wiedergegeben werden.

Auffallend ist die Unklarheit, mit der auf die Frage nach der Entscheidungsweise reagiert wird. Tatsächlich wird im Falle eines Konfliktes immer gewählt, doch einigen schien dies kaum bewusst zu sein, da vielfach so lange diskutiert wird, bis ein Konsens gefunden worden ist. So berichtet Laura Bonano von der Frauengewerkschaft: »Alle zusammen entscheiden. Wir diskutieren, bis wir eine Lösung finden.« Je größer eine Gruppe ist, desto eher wird aber auf die Möglichkeit einer Wahlentscheidung zurückgegriffen: »Klar, wir entscheiden unter uns in der Gruppe und sind uns immer einig; doch im Plenum gibt es immer eine, die das nicht gut findet. Aber wenn die Mehrheit dafür ist, dann geschieht es so« (Carina Valenzuela, La Guardia). Auch in der MTD Solano herrscht Verwirrung über die Entscheidungsweise bei einigen, bis hin zu der Aussage: »Wir wählen zwar oft in den Versammlungen, aber die Entscheidungen werden im Konsens getroffen.«

Ebenfalls widersprüchlich wird auf die Entscheidungsgewalt der Koordination geantwortet. So sehen mehrere Befragte die Koordination als die Entscheidungsträgerin an: »Die Entscheidungen treffen wir Koordinatorinnen, und danach erzählen wir die im Plenum« so Blanca Cánepa aus La Guardia; »Die KoordinatorInnen entscheiden« so sieht es auch der elfjährige Silvano Villarruel aus San José und: »Die Entscheidungen trifft die Koordination« meint selbst Natalie Mercado, Koordinatorin des Gemüsegartens in San José. Diese ist allerdings ausdrücklich unzufrieden: »Mir gefällt nicht, wie die Entscheidungen getroffen werden. Auf dem Treffen der KoordinatorInnen stimmen wir über etwas überein, aber dann können wir das wegen der Leute nicht umsetzen. Es passiert, was die Leute wollen.« Natalies Unwillen darüber, dass »passiert, was die Leute wollen« spricht einerseits für eine funktionierende Basisdemokratie in San José; allerdings irritiert, dass so viele die Koordination als Entscheidungsträgerin sehen. Ist dies der Sichtweise aus gewohnten Strukturen geschuldet?

Die Frage nach Konflikten wird ebenfalls sehr unterschiedlich beantwortet. Einige betonen, Konflikte gebe es nicht. Zumindest in Colastiné Sur muss es einige Wochen vorher aber einen großen Konflikt gegeben haben, woraufhin zwei Frauen das Netz angeblich freiwillig verlassen haben. Laura Bonano von der SAC aber bejaht Konflikte: »Konflikte gibt es natürlich immer, in jeder Gruppe, und das ist sehr gut und sehr gesund, denn so kann diskutiert werden. Wenn es keine Konflikte gäbe, dann könnten wir nicht daran wachsen.« In der MTD Solano wird die Existenz von Konflikten unkompliziert zugegeben: »Konflikte werden gelöst und dann geht es weiter« (Clotilde Silvero) ist hier eine typische Reaktion.

Als weiterer unklarer Punkt erscheint die Rotation: Überall soll rotiert werden, doch fast nirgends war schon die zweite Runde der Rotation erreicht worden. Selbst diese musste teilweise ausfallen, weil niemand die Aufgabe übernehmen wollte. In La Guardia und Colastiné Sur wurde dazu übergegangen, in solchen Fällen auszulosen. Auch in San José wird überlegt, dieses Verfahren einzuführen, wenn sich bei den nächsten Wahlen wieder nicht genug Freiwillige finden.

Hierin drückt sich ein Problem aus, was wiederum auf die ›referentes naturales‹ verweist. In den Versammlungen »reden viele gar nicht, Männer wie Frauen. Viele sind sehr verschlossen« so Ramona Chávez aus Solano. Dies wirft noch einmal die Frage nach internen Hierarchien auf.

Gibt es Hierarchien?

»Die Horizontalität zu erreichen ist sehr schwierig. Sehr, sehr schwierig. Es reicht nicht, dass wir von der Frauengewerkschaft die Planung machen. Selbstbestimmung bedeutet – wir gehen von Barrio zu Barrio, um diese Erfahrung zu verbreiten, aber nicht, um es immer selber zu machen. Sie selber müssen es tun!«

Nidia Kreig fährt ein- beziehungsweise zweimal die Woche nach Colastiné Sur und nach La Guardia, um dort an den Versammlungen teilzunehmen. Ebenso macht es Isabel Zanutig für San José. Die Frauengewerkschaft hatte vor einem Jahr das Red Interbarrial ins Leben gerufen, und der Einfluss der Frauen von der SAC erscheint weiterhin sehr groß. Darüber hinaus gelten sie dem Staat gegenüber als Verantwortliche; mit ihnen müssen die Abrechnungen und die Anwesenheitslisten gemacht werden.

María Garcia aus La Guardia gibt an, dass viel getan wird, was Nidia sagt oder vorschlägt, aber das sei kein Problem, darüber gebe es keine Uneinigkeit. Ähnlich liegt es in Colastiné Sur: »Die Entscheidungen, die getroffen werden, werden mit Nidia besprochen, und dann klären sich alle Probleme. Sie ist so etwas wie unsere Chefin« (Claudia Camargo).

Als »oberste Koordinatorin« bezeichnet sie auch Blanca Cánepa aus La Guardia, doch fügt sie hinzu: »Nidia kommt, um zuzuhören. Denn sie sagt: Ich bin nicht hier um zu sprechen, ich bin hier, um zuzuhören. Alles liegt an euch.« Ähnlich sieht es Lucrezia Perez, ebenfalls aus La Guardia: »Nidia sorgt dafür, dass wir uns selber verstehen und unter uns Probleme regeln. Manchmal sagt sie: Nein, das macht man nicht. Sie will, dass wir selber die Verantwortung übernehmen. Wenn es ohne Nidia geht, dann um so besser.«

Dies ist spiegelbildlich für die Position von Isabel Zanutig, Chabela genannt, in San José wiederzufinden. »Chabela hilft uns sehr. Immer, wenn wir sie brauchen, ist sie schon da«, findet Natalie Mercado. Aber auch hier besteht das Bemühen, ohne die Beratung auszukommen: »Chabela berät die Koordination, wie es weitergehen kann. Wenn sie nicht da ist, dann versuchen wir, die Entscheidungen noch einmal zu überprüfen, bevor wir sie treffen. Wir analysieren mehr, um nichts falsch zu machen« (Maxi Lazzarini). Für ihn ist das Ziel klar, ohne diese Hilfestellung auskommen zu wollen.

Ein Jahr ist es zum Zeitpunkt meines Besuchs her, dass das Red Interbarrial gegründet wurde; viele sind erst einige Monate dabei. Vor diesem Hintergrund wird es verständlich, dass die Vertreterinnen der Frauengewerkschaft durch ihre politischen und organisatorischen Erfahrungen ein solches Gewicht in der Bewegung besitzen. Mein Eindruck deckt sich mit den hier wiedergegebenen Zitaten, dass diese daran arbeiten, aus ihrer zentralen Stellung heraus zu kommen. Unwillen mit der gegebenen Situation kann ich in den Barrios nicht entdecken. Daraus aber resultiert auch die Gefahr, dass sich beide Seiten in dem Status Quo langfristig doch einrichten könnten.

Bei der MTD Solano drängt sich mir, nachdem Andrés Fernández von dem Wandel in der Organisierungsstruktur erzählt hat, die Frage auf, ob die ehemaligen Mitglieder des Generalsekretariats noch in der Bewegung sind. »Ja – ich zum Beispiel!«, lacht er. Hat Andres als derjenige, der mit der Presse spricht, aber nicht immer noch eine wichtige Funktion inne? »Nein, nein, nein«, beeilt er sich zu sagen, »keine wichtige Funktion, es ist eher eine Aufgabe, die ich erfülle, aber ich habe absolut nichts zu sagen.« Auch die anderen Namen, die er nennt, sind alle bekannt als besonders sichtbare Personen in der Bewegung. »Die Compañeros wenden sich an uns mit Fragen«, bestätigt er ihren Stellenwert in der Bewegung, »und wir sagen dann: das werden wir in der Versammlung sehen.«

Eine meiner InterviewpartnerInnen sieht eine Hierarchie in der Bewegung; es gebe »dirigentes«. Warum das so sei? Es liege an allen: denen, die diese Funktion einnähmen, und denen, die ihnen diese Funktion überließen. Vor allem sieht sie bei den meisten einen Mangel an Enthusiasmus und an Lust am Produzieren. Und sehr leise fügt sie hinzu: »Wenn das anders wäre, könnten tatsächlich alle gleich sein.«

Teilweise traf ich auch auf die Selbstkritik, in Führungsrollen geraten zu sein. So erzählt Roberto López über die Workshops zur politischen Bildung, welche in der MTD Solano durchgeführt werden: »Niemand leitet diese, aber klar, eine Koordination braucht es dafür – nicht, um zu sagen, wie etwas gemacht wird, sondern um Fragen aufzuwerfen, Dinge zu problematisieren, Themen zu eröffnen, und sie so unter allen lösen zu können. Am Ende bleiben jedoch mehr Fragen als Antworten. Das Wissen kollektiv herzustellen, nicht dass ein einzelner als Koordinator dahin kommt, und allen seine Antworten gibt, sondern dass alle ihre Meinungen abgeben, das muss auch erstmal gelernt werden. Denn manchmal, ohne dass ich es wollte – am Anfang ist mir eine Dynamik als Koordinator eines solchen Workshops passiert, wo wir übers Arbeiten geredet haben, und es gab mehrere neue Compañeros, darunter auch ältere, die ziemlich dahingehend geprägt waren, dass es sich mit Chef doch besser arbeiten ließe, denn wenn jemand nicht arbeiten würde und andere doch … – also habe ich mich aufgeregt und ich begann in der Rolle zu sein, Fragen zu beantworten, was in Wirklichkeit andersherum sein sollte: sich zu orientieren und zu fragen und zusammenzufassen, aber keine Antworten zu geben.«

Célia Britos bringt es auf den Punkt: »Die Horizontalität funktioniert gut, aber wir müssen sie noch ein bisschen in die Praxis umsetzen!« Sie lacht. »Es ist sehr schön, das Wort Horizontalität, aber ich glaube, es gibt Compañeros, die sprechen davon, aber wissen nicht, was das eigentlich heißt. In der Schule lernen wir, uns Lehrern unterzuordnen, in der Fabrik, uns den Chefs unterzuordnen, und die Leute, die hier herkommen, leben mit der Einstellung ›Ich habe einen Chef‹ – und dann landen sie hier, wo es keinen Chef gibt. Das ist ein bisschen verflixt.«

Herrscht (Arbeits-)Druck?

»Es gehört zur Autonomie, dort arbeiten zu können, wo du arbeiten möchtest«, erklärt Nidia Kreig. »Wenn es dir gefällt, Brot zu backen, backst du Brot. Wenn es dir gefällt, Kleidung zu nähen, nähst du Kleidung, und wenn du gerne im Garten anbaust, baust du im Garten an. Alle können das tun, was ihnen gefällt. Es gibt keinen Chef, sondern zusammen mit allen anderen wird entschieden. Alle sind gleich, das ist das Wichtige.«

Bedeutet, ohne Chef zu arbeiten, auch ohne Druck zu arbeiten? Bei der Frage, was sie sich im Red anders wünschen würde, wird Carina Patricia Ramos ähnlich deutlich wie andere vor ihr: »Dass wir mehr wie eine Gemeinschaft wären!« ist ihr Wunsch. Bei den meisten heißt das: Dass es nicht immer dieselben sein sollen, die zur Arbeit und zu den Versammlungen kommen und sich engagieren. Kein Druck kann also für die anderen Enttäuschung, Frust und Arbeitsbelastung bedeuten – und dies wiederum kann Druck aufbauen.

In allen Kommissionen bestehen Listen, dabei versehen die Koordinatorinnen jedes Mal jeden Namen mit einem P für ›presente‹ (präsent) oder mit einem A für ›ausente‹ (abwesend). In La Guardia gehen diese Listen von den einzelnen Koordinatorinnen zunächst an Cristina Martinéz. »Sie nennen mich *coordinadora general*, aber ich sehe mich nicht so, ich bin einfach eine weitere Compañera«, sagt sie. Cristina ist selber nicht erwerbslos, sie arbeitet seit 22 Jahren als eine Art städtische Schülerlotsin, und engagiert sich freiwillig im Red. Sie sammelt die Listen und gibt sie an die Frauengewerkschaft weiter. Diese muss jeden Monat der Stadtverwaltung die Präsenz der Leute darlegen. Dies bedeutet einen großen Druck auf das Red – denn die ›A‹s überwiegen die ›P‹s in der Liste. Doch Cristina sieht das gelassen: »Es kommt nur selten vor, dass eine Frau tagelang nicht kommt, ohne irgendwie Bescheid gesagt zu haben. Zumindest kommen sie zur Versammlung und sagen uns, warum. Oder es geht eine Frau bei derjenigen vorbei, um zu fragen, was los ist.«

Die Frage, wie mit denen umgegangen werden soll, die nicht erscheinen, wird überall diskutiert. Als bei dem Interview mit Carina Patricia Ramos aus La Guardia diese ihren Ärger darüber ausdrückt, dass immer dieselben zum Arbeiten kommen, greift Andrea Pierdabuena, die gerade in den Raum kam, ein: Diese müssten arbeiten, fasst alle hätten morgens einen Putzjob. Aber dann könnten sie ja nachmittags kommen, findet Carina Patricia. »Ich glaube nachmittags auch«, lässt sich Andrea nicht beirren. Aber Carina Patricia genauso wenig: »Dann können die ja morgens kommen.« »Aha«, erwidert Andrea unwillig, und ergänzt: »Oder ein Kind ist krank geworden. Oder sie haben eine Risikoschwangerschaft und müssen im Bett bleiben. Ich zum Beispiel musste wegen einer Operation vor kurzem einen Monat aussetzen; außerdem habe ich eine Familie, und ich muss sie gut versorgen.« In einem Atemzug fährt sie fort: »Nein, nein, einen Konflikt gibt es deshalb nicht. Wir verstehen uns gut, wir sind Freundinnen.«

Diese Einschätzung weicht deutlich von dem Ärger ab, den beispielsweise auch María Isabel Ritacca über die Abwesenheit vieler empfindet. »Hier wird ohne Druck gearbeitet.« Mit der Zunge schnalzend unterstreicht sie ihre Aussage. »Aber die Abwesenheit ist ein Problem hier. Wir versuchen, dass alle kommen, denn es ist ja auch nicht gerecht für die, die jeden Tag kommen, wenn andere zu Hause bleiben. Wir reden darüber in den Versammlungen. Das gleiche gilt für den Mitgliedsbeitrag, denn wenn der nicht bezahlt wird, können wir uns unser Gemeinschaftshaus nicht leisten. Ohne das könnten wir uns nicht treffen, und hätten nichts, wo wir arbeiten, denn wir können das ja nicht an einer Straßenecke tun.« Bislang wurde eine Frau rausgeworfen aus La Guardia. Sie hatte sich eingeschrieben, kam aber weder zu den Versammlungen noch zum Arbeiten, und brachte auch kein Attest.

Auch in San José wird der Umgang mit den Fehlzeiten auf den Versammlungen kontrovers diskutiert. Die einen halten es für ungerecht, wenn sie arbeiten und ihre Beiträge entrichten, und die anderen nicht. Doch einige widersprechen der vorherrschenden Meinung, es müsse mehr Druck ausgeübt werden. Es ergibt sich eine regelrechte Front. Maxi Lazzarini gehört zu jenen, die auch Leute rausschmeißen wollen: »Wer seine Stunden nicht erfüllt, muss gehen!« Im Interview zeigt er aber Verständnis für das Wegbleiben vieler: »Es verdient niemand, nur deshalb aus dem Red geschmissen zu werden, weil er oder sie nicht zum Arbeiten erscheint – viele arbeiten noch woanders. Um den Monat überleben zu können muss man viele Sachen machen. Darum versuchen wir herauszubekommen, ob eine Person nicht kommt, weil sie woanders arbeitet, oder ob sie nicht kommt, weil sie einfach zu Hause bleibt.« Hausarbeit oder Kindererziehung als Grund erwähnt Maxi nicht.

Am Ende jeden Monats wird eine Liste derjenigen erstellt, welche nicht zum Arbeiten gekommen sind. Wie in den anderen Barrios auch, gilt: Wer nicht kam, muss der Koordination erklären, warum. Wenn das akzeptabel ist, kann die Person bleiben, wenn nicht, wird sie ausgeschlossen. Darüber entscheidet die Koordination, nicht das Plenum. »Wenn es keine Kontrolle gibt, dann kommen die Leute nicht«, so Maxis Einschätzung. Dementsprechend empfindet eine meiner InterviewpartnerInnen Druck durch einige Personen im Red. Allerdings gebe es auch welche, die sonst gar nichts täten.

Das Problem mit den Fehlzeiten existiert in der MTD Solano ganz genauso wie in Santa Fe. Auch hier wird viel darüber diskutiert, was mit denen geschehen soll, die sich nicht einmal erklären. Das welche ausgeschlossen wurden ist schon vorgekommen, aber nicht oft. »Eigentlich müsste die Mehrheit ausgeschlossen werden – aber so lässt sich das nicht lösen«, sagt eine InterviewpartnerIn. »Wir sind zur Zeit einige Hundert – und dann«, lacht sie, »wären wir weniger!«

In Buenos Aires kommt jedoch noch ein weiterer Aspekt hinzu: die Teilnahme an den piquetes, den Straßenblockaden. Die trotzkistisch oder traditionell kommunistisch ausgerichteten Organisationen der Piqueteros haben hierfür ein Punktesystem eingerichtet, fein differenziert danach, wie weit eine Blockade weg ist, wie lange sie dauert und – oder war das Spott derjenigen, die mir davon berichteten? – ob es regnet. Wer seine Punkte nicht voll bekommt, erhält keine finanzielle Unterstützung. Die von basisdemokratisch organisierten Bewegungen lehnen ein solches System ab, die Teilnahme soll freiwillig und aus politischer Überzeugung erfolgen. Allerdings gibt einE InterviewpartnerIn an, es hieße zwar, es würde kein Druck ausgeübt, aber das sei sehr wohl der Fall. Sie selber habe Angst auf Demonstrationen, doch empfinde sie den Zwang mitzugehen, um keine Probleme in der Bewegung zu bekommen. Man liefe sonst Gefahr, rausgeschmissen zu werden. Dies sein ein starker Druck. Dieselbe Person meint jedoch, diejenigen, die nicht zum Arbeiten kämen, müssten eigentlich rausgeschmissen werden.

»Das Kollektiv muss manchmal Compañeros zu etwas – sagen wir nicht zwingen, aber bewegen«, räumt Alberto Spagnolo ein. Die Bewegung sei ein Prozess, in dem es darum ginge, kollektive Werte zu schaffen. Ihm erscheinen die Landlosenbewegung in Brasilien oder die Zapatistas in Chiapas da im Vorteil, da dort Gemeinschaftlichkeit sehr tief kulturell verwurzelt sei. Selbst die hätten ihre Probleme – beispielsweise mit Machismos, welcher auch bei ihnen stark bestünde. Doch bei den MTDs als städtischer Bewegung seien gemeinschaftliche Bindungen sehr zerstört.

Fühlt sich Arbeiten hier anders an?

»Unser Kriterium ist, möglichst das zu tun, worauf wir Lust haben«, so Carina Mabel Chávez von der MTD Solano. »Wenn dir etwas nicht gefällt, dann machst du es eben nicht. Dann machst du etwas anderes. Wenn du lieber Vorhänge herstellst als im Garten hart zu arbeiten, oder lieber Tischschmuck produzierst – nun, dann machst du das, was dir am meisten zusagt. Wir zwingen dich nicht.« Diese Entscheidung nach Lust ist faktisch jedoch stark eingeschränkt: Zum einen besteht durch den Staat der Zwang, überhaupt fünfmal die Woche zur Arbeit zu erscheinen. Zum anderen ist das Spektrum der Tätigkeiten begrenzt, da nur wenige sich ökonomisch realisieren lassen.

Wie fühlt es sich also an, hier zu arbeiten? Im Grunde bekomme ich auf diese Frage zwei Arten von Antworten. Die Frauen in Santa Fe konnten mit der Frage meist gar nicht viel anfangen. Einige waren noch nie erwerbstätig, die allermeisten kannten nur Jobs in Privathaushalten. Ihr falle nichts ein, was sie sich bei ihrer Erwerbsarbeit anders wünsche, so María Isabel Ritacca aus La Guardia. Die 84-jährige Señora, die sie betreue, sei sehr freundlich. »Mir gefällt meine Arbeit dort und mir gefällt meine Arbeit hier«, schließt sie.

Wichtig ist für viele Frauen, dass sie ihre Kinder mitbringen können, da sie niemanden haben, bei dem sie diese lassen könnten. Dementsprechend wirbelt immer ein Haufen Kinder bei der Arbeit um die Frauen herum, die sich dadurch nicht groß stören zu lassen scheinen. Andere Frauen lassen ihre Kinder jedoch lieber zu Hause; dann müssen die größeren auf die kleineren aufpassen.

Für María Angela Niní besteht der Unterschied zu ihrer Erwerbsarbeit als Reinigungskraft vor allem darin, dass sie sich die Zeit frei einteilen kann. So sei es möglich, statt einmal im Ganzen morgens kurz und nachmittags kurz zu kommen – ganz wie es einer passt. Ihr gefällt es sehr im Red: anderen zu helfen, zu teilen und Neues zu lernen.

Dieser Aspekt ist auch für Marcela Fernández der entscheidende. Sie ist eine von zwei Frauen in Colastiné Sur, die im Red mitarbeiten, obwohl sie keinen Arbeitsplan erhalten konnten. Morgens putzt sie in der Stadt, nachmittags geht sie zum Red. Für sie ist der Unterschied klar: »Das eine ist das, was ich machen möchte, das andere ist obligatorisch. Für das Geld muss ich gehen, und dies hier mache ich, weil ich will. Es gefällt mir, mich einzubringen – in erster Linie bin ich deshalb im Red. Es gefällt mir, wenn wir vorankommen.« Wichtig ist für sie ebenfalls der Kontakt mit den anderen Frauen im Barrio, der vorher kaum bestand, obwohl Colastiné Sur wie ein kleines Dorf wirkt: »Klar, wir kennen uns hier als Frauen, aber wenn Du nicht verwandt bist, dann grüßt Du, sagst hallo und tschüss – mehr nicht. Im Red sprechen wir miteinander, lernen uns besser kennen, erzählen uns gegenseitig unsere Probleme.«

Dieser gesellschaftliche Aspekt ist für viele Frauen wichtig. Die meisten kannten früher kaum ihre Nachbarinnen »und jetzt sind wir Freundinnen, denn wir sind die ganze Zeit zusammen«, so Lucrezia Perez aus La Guardia. Die Müllsammlerin Francisca Bijalba aus San José dagegen sieht es nüchtern: »Man hat mehr Gesellschaft, das ist alles. Redend geht die Zeit schnell vorüber. Ich komme nur, um meine Stunden voll zu machen. Das Geld zu bekommen ist der einzige Grund. Die Stunden abreißen und das war's. Wir haben viel Ruhe, denn es ist nicht viel Arbeit.«

Weniger Anstrengung ist auch für Carina Patricia Ramos der wesentliche Unterschied zu ihrer früheren Erwerbsarbeit als Landarbeiterin. Diese war extrem ermüdend. Im Red dagegen ist die Arbeit entspannter. Dazu kommt, dass der Patron Anordnungen gab, die zu befolgen waren, und oft zum schnelleren Arbeiten antrieb. Im Red arbeitet sie nun bewusst nicht im Garten, sondern bei den Vorhängen – eine Arbeit, bei der sie sitzen und sich mit ihren Compañeras unterhalten kann. Auf der Farm drohte die Entlassung, wenn untereinander gesprochen wurde. Sie trauert dieser Arbeit nicht hinterher, und zieht die Arbeit im Red vor, obwohl sie jetzt weniger verdient.

Auch Maxi Lazzarini, der ebenfalls früher erwerbstätig war, gehört zu denen, die sich eines Unterschieds sehr bewusst sind: »Es ist angenehmer hier zu arbeiten. Es wird versucht, die Probleme jeder einzelnen Person zu sehen, und dieses Problem zu verstehen – während das woanders dem, der die Kontrolle hat, egal ist. Die Person muss kommen und arbeiten. Wenn sie fehlt, ist es ihr Problem, und nicht das Problem des Chefs. Im Red dagegen sehen wir das Problem von dieser Person. Je nachdem, welches Problem diese Person hat, versuchen wir, ihr zu helfen. Hier ist es also wesentlich entspannter als anderswo. Wo ich früher gearbeitet habe, warst du immer in Gefahr, dass dein Arbeitskollege dich verpfiffen oder gemobbt hat. Darum sind alle mit einem großen Misstrauen zur Arbeit gekommen. Hier dagegen brauchst du nicht darauf warten, dass die andere Person dich reinlegen will. Ich lebe ruhiger. Als ich damals in diesem Büro gearbeitet habe, habe ich vor lauter Nervosität eine Zigarette nach der anderen angesteckt. Seit ich im Red bin, rauche ich viel weniger.«

In Buenos Aires, wo wesentlich mehr früher einer Erwerbsarbeit nachgegangen sind, besitzt der befreiende Aspekt eine entscheidende Bedeutung in den Erzählungen vieler Menschen. Meinungen, wie in Santa Fe nur von Carina Patricia und von Maxi geäußert, sind hier gängig.

»Ich fühle ich mich hier wesentlich angenehmer«, so Roberto López, der als Mittzwanziger eine feste Arbeit schon gar nicht mehr kennen gelernt hat, doch jahrelang von Jobs lebte. »Hier gibt es keine Chefs, niemanden, der kommt und sagt: Ah, das machst du schlecht! Oder: Schneller! Mach schon! Dagegen hier, zum Beispiel in der Bäckerei, wenn etwas schlecht funktioniert, nun gut, dann reden wir darüber auf dem Treffen, das wir jeden Freitag abhalten, und dann sehen wir, welche Art von Problem wir haben, und dann versuchen wir, es zu lösen. Alle geben ihre Meinung ab, alle können reden. Alle arbeiten wir das Gleiche, alle bekommen wir das Gleiche. Was du machst, gefällt dir wirklich, denn du weißt, dass niemand deine Arbeit ausnutzt, sondern du weißt, wohin die Arbeit geht, und zum Teil geht sie dorthin, weil du es mitentschieden hast. Das macht Freude, denn man versteht, dass es so ist.«

Hier in Solano ist es wiederum eine Frau, welche äußert, sie würde ihre frühere Arbeit in Privathaushalten der in der MTD vorziehen. »Lieber hätte ich meinen alten Putzjob wieder!« Clotilde Silvero lacht dabei, aber es ist ihr Ernst. »Da bekommt man weniger Kopfschmerzen von! Ich habe vier bis acht Stunden gearbeitet und am Ende des Monats habe ich das Geld bekommen – und damit gut. Es gab nicht jeden Tag so viele Diskussionen, so viel: Ja! Nein! Was zu machen ist! Was nicht gemacht werden darf!« Clotilde findet das Projekt gut und wünscht sich, dass noch mehr Bedürfnisse auf diese Weise befriedigt werden könnten. Sie kommt, weil sie einen Sinn darin sieht, Produkte füreinander herzustellen. Sie beteiligt sich aktiv an den Versammlungen, weil sie findet, dass das dazugehört. Sie erlebt eine für sie neue Solidarität – aber lieber hätte sie eine ordentliche Arbeit. All dies würde ihr nicht fehlen, wenn sie durch eine Erwerbsarbeit versorgt wäre.

Andere jedoch wären nicht mehr bereit zu tauschen. Für diese geht ihr Engagement in der MTD Solano darüber hinaus, es als Ersatz für Erwerbsarbeit anzusehen: »Ich bin mehr als vier Stunden hier, denn es gefällt mir – mir gefällt die Arbeit. Die vier Stunden muss ich ableisten, aber den Rest bin ich freiwillig hier«, sagt beispielsweise Célia Britos.

In der MTD La Matanza ist die Meinung eindeutig, dass der Unterschied enorm ist. »15 Jahre lang habe ich in einer Fabrik gearbeitet«, erzählt Rubén Reiri. »Danach unabhängig bei mir zu Hause. Dann hier. Was ich heute sagen würde: die Veränderung ist – ich bin viel ruhiger. Viel ruhiger. Mein Kopf ist mit etwas Positivem beschäftigt.

In einer Fabrik zu arbeiten oder hier: Das ist ein totaler Unterschied! Wofür arbeitest du in der Fabrik? Wofür benutzt dich der Eigentümer? Nicht alle wissen es, aber viele fühlen es. In meinem Fall: Ich war sehr deprimiert. Was mache ich? Was habe ich gemacht? Wohin gehe ich? Allein – zwischen so vielen Leuten, so vielen Nachbarn. Und so bin ich hierher gekommen. Der Unterschied ist, dass ich übereinstimme mit dem, was ich hier mache. Heute kann ich tun, was ich möchte. Hier grübele ich nicht über das nach, worüber ich zu Hause grübeln würde. Ich denke über Projekte nach, über die Zukunft.

Außerdem, wenn ich ein Problem habe, dann kann ich darüber in der Gruppe sprechen – wenn ich möchte. Obwohl ich erst seit kurzem hier bin, könnte ich zu jedem Compañero gehen. Auch wenn es ein Problem ist, das nichts mit der Bewegung zu tun hat.«

»In der Fabrik bist du ein Rädchen in der Produktion«, pflichtet ihm Jorge Lasarte bei. »Das ist für mich der Unterschied. Hier hörst du auf, eine Maschine zu sein. Es gibt in der Fabrik keinen Unterschied zwischen einer Walze und einem Menschen – beide sind ein Teil der Produktion für den Eigentümer. So kann natürlich nie Befriedigung in dem gefunden werden, was man macht. So wie eine Maschine für eine modernere ausgetauscht wird, so werden auch die Alten durch die Jungen ausgetauscht. Auch in diesem Sinne kann es einem nie gut gehen in einer Fabrik – du weißt, dass sie dich in jedem Moment austauschen können. Etwas anderes ist es, glücklich das zu arbeiten, was man möchte. Nicht nur ein Teil einer Maschine zu sein, sondern dem anderen überreichen zu können, was man gemacht hat. Es von Herzen zu machen. Das verändert die Einstellung. Es ist etwas anderes, hart zu arbeiten, wenn es zum Nutzen des anderen geschieht. Der Unterschied ist, einmal Objekt, und einmal Subjekt zu sein: als glückliches Subjekt etwas mit Lust zu machen.«

Wird die kapitalistische Logik gebrochen?

Der innere Widerspruch: so benennen einige im Gespräch die Prägung durch eine kapitalistische Gesellschaft, welche auf Konkurrenz und Egoismus aufbaut, und dem Bemühen der Bewegung, gemeinschaftliche Prinzipien zu entwickeln. Leichter zu erkennen ist dies stets beim anderen als »la falta de compromiso« (»Mangel an Einsatzbereitschaft«), doch geht es bei beiden Aspekten um dasselbe: sich neue Werte anzueignen.

In Santa Fe taucht diese Frage vor allem unter dem Stichwort ›Solidarität‹ auf. Während die einen vehement vertreten, es gebe keinen Mangel an Solidarität und es sei allgemein eine große Veränderung bei den einzelnen zu beobachten, bemängeln andere, die meisten seien »nicht gerade schnell dabei, wenn es darum geht, etwas zu tun, wofür es kein Geld gibt. Man tut nur etwas, wenn man glaubt, sich davon etwas mitnehmen zu können« urteilt beispielsweise Guadalupe Pierdabuena. Doch sieht sie einen Prozess der Veränderung eintreten: »Jetzt endlich fangen sie an zu verstehen, dass sie vereint eine Menge auf die Beine stellen können. Aber vorher haben sie das nicht verstanden. Jetzt verstehen es möglicherweise die meisten: Wenn sie sich zusammentun, schaffen sie es. Aber vorher nicht.«

In der MTD Solano wird dieses Thema gerade breit diskutiert, zum einen, weil es durch die hohe Abwesenheitsrate ansteht, zum anderen, weil es auch in den thematischen Workshops aufgegriffen wird. Diese Reflexion spiegelt sich in den ausführlichen Antworten dazu wieder, von denen ich im Folgenden drei länger zitieren möchte.

Mélina Chullmir:
»Manchmal ist es nicht leicht, die kapitalistische Logik zu entdecken.«

»Individualismus ist eine ideologische Konstruktion des Kapitalismus: Rette dich selber! Diese Idee des Glücks durch Geld, aber auch auf einer sehr persönlichen egoistischen Ebene. Der Freundeskreis oder die Familie wird noch einbezogen, aber sehr eng begrenzt – dies versuchen wir zu bekämpfen.

Was man viel lernt ist, dass der Individualismus die Gesellschaft widerspiegelt. Es gibt dieses tiefe Misstrauen, immer zu glauben, der andere werde einen bestehlen. Eine Entfremdung vom anderen, weil du immer denkst, der andere will dir Schlechtes. Das findet sich überall, selbst bei den Kleinen, bei den Frauen, bei den Alten. Das menschliche Leben besitzt keinen Wert, die Menschen selber besitzen keinen Wert. Ob du gut oder schlecht handelst, es macht keinen Unterschied – darum ist alles egal. Wenn wir uns heute gut verstehen, dann kann es doch sein, dass wir uns morgen bekriegen und übermorgen ist wieder alles gut – aber immer ist es oberflächlich. Immer gibt es dieses Misstrauen, dass du mir morgen Böses tust.

Manchmal ist es nicht leicht, die kapitalistische Logik in etwas zu entdecken, selbst im Allereinfachsten. Denn wir haben den Kapitalismus nicht nur als wirtschaftliches System, sondern auch als kulturelles und ideologisches. Vor kurzem waren wir in einem Seminar, und es kam ein neuer Compañero, und dieser sagte, er wolle nicht reden, da er neu sei und Angst hätte, etwas Dummes zu sagen. Aber auch das ist ein Produkt des Kapitalismus: uns voreinander zu schämen. Wovor soll ich Angst haben, wenn ich etwas Dummes sage? Es passiert mir nichts. Gegenüber einem anderen Menschen sollte man sich wohl fühlen und nicht Angst haben.«

Roberto López:
»Wir müssen in jeder Minute schauen, ob was wir tun, konsequent ist.«

»Im Kollektiv, in der Gemeinschaft merkt man, dass man in Wirklichkeit gar nicht so solidarisch ist, wie man denkt, sondern ziemlich egoistisch, dass man gar nicht so anti-kapitalistisch ist, wie man glaubt, und schon viele Werte des Kapitalismus in sich selber hat. Und wenn man das merkt, dann braucht es eine Anstrengung, sich zu verändern. Das kostet Kraft, denn alles, was normal war für einen, muss man bereit sein in Frage zu stellen – und das ist mir passiert.

Wir sind nicht erzogen worden, um gleich zu sein, sondern wir sind erzogen worden, um zu befehlen oder zu gehorchen und in allem, was wir machen, unseren Vorteil zu suchen. Wenn wir also versuchen, kollektiv zu arbeiten, dann entsteht daraus ein sehr großer Widerspruch in dem, was wir wollen und dem, worauf wir unser ganzes Leben vorbereitet wurden. Darum müssen wir in jeder Minute schauen, ob was wir tun konsequent ist oder ob wir uns erneut in Widersprüchen verfangen haben. Zum Beispiel auf der einen Seite zu sagen: Compañero! und auf der anderen Seite den anderen zu mobben.

Das kommt vor. Manchmal hat derselbe Compañero, der immer sagt, wir müssen solidarisch sein, eine solche Verhaltensweise drauf. In der ganzen Zeit merken wir, dass es nicht reicht, etwas zu sagen – wir müssen es in allem, was wir tun, versuchen umzusetzen: in jeder Handlung, von der einfachsten und alltäglichsten bis hin zu den komplexeren und politischeren. Auf diesem Weg stoßen wir auf einen Haufen Widersprüche. Das ist Teil des Prozesses; zumindest ist es ein Anfang.

Zum Beispiel die Autonomie, die Horizontalität, dass wir alle gleich sind – das zu glauben ist der Anfang, aber das reicht nicht, es muss jeden Tag umgesetzt werden. Wir arbeiten mit der MTD, wir essen mit der MTD, wir kämpfen mit der MTD, und wir kämpfen auch darum, dass dieses Projekt vorwärtskommt. Wir sind ein Teil der Leute und ein anderer Teil der

Compañeros will das wohl auch, aber gleichzeitig reproduzieren sie zu Hause dieselben Beziehungen: Der Mann befehligt der Frau abzuwaschen und schlägt die Kinder – sie reproduzieren sehr stark die Beziehungen des Kapitalismus.

Das erzeugt eine große Müdigkeit. Es ist unglaublich, wie viel es braucht, bis verstanden wird, dass es hier ohne Chefs funktioniert, dass wir uns selber unsere Antworten geben. Es vergeht viel Zeit, bis die Compañeros das erste Mal beginnen zu verstehen, dass alles gemeinsam gelöst wird – oder nicht gelöst wird. Bis dahin geht viel verloren.«

Andrés Fernández:
»Alle haben ihr eigenes Tempo.«

»Den Mangel an Einsatzbereitschaft bei einigen Compañeros verstehe ich sehr gut. Wir können nicht so tun, als seien wir bereits der ›neue Mensch‹, von dem Che Guevarra spricht, und jede Arbeit freiwillig übernehmen. So bin ich auch nicht, das gibt es nicht, dieses Ideal existiert in keiner Bewegung. Wir haben schon einige gute Eigenschaften, aber wir sind auch noch weit weg. Das ist ein wirklich langer und langsamer Prozess, der sich im Laufe der Zeit entwickelt, und wir sollten heute nicht so tun als ob. Denn wir alle kommen konstruiert durch diesen Individualismus, den dir der Kapitalismus Jahr für Jahr in den Kopf gepflanzt hat.

An vielem merke ich, dass ich mich verändert habe – viele Einstellungen, bis hin zur eigenen Persönlichkeit, verändern sich. Man versucht, sich zu verändern, um die Beziehung zu den anderen Compañeros zu verbessern – die Werte, die wir verloren haben, uns wieder anzueignen. Diese Formulierungen, diese Deklarationen, dass wir Compañeros sind, dass wir uns gegenseitig respektieren und all das, haben ihren Grund in der schrecklichen Unterdrückung, die wir erleiden. Die gesellschaftlichen Subjekte haben heute das Gefühl, als sei ihnen absolut alles genommen worden, bis hin zur eigenen Integrität als Menschen. Darum verstehen die Compañeros das, auch wenn sie es nicht ausdrücken würden, denn es ist etwas Verborgenes. Es wird erlitten, ohne es zu wissen. Aber es zeigt sich darin, dass im allgemeinen die Forderung von allen Compañeros ist: Wir müssen uns respektieren. Denn diese Person fühlt sich bereits, als habe sie den Respekt für ihr eigenes Leben verloren. Es gibt einen Mangel in der Gesellschaft an direktem Respekt. Wissend, dass Kinder des Hungers sterben, und wissend, dass 99 Millionen Tonnen Getreide in Argentinien produziert werden – darum fühlt man eine Ohnmacht wegen dieses Angriffs auf unsere Würde. Darum ist die oberste Wiederaneignung dies: Hier müssen wir uns respektieren, hier müssen wir Compañeros sein. Aber das geschieht nicht, weil wir uns darauf einigen, sondern es muss sich jeden Tag neu bilden.

Der *Compañerismo*: Diese Werte bilden sich im Leben, in der alltäglichen Arbeit, in den neuen sozialen Beziehungen – in diesem Zusammenspiel, das sich im Kollektiv ergibt. Und in diesem Prozess haben wir bei allen einen inneren Widerstand. Wir haben auch direkte Forderungen gegenüber den Compañeros: Ich behandele dich gut, ich will, dass du mich gut behandelst. Wir können nicht gleich schnell fortschreiten in diesem Prozess. Alle haben ihr eigenes Tempo. Es gibt einige Compañeros, die mehr Mühe haben, diese Werte zu begreifen, und andere kostet es weniger, aber wir gehen alle durch diesen Prozess. Der, für den es eine Anstrengung ist, diese Werte sich wieder anzueignen, muss mit einem inneren Widerstand kämpfen, er macht es gezwungenermaßen.

Wenn jemand einen wirklich überragenden Schritt macht, aber er fühlt sich gezwungen dazu, dann wird er fordern: Ich habe das gemacht, also muss der andere das jetzt auch. Das passiert oft, das passiert total oft. Wenn dieser Schritt aber aus der Weiterentwicklung des eigenen Bewusstseins entsteht, dann wird er das gerne machen und es von niemandem sonst fordern.

Oft nehme ich diesen Widerspruch auch bei mir selber wahr. Zum Beispiel, wenn jemand seine Aufgaben nicht erfüllt. Oder wenn jemand sich reaktionär verhält. Das verursacht mir eine innere Krise: Wie kann das sein? Ich würde dann gerne sagen: Dieser Compañero, der muss in seine Grenzen verwiesen werden! Aber das ist ein Irrtum. Das mache ich nicht. Denn ich weiß, dass es das nur reproduziert. Jeder einzelne muss anfangen, seine Irrtümer und seine eigenen Grenzen zu erkennen. Es geht darum, im Tempo des anderen zu gehen, im Tempo dessen, der sich noch verändern muss.

Wir alle müssen lernen. Das ist keine akademische Lehre, aber wir nennen das Lernen: Lernen bedeutet, das, worüber wir reflektieren, in die Praxis umzusetzen. Lernen, sich die Praxis anzueignen, über die wir reflektieren. Permanente Reflektion und Praxis. Das ist die Idee. Mit dem Respekt gegenüber dem Menschen. Ich glaube, dass es nie den fertigen neuen Menschen geben wird. Dieser völlig neue Mensch, der seine Individualität verlernt hat, der seine Eigeninteressen verlernt hat, um alles in das Kollektiv zu stecken und eine wirklich gemeinschaftliche Haltung einzunehmen, jenseits aller Differenzen. Es werden immer einige weiter und andere weniger fortgeschritten sein in diesem Prozess.

Im Jahr 2000, als die Pfarrei geräumt wurde, habe ich gesagt: Ich habe ein Grundstück, wir werden da alle sechs Familien unterkriegen, gehen wir doch alle dorthin – ohne darüber nachzudenken. Heute bin ich wirklich glücklich darüber, dass ich das konnte. Der Fehler aber war, alles in kollektiven Besitz zu übergeben. Nicht nur das Grundstück mit den Häusern, sondern alles: Das Werkzeug, mein Privateigentum, alles. Das war ein Fehler! Warum? Weil es noch nicht die Zeit war für eine solche gemeinschaftliche Haltung. Das Werkzeug ging verloren – was benutzt wurde, wurde nicht wiedergebracht, keine Ahnung, wo das jetzt ist. Vielleicht aus Mangel an Achtsamkeit, wahrscheinlich sogar, aber das hat damit zu tun: Wer das benutzt hat, kann das nicht liegen lassen, nach dem er es nicht mehr braucht, er muss es zurückbringen, damit es der nächste auch benutzen kann.

Und heute? Es ist heute auch noch so: Ich teile weiterhin alles.« Andrés lacht. »Aber es ist ein Fehler. Es verursacht mir wirklich eine Krise. Doch heute kann ich keine Bedingungen mehr für die Benutzung setzen, nachdem ich anders begonnen habe. Letztlich habe ich einfach den Fehler gemacht, mich in der Zeit zu irren.«

Todo cambia? – Alles verändert sich?

Schöner leben: Wird die Lebensqualität gesteigert?

Bevor ich zum zweiten Mal nach Argentinien fuhr, um die Interviews zu führen, entwarf ich eine Liste mit Fragen. Eine davon hieß: »Sind Sie glücklich?« Diese Frage solle ich nicht so stellen, wurde mir vor meiner Abreise geraten. Ich sah ein, dass die Fragestellung zu stark eine Richtung vorgibt, und habe mich stets bemüht, möglichst neutral zu formulieren. Umso erstaunter war ich, als ich tatsächlich oft die Antwort, glücklich zu sein, bekam.

In Santa Fe sind dies Frauen, die sich in der Frauengewerkschaft bzw. im Red Interbarrial wohl fühlten, und es trotz ihrer Armut schafften, ein Auskommen mit ihrer Familie zu haben. Mein eigener Eindruck war, dass die Natur in La Guardia und Colastiné Sur das Leben dort entspannter macht als die slumartigen Zustände in den anderen Barrios. Zudem tragen das Holz und die Fische schon wesentlich zur Grundversorgung bei und erleichtern damit das (Über-)Leben.

In Buenos Aires, und das heißt: in seinen endlosen Vorortsbezirken, bekomme ich die Antwort, glücklich zu sein, weniger häufig. Es ist schwieriger, das pure Überleben zu organisieren. »Heute die 150 Peso reichen ja noch nicht einmal dafür, sich ein Kaugummi zu leisten«, spitzt es Clotilde Silvero aus Solano zu. Für sie ist klar: »Früher war ich ruhiger. Und heute bange ich um die Zukunft – hoffend, aber bangend.«

Dagegen kommt hier in den Antworten deutlicher die Bedeutung der Organisierung vor. So beschreibt Célia Britos: »Früher hatte ich eine gute Arbeit. Aber ich weiß nicht, ob das heißt, dass ich glücklich war. Ich glaube, dass auch das Leben hier sehr gut ist. Sich zu helfen, miteinander zu teilen – das ist eine neue Erfahrung. Ich fühle mich gut, bin zufrieden.«

Je mehr sich eine Person in der Bewegung organisiert, desto glücklicher scheint sie – oder umgekehrt: je glücklicher sie das Miteinander kämpfen macht, desto mehr engagiert sie sich. Für Neka Jara, die entlassen wurde, weil sie ihre Beteiligung in der MTD Solano nicht aufgegeben wollte, ist die Freude entscheidendes Element bei dem, was sie tun: »Wir widerstehen mit Freude – für uns ist Kämpfen Freude. Es ist ein Zeichen, dass wir lebendig sind. Und dass wir träumen und dass wir an die Freiheit glauben, dass wir uns mit der Freiheit bewaffnet haben. Wenn das alles sehr stark ist, dann erzeugt es dir Freude. Du bist in einem Gefängnis, aber mit der Überzeugung, dass du für die Freiheit kämpfst. Ich glaube zumindest, wenn der Wunsch, das Leben zu verändern oder die Art der Gesellschaft zu verändern, in dir Schwere oder Traurigkeit erzeugt, dann ist es nicht wert, dafür zu kämpfen.

Das Leben kann viel bereithalten – es gibt zum Beispiel Momente, wo sie Compañeros misshandeln oder ermorden. Ja, das erzeugt Wut und Schmerz, aber niemals entzieht es dir die Lust zu kämpfen und dich trotz allem frei zu fühlen.«

Leider kann ich an dieser Stelle nicht das Grillenzirpen und die romantischen Musikklänge wiedergeben, welche diese Worte auf meiner Aufzeichnung des Interviews im Hintergrund begleiten. Wir sitzen zu abendlicher Stunde mit einer Reihe Compañeros im Hof einer kleinen Hausgemeinschaft in Solano. Alberto Spagnolo stimmt ein: »Dass mich das Kämpfen glücklich macht – daran besteht kein Zweifel. Mit den Compañeros zu kämpfen: das ist der Reichtum, den wir haben.«

Cambio humanístico:
Kommt es zu Veränderungen durch die Organisierung?

»Die Träume, die man so hat – nach Gerechtigkeit, Gleichheit, Freiheit – ich glaube nicht, dass sich das in einer Partei erreichen lässt, weil die Form der Organisierung sehr entscheidend ist: weil hier versucht wird, den sozialen Wandel in allem bereits zu leben.« Darum sei er in der MTD Solano, so Roberto López.

Die Bewegungen, bei denen ich mich aufgehalten habe, sind nicht die größten in Argentinien; sie sind eher klein. Aber es sind Bewegungen, die sich basisdemokratisch (selbst) organisieren. Wie in den letzten beiden Abschnitten zum inneren Widerspruch und zur Lebensqualität schon angeklungen, kommt es dabei zu Veränderungen der eigenen Person.

Die erste Veränderung, die viele durchgemacht haben, ist sich selbst als widerständige Person zu verstehen. Viele lehnten politische Aktionen ab. »Früher, als meine Mutter in die Bewegung eintrat, und ich im Fernsehen die Demonstrationen und die Blockaden sah, sagte ich: ooohhhh.« Carina Mabel Chávez lacht. »Aber dann habe ich nachgedacht und zu mir selber gesagt: Das musst du tun. Denn eine Arbeit kriegst Du nicht.« Daniel Rodríguez von der MTDL Guernica erzählt in einer Gesprächsrunde ähnliches: »Als ich in die Bewegung eintrat, hatte ich nicht viel Sympathie für die Piqueteros.« Luis Coria nickt: »Ich auch nicht. Ich habe die Piqueteros alle schräg angeguckt.« Daniel: »Ich habe es aus einer anderen Sicht gesehen.« Mónica Rojas: »Der des Fernsehens!« Daniel: »Der des Fernsehens. Aber als ich eintrat, merkte ich, dass es eine Volksküche gab, wo die Leute, die zu Hause nichts zu essen hatten, hingehen konnten. Und wie wir auf der Straße zusammen dafür gekämpft haben, um Essen dafür zu bekommen – das war etwas anderes, das hat mein Denken verändert. Und jetzt verändere ich mich seit einem Jahr, denn es geht mir besser: Ich fühle mich nützlich, wenn ich den anderen helfen kann. Das was ich tun kann, das tue ich. Ja, und jetzt bin ich Piquetero!« Es liegt Stolz in seiner Stimme. »Es ist eine Veränderung im Moralischen und im Persönlichen.«

»Man fängt hier an und denkt nur an die Arbeit«, so Célia Britos aus der MTD Solano, »aber durch die Gesprächskreise und all das ändert sich völlig die Sichtweise. Man ist nicht mehr wegen des Geldes hier, sondern wegen etwas darüber hinaus, was man sich im Kämpfen sucht: dass es sich ändert, dass sich das System ändert, dass wir alle gleich sind, dass niemand befiehlt und sich niemand bereichert. Früher war ich nie politisch tätig. Die Politik der Regierung hat mir nie gefallen. Aber heute glaubt man nicht mehr an das, an was man früher geglaubt hat. Solange man eine Arbeit hat in einem Unternehmen oder beim Staat, solange glaubt man, dass die Politiker gut sind, aber seit ich in der Bewegung begonnen habe, sehe ich das Leben mit anderen Augen.«

Die zweite Veränderung ist, damit zusammenhängend, sich selbst als solidarischen Menschen erleben zu wollen. »In Bezug auf Teilen, Kameradschaft, die Art zu denken, überhaupt zu kämpfen, die Autonomie – ja, ich habe mich verändert«, urteilt selbst die Person, die gleichzeitig aussagte, sie wünsche sich lieber wieder eine Erwerbsarbeit, in der nicht alles ständig diskutiert werden müsse. Doch auch auf ihre Veränderung in den Versammlungen ist sie stolz: »Ich rede heute mit!«

Dieses »Heute kann ich sprechen« ist die wesentliche dritte Veränderung, die genannt wird – nicht nur, aber insbesondere bei den Frauen. »Zugehört habe ich und geredet haben die anderen. So war das früher«, erinnert sich Gladys Díaz von der Frauengewerkschaft. »Da habe ich mich sehr verändert.« Ähnlich war es bei Carina Valenzuela aus La Guardia: »In den ersten Tagen, als ich hier war, habe ich mich nicht getraut zu sagen, was ich gedacht habe. Ich hatte Angst, das könnte irgendwie schlecht sein. Und jetzt rede ich sehr wohl in den Versammlungen. Wenn jemand etwas sagt, was mir nicht gefällt, dann kann ich mich einmischen. Dadurch fangen wir an zu verstehen, dass wir immer alles sagen sollten, was uns passiert oder was wir fühlen.«

»Früher bin ich in meinem Haus geblieben« ist das, was die meisten Frauen von ihrem vorherigem Leben berichten, selbst, wenn es einmal ganz anders begonnen hatte: »Als ich jung war, habe ich studiert, aber dann musste ich das Studium wegen Geldproblemen aufgeben und ich bin zu Hause geblieben. Kontakte hatte ich nicht, auch nicht mit meinen Nachbarinnen«, erzählt beispielsweise Célia Britos aus Solano. Damit hat sich das alltägliche Leben dieser Frauen sehr stark verändert – sowie ihr Verhältnis zu anderen Menschen. Dies ist die vierte Veränderung.

»Aber ja, ich habe mich verändert!«, urteilt Natalie Mercado. »Auch in der Art, wie ich auf Leute zugehe, denn früher kannte ich niemanden. Heute kenne ich alle! Wenn ich zum Beispiel irgendwo anstehen muss, rede ich jetzt mit den Leuten um mich herum. Früher kam das nur selten vor, da ich sehr still war. Heute aber gehe ich auf die Menschen leichter zu.«

Ein Teil dieser Veränderung hängt sicherlich mit der neoliberalen Wirtschaftspolitik zusammen, welche sie zwingt, außer Haus arbeiten zu gehen, was viele dieser Frauen nicht gewohnt waren: »Mein Leben hat sich sehr verändert durch die Krise«, sagt María Garcia aus La Guardia bedauernd. »Früher habe ich nicht gearbeitet, heute arbeite ich. Früher war ich immer mit meinen Kindern zusammen, und heute bleiben sie auch schon mal alleine. Es tut mir Leid, dass ich morgens nicht da bin; mittags kann ich etwas Zeit mit ihnen verbringen, wenn ich von der Arbeit komme, aber dann lege ich mich hin und gehe zum Red zum Arbeiten – ja, es hat sich sehr verändert.«

Dass sie auch mehr Selbstvertrauen gewonnen hat, bezieht María aber auf ihre Arbeit im Frauennetzwerk. Viele erwähnen dies als fünften Bereich, in dem Veränderung stattgefunden hat: »Ich habe mich verändert durch das, was ich im Red gelernt habe: etwas mehr von dem zu wissen, was einer Frau sonst oft Wissen fehlt«, formuliert es beispielsweise Blanca Cánepa aus La Guardia. Aber auch in der MTD Solano, wo Geschlechterthemen eigentlich nicht auf der Tagesordnung stehen, sind solche Antworten zu bekommen: »Ich habe mich in meinem Verhältnis zu Männern geändert, denn nun kenne ich meine Rechte – früher war das nicht so«, erzählt Célia Britos.

Doch nicht immer war es die Vermittlung eigener Rechte, welche dazu geführt hat. Ausgerechnet María Angela Niní, welche berichtet, dass sie und ihre Familie ein halbes Jahr ohne jedes Einkommen auskommen mussten, erwähnt die Not anderer als ausschlaggebend für ihr Engagement. »Früher bin ich kaum aus dem Haus gegangen, war immer daheim mit den Kindern, mit der Wäsche, mit allem – in diesem Sinne habe ich mich sehr verändert. Als ich in das Red eintrat, war das schon eine große Verpflichtung für mich – all diese Leute, denen es zum Teil noch schlechter ging als mir.«

Die eigenen Rechte zu kennen, sprechen zu können und mit anderen Menschen in Kontakt zu treten, ermöglicht erst, das eigene Leben in die Hand zu nehmen. »Ich habe mich sehr verändert, in meinem ganzen Sein. Mein Leben als solches hat sich sehr verändert«, fasst es Laura Bonano zusammen. »Ich bin immer glücklich gewesen, aber mir fehlte, selbstbestimmt zu leben, zu tun und zu lassen, was ich wollte. Im täglichen Leben konnte ich früher nicht diese Erfahrungen machen, die mir hier möglich sind.«

Wenn die Veränderungen so stark mit der Krise zusammenhängen – würde das bedeuten, dass ohne Krise die Veränderungen rückgängig gemacht würden? Nur zu oft hat die Geschichte gezeigt, dass Frauen nach

Phasen des Umbruchs wieder auf ihre traditionellen Rollen verwiesen wurden. Beatríz Almada aus dem Red in La Guardia schätzt dies anders ein: »Wenn die Krise vorüber sein sollte, glaube ich, dass die Frauen hier genauso weitermachen.« Ob sie Recht behält, wird sich zeigen müssen.

Welche Visionen bestehen?
Drei Zitate für eine andere Welt

Soledad Bordebaray: »Zu kämpfen ist das anti-hegemonialste, was wir haben.«

»Der Sicherheit ihrer einzig möglichen Welt setzen wir die Sicherheit der Selbstverwaltung gegenüber. Das ist unsere Stärke. Wir sind beständig auf der Suche, wie die neue Welt zu erschaffen ist. Das ist eine Aufgabe für jeden Tag. Unser Projekt ist der Kampf, ich glaube, dass ist vielleicht das Beste, was wir haben. Und zu kämpfen ist das anti-hegemonialste, was wir haben.«

Neka Jara: »Die Rebellion ist unser Weg und unsere Zukunft.«

»Wir haben zumindest eine Übereinkunft: Was auch passieren mag, dass wir uns immer organisieren und kämpfen. Das bedeutet Autonomie für uns: diese Möglichkeit, niemals die Rebellion zu verlieren, die Fähigkeit, immer weiter zu fragen. Wir glauben nicht, dass die Revolution vor der Tür steht, nein, wir glauben, dass die Rebellion immer existiert, dass es unser Weg ist. Wir werden kämpfen. Das ist unsere Zukunft, die schon heute angefangen hat.«

Toty Flores: »Ich habe bereits eine andere Welt.«

»Mit den Mitteln, die wir haben, glauben wir, dass wir die Welt verändern können. Das ist nicht möglich von einem Tag auf den anderen, sie verändert sich durch das alltägliche Leben. Ich glaube, dass sie hier verändert wird, dass sie in Europa verändert wird, dass sie in Afrika verändert wird. Soziale Bewegungen verändern sie, denn wenn nicht, sagen wir: Gut, jetzt reden wir, wie sie sein sollte, und andere müssen das machen. Ich glaube, dass es sehr wichtig ist anzufangen, sie zu verändern. In diesem Sinne ist es sehr wohl eine Alternative zu dem, was der Neoliberalismus will. Durch diese Erfahrungen verändern wir die Wirklichkeit. Ich habe viel Vertrauen in das, was wir erreichen. Zumindest für mich hat sich die Welt verändert. Ich habe bereits eine andere Welt.«

Die andere Welt: ein anderer Weg? Ausblick

> Die Utopie liegt am Horizont: wenn ich zwei Schritte gehe, nimmt sie zwei zurück. Ich gehe zehn und sie tritt zehn zurück. Wofür ist die Utopie gut? Dafür: fürs Gehen.
> Eduardo Galeano

Bin ich mit dem Bild ganzer solidarisch organisierter Stadtteile gefahren, so werde ich in dieser Hinsicht enttäuscht: Aus der Nähe betrachtet entzaubert sich manches. Das gilt nicht nur für den Umfang dieser Wirtschaftsansätze, es gilt nicht nur für die ökonomische Seite dieser Versuche, sondern auch für die Nah-Sicht auf die alltäglichen Probleme von Menschen, die sich bemühen, etwas außerhalb der Verwertungslogik miteinander aufzubauen, aber nie etwas anderes gelernt haben. Trotzdem liegt gerade hierin das für mich Faszinierende: die Revolution im Inneren. Fast alle Menschen berichteten von einschneidenden Veränderungen durch ihre Organisierung. Je weniger sie in den Arbeitsplänen nur eine Möglichkeit Geld zu verdienen sehen und je mehr sie sich in die Bewegungen als Projekt einbringen, desto stärker: sich als widerständigen Menschen zu verstehen; sich als solidarischen Menschen zu erleben oder erleben zu wollen; sprechen zu können mit und vor anderen und somit die eigene Meinung in den Prozess einzubringen. Überhaupt über den engen Kreis der Familie hinaus Kontakte und Freundschaften aufzubauen. Und schließlich, Vertrauen in die eigene Stärke, Lust zum Träumen und Kraft zur Veränderung zu entwickeln. Auch, wenn es zunächst enttäuschend schien, wie schwierig sich beispielsweise Horizontalität umsetzen lässt, so war doch der Anspruch da und der Versuch, dem Ziel näher zu kommen – und niemand, der sich auf der scheinbaren Unmöglichkeit, dies zu erreichen, ausruht.

Sind die Erfahrungen aus Argentinien nur für eine ferne Utopie interessant? Ist es nur für ärmere Länder als Deutschland relevant? Während die Public Relations-Agentur »Zum Goldenen Hirschen« – nachdem sie die Partei *Die Grünen* so erfolgreich im Wahlkampf beraten hatte – den Auftrag bekommen hat, die Agenda 2010 als sozialpolitische Errungenschaft zu verkaufen, droht durch Hartz IV ein in der Bundesrepublik unbekannter Verarmungsschub. Das Existenzminimum wird herunterdefiniert: Wurden schon seit Anfang der neunziger Jahre die Sozialhilfesätze nicht ausreichend an die Preisentwicklung angepasst, so treffen diese Kürzungen weitere fünf Millionen Menschen; darunter anderthalb Millionen Kinder.[50]

Die Zahl der Erwerbslosen steigt unaufhaltsam weiter, doch nicht nur diese sind auf Sozialhilfe angewiesen: Ende 2000 waren 63.000 Menschen Vollzeit erwerbstätig, die zusätzlich Sozialhilfe erhalten mussten.[51] Bei Frauen sind es sogar über ein Viertel aller Vollzeit beschäftigten, welche kein existenzsicherndes Einkommen erhalten.[52]

Die Reformen seien gestaltet, als seien die Erwerbslosen schuld an der Arbeitslosigkeit, kommentiert Uwe Becker die Arbeitsmarktspolitik. Der Ausspruch ›Jede Arbeit ist besser als keine!‹ impliziere: »Der Wert der Arbeit ist so hoch, dass er die Entwertung sonstiger Lebenszusammenhänge

---

50 Berechnung von Kinderschutzbund, Kinderhilfswerk und der Paritätische Wohlfahrtsverband; vgl. die tageszeitung vom 5. März 2004; S. 2. Wer dabei nur an fehlende Markenklamotten denkt, liegt falsch: Arme Kinder sterben öfter direkt nach der Geburt, sie sterben doppelt so häufig durch Unfälle, sie sind wesentlich anfälliger für akute und chronische Erkrankungen, sie leiden häufiger an Sprachauffälligkeiten, Sprachstörungen und Koordinationsstörungen sowie sozialer Ausgrenzung und Gewalterfahrungen. Ihre Wahrscheinlichkeit, einen Realschulabschluss zu erhalten, ist um 19 Prozent geringer, das Abitur zu schaffen um 52 Prozent; vgl. Christoph Butterwege und Michael Klundt in »Kinderarmut und Generationengerechtigkeit«; zitiert nach: Jan Süselbeck: «Die Agenda frisst ihre Kinder«, in: Jungle World Nr. 13 vom 17. März 2004, S. 10.

51 Der Anteil an Teilzeitbeschäftigung steigt, doch das häufig nicht freiwillig. »Überall, wo man anfragt, gibt es nur noch Minijobs«, zitiert Barbara Dribbusch eine Lebensmittelverkäuferin aus Berlin. Die Umwandlung von sozialversicherten Arbeitsplätzen in Minijobs treffe inzwischen Hunderttausende von Stellen. Ende 2003 gab es 227.000 sozialversicherte Jobs weniger als im Vorjahr; die Zahl der so genannten 400-Euro-Jobs war derweil auf 835.000 angewachsen. Damit arbeitete etwa jede dritte Angestellte im Einzelhandel ein Jahr nach In-Kraft-Treten dieser Neuregelung auf 400-Euro-Basis. Vgl. Barbara Dribbusch: »Und plötzlich sind es Mini-Jobs. Im Einzelhandel ist die Zahl der sozialversicherten Jobs gesunken, während die 400-Euro-Verträge boomen. Gewerkschaft Ver.di rügt: Es trifft allein stehende Frauen«, in: die tageszeitung vom 20./21. März 2004, S. 11. Sicher weitaus größer ist die Gruppe, die sich nicht zum Sozialamt traut.

52 Eine Studie der Europäischen Union kommt zu dem Ergebnis, dass in Deutschland 2,3 Millionen Menschen, das sind 13,3 Prozent aller Vollzeitbeschäftigten, weniger als zwei Drittel vom Durchschnittseinkommen verdienen. Dies ist ein Verstoß gegen die vom Europarat 1960 verabschiedete Sozialcharta, wonach kein Lohn unter 68 Prozent des nationalen Durchschnittslohns gezahlt werden soll. Vier Fünftel davon sind Frauen. Weniger als die Hälfte des Durchschnittseinkommens erhalten 1,2 Millionen Menschen.

rechtfertigt. Entsprechend hieß es auch im ursprünglichen Entwurf von Hartz IV, Absatz 13: Die ›bisherigen Qualifikationen des Erwerbslosen, Entfernung zur neuen Arbeitsstelle oder ungünstige Arbeitsbedingungen sind unerheblich‹. Als ›unerheblich‹ gelten also: Die Qualifikation, die ein Mensch unter Einsatz von Zeit und vielfach verbunden mit persönlicher I-dentifikation erworben hat; die sozial-räumlichen Beziehungen, die ihr oder sein Leben zentral prägen« (Becker 2003).

Selbst die WissenschaftlerInnen vom Deutschen Institut für Wirtschaftsforschung haben festgestellt: Die Agenda 2010 ist eine Umverteilung von unten nach oben.[53] Dabei ist es eine politische Entscheidung, den Sozialstaat ab- und nicht auszubauen: Nicht zuletzt die jeweilige deutsche Regierung hat in den letzten Jahren die globalen Wirtschaftsinsitutionen auf neoliberalen Kurs gebracht. Geld wäre genug da: Viele Großunternehmen machen Millionen- oder gar Milliardengewinne. Doch wem nützt das, solange eine Krankenschwester mehr Steuern zahlt als Siemens oder die Deutsche Bank?[54]

Es geht hier jedoch nicht um die Wiedererlangung des fordistischen Wohlfahrtsstaates – mit allen seinen patriarchalen und postkolonialen Implikationen: der Rollenzuweisung an die Geschlechter und der Ausbeutung des Südens. Der Kapitalismus versagt tagtäglich: mit jeder Tier- und Pflanzenart, die ausstirbt; mit jedem Krieg, der um Ressourcensicherung geführt wird, mit jedem der 100.000 Verhungernden täglich sowie in jedem Moment, der uns zu Konkurrenten macht und in jedem Augenblick, in dem gemobbt oder ›versagt‹ wird.

Doch nachdem in den sozialen Bewegungen die ökonomische Seite jahrzehntelang in den Hintergrund trat, bekommt diese zur Zeit eine neue Bedeutung. Kate Millet, als Verfasserin des feministischen Standardwerks *Sexus und Herrschaft* eine der wesentlichsten Impulsgeberinnen der aus 1968 entstehenden Frauenbewegung beschrieb Ende der neunziger Jahre in ei-

53 »Zwischen Traum und Wirklichkeit«, in: die tageszeitung vom 26. März 2004, S. 3. Allein die Kapitalgesellschaften zahlten von 2001 bis 2003 jährlich 20 Mrd. Euro weniger Gewinnsteuern als in den drei Jahren zuvor. Auf die veranlagte Einkommensteuer und die Gewerbesteuer entfielen pro Jahr weitere fünf Mrd. Steuerausfälle. Währenddessen stiegen die Unternehmensgewinne. Vgl. Rainer Roth, Autor des Buchs *Nebensache Mensch – Arbeitslosigkeit in Deutschland* in der Zeitung des Berliner Bündnisses zum europaweiten Protesttag, dem 3. April 2004.

54 So zahlte beispielsweise die Deutsche Bank im Jahr 2001 bei einem Gewinn von 1,8 Milliarden Euro nicht einen Euro an Steuern; bei Siemens lagen die Steuern nur bei einem Drittel von dem, was das Unternehmen als staatliche Fördermittel bekommt.

nem Artikel ihre ökonomische Situation: »Mir wird allmählich klar, dass es keinen Job gibt. Ich kann keine feste Anstellung bekommen. Ich kann kein Geld verdienen (...) Ich bin nicht vermittelbar. Beängstigend, diese Zukunft. Armut, Demütigung, die ferne Horrorvision einer Obdachlosen mit ihren Plastiktüten – was steht mir bevor, wenn meine Ersparnisse aufgebraucht sind?« Die ökonomische Solidarität untereinander sei viel zu wenig bedacht worden, die feministische Bewegung habe versagt, ein stabiles Gebäude zu errichten, das Gemeinschaft oder Sicherheit geboten hätte (Millet 1998, 463 f.).

Auch für eine Bewegung in Deutschland wird es Zeit, sich mit ökonomischer Solidarität untereinander zu beschäftigen. Zwar sind in dieser Hinsicht die Lehren aus Argentinien nur insofern hilfreich, als dass sie zeigen, dass gegen den Sozialabbau gekämpft werden muss – zum Beispiel in Form eines bedingungslosen Grundeinkommens –, und leider nicht darin, ökonomische Alternativen zum Kapitalismus innerhalb des Kapitalismus aufzuzeigen. Aber hinsichtlich der Veränderungen durch gelebte Gemeinschaft und Solidarität sind sie dennoch ermutigend: Es ist der Versuch, einen utopischen Überschuss darin zu leben. So wie in Argentinien gerade erst damit begonnen wurde, sich basisdemokratisch zu vernetzen, so bestehen kaum Erfahrungen in ökonomischer Solidarität, die sich bewusst der Verwertungslogik entziehen, und nicht einfach als Kollektiv in die kapitalistischen Strukturen begeben. Ansätze hierzu entstehen zur Zeit an vielen Orten, auch in Deutschland. So gibt es inzwischen in fast jeder größeren Stadt Umsonstläden, in denen nicht getauscht, sondern einfach gebracht und genommen wird. Zudem wird der geldfreie Zugang an gesellschaftlicher Teilhabe durch Umsonst-Kampagnen in Berlin, Hamburg oder Dresden politisiert. Ist das zu wenig?

Die Erwerbslosenbewegungen in Argentinien wehren sich gegen den Reformismus-Vorwurf: Sie versuchen, neben ihrem Überleben in einer Armutsökonomie an einer anderen Welt zu bauen. Dies soll kein Appell sein, ihr Modell zu übernehmen, sondern das eigene tägliche Leben stärker mit einzubeziehen, wenn wir eine anderen Welt schaffen wollen, und eigene Formen zu finden. Gemeinschaftliche. Dies allein wird nicht zu einer anderen Welt führen – neben erkämpften Freiräumen braucht es auch Bewegungen, welche die herrschenden Verhältnisse erschüttern können. Aber die Erfahrungen aus Argentinien zeigen, dass es auch darum geht, zu erlernen, wie eine andere Welt gestaltet werden könnte.

Schon Marx ging es im Gegensatz zur weit verbreiteten Annahme um viel mehr als nur wirtschaftliche Gerechtigkeit. Erich Fromm formulierte: »Seine Kritik der kapitalistischen Gesellschaft richtete sich nicht gegen die Art, in der sie die Einkommen verteilte, sondern gegen ihre Produktionsweisen, ihre Zerstörung der Individualität und ihre Versklavung des Menschen – nicht durch den Kapitalisten, sondern die Versklavung des Menschen, also des Arbeiters *und* des Kapitalisten – durch Dinge und Umstände, die sie selbst machen« (Fromm 1961, 53).

Marx fasst den Menschen sowohl als ein schöpferisches Wesen auf als auch als ein passives Objekt, das dem sozialen Einfluss seiner Umwelt ausgesetzt ist: Es ist der Mensch, der in einem langen historischen Prozess die materiellen und institutionellen Bedingungen seiner sozialen Welt schafft, denen er dann ›entfremdet‹ gegenübersteht. Niemand tut dies allein, sondern in Kooperation mit anderen. Die einzelnen Menschen können es auch nicht uneingeschränkt nach ihrem eigenen Willen und eigenen Wünschen tun, sondern sie sind den Gesetzen, die der gegebenen sozialen Struktur immanent sind, untergeordnet. Aber es sind Menschen, die diese Welt geschaffen haben, und Menschen können sie auch verändern. Dies ist die Botschaft der Zapatistas, dies sagt die Theorie John Holloways aus – und die Praxis der hier vorgestellten Bewegungen sind Erdschollen dieser neuen Welt. Für einige von ihnen bedeuten diese schon die neue Welt in ihrem eigenen Leben.

In den Wirtschaftswissenschaften, deren Subjekt seit rund zweihundert Jahren der *homo oeconomicus* ist, wird gerade der *homo reciprocans* entdeckt (u.a. Falke 2001). Ja, wir reagieren auf unsere Umwelt! – so die neueste wissenschaftliche Erkenntnis. Wir reagieren freundlich, wenn freundlich mit uns umgegangen wird und verbittert, wenn wir schlecht behandelt werden – wer hätte das gedacht? Zumindest Martin Luther King. Dieser weigerte sich, aus der Gegenwart des Menschseins zu schließen, die Menschen seien nicht fähig, sich anders zu verhalten. Und Mahatma Ghandi formulierte: »Du musst die Veränderung, die du in der Welt sehen willst, selber sein.«

Erst Erfahrungen, die gescheitert sind, zeigen uns bessere Wege, sagen die Zapatistas. Sie sprechen von Resonanzen, welche die Erfahrungen von Bewegungen in anderen Teilen der Welt hervorrufen können, ohne diese zu kopieren. Handlungen müssten auf irgendeine Weise über die bestehende Welt hinauszeigen, um Alternativen zum Bestehenden schaffen zu können, schreibt John Holloway. Es müsse zu einer Akkumulation solcher Erfahrungen kommen, aber dies dürfe nicht als linearer Prozess verstanden werden (2002, 245/247). Vielleicht ist die neue Welt einfach ein Weg, den wir uns erschaffen müssen. Je weiter wir auf diesem Weg gehen, so erscheinen an dessen Horizont immer neue Bilder, wie wir sein könnten und wie eine andere Welt aussehen könnte.

Glossar

Aníbal Verón: war ein 37jähriger *Piquetero* und Vater von fünf Kindern aus der nordöstlichen Stadt General Mosconi, welcher 1999 von der Polizei erschossen wurde. Nach ihm benennt sich die *Coordinadora de Trabajadores Desocupados (CTD) Aníbal Verón,* ein Zusammenschluss verschiedener basisdemokratisch organisierter MTDs in Buenos Aires, darunter die MTD Solano.

Arbeitspläne (planes trabajar): Die von den Erwerbslosen erkämpften Arbeitsbeschaffungsmaßnahmen, welche für vier Stunden Arbeit täglich 150 Peso finanzielle Unterstützung gewähren. Von den insgesamt 1,8 Millionen Arbeitsplänen werden rund 200.000 von Erwerbslosenorganisationen selbst verwaltet.

Asamblea: Versammlung. Seit dem 19. und 20. Dezember 2001 werden in Argentinien damit die Nachbarschaftsversammlungen bezeichnet. Die Asambleas verstehen sich als basisdemokratische, horizontale Treffen von BürgerInnen, in der Regel aus der Mittelklasse, die die aktuellen gesellschaftlichen Geschehnisse diskutieren und die aktiv intervenieren.

Barrio: Stadtteil, aber auch Dorf. In dem Wort schwingt mit, dass hier ärmere Bevölkerungsschichten leben.

Casa Rosada: Erdbeereisfarbenes Regierungsgebäude am *Plaza de Mayo.*

Cacerolazo: Kochtopfdemonstration. Das Wort »Cacerola« bedeutet »Topf« (Cacerola [kaθe'rola] *f.* »Kasserolle« *f,* »Schmortopf« *m,* »Stieltopf« *m.*); bei den Demonstrationen werden Töpfe benutzt, um darauf zu schlagen und auf diese Weise Lärm zu erzeugen.

Central de Trabajadores Argentinos (CTA): Dachverband der Argentinischen Arbeiter. Anfang der neunziger Jahre als Alternative zu den staatstragenden Gewerkschaftsverbänden gegründet.

Colectivo Situaciones: Gruppe organischer Intellektueller aus Buenos Aires. Herausgeber des deutschsprachigen Buches *Que se vayan todos!*

Comedor: Volksküche, in Neudeutsch auch Volxküche oder Vokü. Die Übersetzung ›Suppenküche‹ wäre unpassend, da es fast immer Reis oder Nudeln mit Fleischspuren gibt.

Compañeros, -as: Schön wäre es, wir hätten ein deutsches Wort, welches in ähnlicher Weise die persönliche und politische Nähe zu den Compañer@s ausdrücken könnte. Wer denkt bei Genossen nicht an SED-Parteitage? Übrigens entspricht das @ dem neudeutschen großen I als Zeichen für Doppelgeschlechtlichkeit. Die Frauen in Santa Fe sprachen jedoch nur selten von sich gegenseitig als Compañeras, sondern von »Chicas« (Mädels) – und manchmal ergänzt durch »ähh – und Chicos«.

Comisión: Das Gleiche, was in den MTDs *Taller* genannt wird: Die produktiven Arbeitsgruppen der Bewegungen.

Coordinación: In Santa Fe die Versammlung der Koordinatorinnen aus den einzelnen Arbeitsgruppen.

Coordinación de Trabajadores Desocupados (CTD): vgl. *Aníbal Verón.*

Copa de leche: Glas Milch. Wenn sie können, verteilen die Bewegungen Milch an die Kinder, vergleichbar der Schulmilch, die es früher oft auch in Deutschland gab.

Corriente Clasista y Combativa (CCC): Klassenorientierte und Kämpferische Strömung. Autoritär-kommunistisch ausgerichtete *Piquetero*-Organisation.

Créditos: Alternative Währung auf den Tauschmärkten, der größten Vernetzung solcher Tauschringe.

Frente de Trabajadores Combativos (FTC): Front der kämpfenden Arbeiter. Gegründet nach einer Trennung von der *CTD Aníbal Verón*; zunehmend trotzkistisch ausgerichtete Vernetzung von *Piquetero*-Organisationen.

Federación Tierra y Vivienda (FTV): Föderation für Land und Wohnung. Mit dem Gewerkschaftsdachverband *Central de Trabajadores Argentino* (CTA) verbundene *Piquetero*-Organisation.

Huerta: Gemüsegarten. Nicht nur die Erwerbslosenbewegungen bewirtschaften Gemeinschaftsgärten, sondern auch die Nachbarschaftsversammlungen und andere Zusammenschlüsse, vergleichbar dem aus New York und anderen Städten bekannten community gardening. 2003 waren in ganz Argentinien 9.265 Gemeinschaftsgärten mit 396.847 Beteiligten bzw. Begünstigten registriert.

Kommission: siehe *Comisión.*

Koordination: siehe *Coordinación.*

Lecop: Lokalwährung in Santa Fe.

Madres de Plaza de Mayo: Die Mütter der Verschwundenen der Diktatur. Sie hatten schon zu Zeiten der Diktatur begonnen, auf dem *Plaza de Mayo* zu demonstrieren. Noch immer drehen sie dort jeden Donnerstag um 15 Uhr ihre Runden und zählen zu den einflussreichsten Organisationen Argentiniens.

Mesa general: Der Name für die Delegiertenversammlung der *MTD Solano*, entspricht der *Coordinación* in Santa Fe.

Movimiento de Trabajadores Desocupados (MTD): Bewegung erwerbsloser ArbeiterInnen.

MTD Solano: Nicht-hierarchisch organisierte Bewegung erwerbsloser ArbeiterInnen im Großraum Buenos Aires, welche sich auf die Zapatistas beziehen und Arbeitspläne akzeptieren.

MTDL Guernica: MTD en Lucha – kämpfend. Kurz nach meinem Aufenthalt spaltete sich die *MTDL* an der Frage einer eher basisdemokratischen oder trotzkistischen Ausrichtung; die *MTD*

La Verdad (Die Wahrheit) wurde gegründet.

MTD La Matanza: Piqueteros der ersten Stunde. Basisdemokratisch ausgerichtet, lehnen im Unterschied zu allen anderen Bewegungen die Arbeitspläne ab.

MST (Movimento Sem Terra): Landlosenbewegung in Brasilien.

Patacón: Lokalwährung in Buenos Aires.

Piquete: Ursprünglich Streikposten, inzwischen werden darunter die Blockaden von Straßen oder Brücken verstanden.

Piquetero, Piquetera: Kämpfende Erwerbslose, benannt nach ihrer Aktionsform der *piquetes.*

Planes Trabajar: s. Arbeitspläne

Plaza de Mayo: Platz inmitten von Buenos Aires direkt vor dem Regierungspalast, dem *Casa Rosada.*

Polo Obrero: Sammlung der Arbeiter, trotzkistische *Piquetero*-Organisation.

¡Que se vayan todos!: Alle sollen abhauen! – Ruf der Rebellion vom Dezember 2001, bezieht sich auf alle PolitikerInnen.

Red Interbarrial de Mujeres: Stadtteil übergreifende Vernetzung von Frauen. Von der *SAC* nach dem Vorbild der *MTDs* gegründet.

Sindicato de Amas de Casas (SAC): Hausfrauengewerkschaft.

Taller (productivo): (produktive) Werkstatt. Entspricht dem Ausdruck *Comisión* in Santa Fe.

Trueques: Tauschmärkte. Zu Zeiten der schlimmsten Krise beteiligten sich sieben Millionen Menschen an diesem bis dahin – wie in Deutschland – nur marginal bestehenden System des Austausches ohne offizielles Geld.

Zapatistas, auch *EZLN*: Indigene Bewegung im mexikanischen Bundesstaat Chiapas, welche mit ihrem Aufstand vom 1. Januar 1994, ihren ›Interkontinentalen Treffen gegen den Neoliberalismus und für eine menschliche Gemeinschaft‹ in den Jahren 1996 und 1997 sowie ihrem Politikansatz, die Welt nicht erobern, sondern nur neu erschaffen zu wollen, zur wichtigsten Inspiration für die Globalisierungsbewegung wurde. Bekanntester Aktivist: Subcomandante Marcos.

Literaturverzeichnis

Adamovsky, Ezequiel (2003): »Pots, Pans and Popular Power: the neighbourhood assemblies of Buenos Aires«, in: We are everywhere. The irresistable rise of global anticapitalism, hrsg. von Notes from Nowhere, London/New York, S. 422-427.

Albert, Michael (2000): Moving forward. Program for a Participatory Economy, Edinburgh/London/San Francisco.

Altvater, Elmar (2002): »Auch Pleitegeier können leer ausgehen. Dollardämmerung über Argentinien – Der erste Staatsbankrott des 21. Jahrhunderts?«, in: Freitag. Die Ost-West-Wochenzeitung, Nr. 03 v. 11.01.2002.

AK Kraak (Videokollektiv): brandzeichen. momente einer rebellion, argentinien 2002, D./Arg. 2003.

AK Kraak (Videokollektiv): Mate, Ton und Produktion. Zanon – eine Fabrik unter Arbeiterkontrolle, D./Arg. 2003.

Andruschow, Katrin (2001): »Anders arbeiten für die Zukunft. Die arbeitspolitische Relevanz selbstorganisierter Frauenprojekte«, in: Dies. (Hg.): Ganze Arbeit. Feministische Spurensuche in der Non-Profit-Ökonomie, Berlin, S. 89-118.

Arnold, Alix (2003): Eine Fabrik in Patagonien. Zanon gehört den Arbeitern, Beilage zur Zeitschrift Wildcat Nr. 68, Köln.

Arndt, Christoph/Haidle, Ella, und Marit Rosol (2004): »Graswurzeloasen. Innerstädtische Gemeinschaftsgärten in Buenos Aires und Berlin«, in: Trialog 81. Planen und Bauen in der Dritten Welt, Heft 2/2004: Siedlungsentwicklung und Nachbarschaftsaktivitäten, S. 9 ff.

Bauböck, Rainer (1991): Wertlose Arbeit. Zur Kritik der häuslichen Ausbeutung, Wien.

Beck, Ulrich (1997): »Erwerbsarbeit durch Bürgerarbeit ergänzen«, in: Kommission für Zukunftsfragen der Freistaaten Bayern und Sachsen, Erwerbstätigkeit und Arbeitslosigkeit in Deutschland. Entwicklung, Ursachen und Maßnahmen – Teil III, S. 146-148.

Becker, Uwe (2003): »Erwerbsarbeit kann nicht alles. Bei den Arbeitsmarktreformen folgen die Sozialdemokraten der populistischen These, an der Arbeitslosigkeit seien die Arbeitslosen schuld. Doch diese These ist falsch«, in: die tageszeitung vom 27./28. Dezember 2003, S. 11.

Bennholdt-Thomsen, Veronica/Mies, Maria, und Claudia v. Werlhof (1983): Frauen, die letzte Kolonie. Zur Hausfrauisierung der Arbeit, Reinbek bei Hamburg; sowie Mies, Maria (1987): Patriarchat und Kapital. Frauen in der internationalen Arbeitsteilung, Zürich.

Berger, Timo (2003): »Mehr Peitsche, weniger Zuckerbrot«, aus: Junge Welt v. 24. April 2003.

Biehl, Janet (1991): Der soziale Ökofeminismus und andere Aufsätze, Grafenau-Döffingen.

Bleibaum, Brigitte/Steitz, Lilo (1997): »Orientierung auf Bedürfnisse und Bedarf – Voraussetzung für ein alternatives Wirtschaften. Reflexionen des ostdeutschen Forschungsstandes«, in: Möller, Carola [u.a.] (Hg.): Wirtschaften für das ›gemeine Eigene‹. Handbuch zum gemeinwesenorientierten Wirtschaften, Berlin, S. 51-87.

Böttger, Barbara/Fröse, Marlies W. (1999): »Wissenschaft und Politik – die Geschichte einer fruchtbaren Beziehung. Interview mit Carola Möller, in: Dies./Volpp-Teuscher, Ina (Hg.): Ökonomie und Arbeit – Frauenansichten. Neue Arbeitsformen und neue Widerstandsformen. Festschrift für Carola Möller zum 70. Geburtstag, Frankfurt am Main, S. 17-44.

Boris, Dieter (2002): «Neoliberaler Extremismus. Wirtschaftspolitische Thesen zur Argentinien-Krise», in: Junge Welt v. 19.01.2002.

Boris, Dieter (2002a): «Wie das Steak auf den Grill kommt – und wer es verdaut. Vom Schlachten einer Volkswirtschaft«, in: WoZ. Die Wochenzeitung v. 13.06.2002.

Brand, Ulrich/Hirsch, Joachim (2003): »Suchprozesse emanzipativer Politik. Resonanzen des Zapatismus in Westeuropa«, in: Das Argument. Zeitschrift für Philosophie und Sozialwissenschaften Nr. 253, Heft 6/2003: 20/10 Jahre Aufstand der Zapatisten, Hamburg, S. 835-844.

Braun, Anneliese (1998): Überlebensstrategien zwischen Barfüß-Ökonomie und Frauenemanzipation, in: Das Argument. Zeitschrift für Philosophie und Sozialwissenschaften Nr. 226, Heft 4/1998, 40. Jg., S. 487-502.

Braun, Anneliese (1999): Feministische Ökonomie – ein Weg zu anderen Ufern?, in: Fröse, Marlies W./Böttger, Barbara, und Ina Volpp-Teuscher (Hg.): Ökonomie und Arbeit – Frauenansichten. Neue Arbeitsformen und neue Widerstandsformen, Festschrift für Carola Möller zum 70. Geburtstag. Frankfurt am Main, S. 101-116.

Colectivo Situaciones (2001): »Revolutionäre Situation in Argentinien?«, aus: Artikel (spanisch) am 29.12.2001 auf www.rebelion.org, Nachdruck auf www.wildcat-www.de/aktuell/a024arge.htm.

Colectivo Situaciones (2003): »Über den Tausch zu einer neuen Ökonomie. Praxis und Probleme der Tauschnetzwerke in Argentinien«, in: Dies., Que se vayan todos! Krise und Widerstand in Argentinien, Berlin [u.a.], S. 152-160.

Colectivo Situaciones (2003a): »Resonanzen der zapatistischen Bewegung in Argentinien«, in: Das Argument. Zeitschrift für Philosophie und Sozialwissenschaften Nr. 253, Heft 6/2003: 20/10 Jahre Aufstand der Zapatisten, Hamburg, S. 823.

Economic Solidarity Group of Quebec (2003): »A Solidarity Economy (i) Resist and Build« in: Fisher, William F./Ponniah, Thomas: Another World is Possible. Popular Alternatives to Globalization at the World Social Forum, London [u.a.], S. 91-96.

Falke, Armin (2001): Homo Oeconomicus versus Homo Reciprocans: Ein neues wirtschaftspolitisches Leitbild? Arbeitspapier Nr. 79 vom Institut für Empirische Wirtschaftsforschung der Universität Zürich, Juli 2001.

Fanizadeh, Andreas (2001): »Argentinien: Pleite dank Liberalismus und IWF. Der Weg in den Bankrott«, in: WoZ. Die Wochenzeitung v. 10.01.2001.

Flores, Toty (Hg.) (2002): De la culpa a la autogestión. Un recorrido del Movimiento de Trabajadores Desocupados de La Matanza, Buenos Aires.

Glaser, Barney G./Strauss, Anselm L.(1998): Grounded Theory. Strategien qualitativer Forschung, Bern [u.a.].

Habermann, Friederike (1999): »Was Frauen schwach macht. Marx, Butler und die Humankapital-Theorien: Die Diskriminierung am Arbeitsplatz erklären sie nicht«, in: MännerWirtschaft, Dossier der Jungle World Nr. 10 vom 03.03.1999, S. 17 f.

Hall, Stuart (1989): »Die Konstruktion von ›Rasse‹ in den Medien«, in: Räthzel, Nora (Hg.) Stuart Hall. Ausgewählte Schriften. Ideologie, Kultur, Medien, Neue Rechte, Rassismus, Hamburg, S. 159-171.

Holloway, John (2002): Die Welt verändern ohne die Macht zu übernehmen, Münster.

Klein, Naomi (2000): No Logo, London.

Mertens, Heide (2001): Das Ganze der Arbeit. Bedürfnisorientiertes Wirtschaften im lokalen Umfeld, hg. von der Stiftung Fraueninitiative, Neu-Ulm.

Meyer-Renschhausen, Elisabeth (2004): Unter dem Müll der Acker. Community Gardens in New York City. Königstein/Ts.

Millet, Kate (1998): »Der vergessene Feminismus«, in: Das Argument. Zeitschrift für Philosophie und Sozialwissenschaften, Nr. 226: Anders wirtschaften, anders arbeiten, Heft 4/1998, S. 463-466; die engl. Originalfassung erschien unter dem Titel »The feminist time forgot« am 23.06.1998 in: The Guardian, London.

Möller, Carola (1997): »Überlegungen zu einem gemeinwesenorientierten Wirtschaften«, in: Dies. [u.a.] (Hg.): Wirtschaften für das ›gemeine Eigene‹. Handbuch zum gemeinwesenorientierten Wirtschaften, Berlin, S. 17-32.

Möller, Carola (1998): »Die gesellschaftliche Gesamtarbeit neu gestalten«, in: Das Argument. Zeitschrift für Philosophie und Sozialwissenschaften, Nr. 226: Anders wirtschaften, anders arbeiten, Heft 4/1998, S. 469-486.

Möller, Carola (2001): »Theoretische Zugänge zu Solidarischer Ökonomie aus feministischer Sicht«, in: Theoriearbeitskreis Alternative Ökonomie, Rundbrief Nr. 3/2001; www.leibi.de/takaoe/93_01.htm.

Morazán, Pedro (2002): Argentinien: Krise ohne Ende?, Siegburg, den 24.01.2002.

Morazán, Pedro (2002a): »Argentinien: Krise ohne Ende?«, Siegburg, den 29. (sic!) 01.2002, in: Sand im Getriebe. Internationaler deutschsprachiger Rundbrief der Attac-Bewegung, Ausgabe 2/2002.

Morazán, Pedro (2004): Argentinien: Tangotanz auf dem Vulkan. Interne und externe Ursachen der Schuldenkrise, hg. v. Südwind, Bd. 3 der Reihe: Strukturelle Gewalt in den Nord-Süd-Beziehungen, Siegburg.

Neusüß, Christel (1985): Die Kopfgeburten der Arbeiterbewegung oder Die Genossin Luxemburg bringt alles durcheinander, Hamburg/Zürich.

Notz, Gisela (1998): Die neuen Freiwilligen. Das Ehrenamt – Eine Antwort auf die Krise?, Neu-Ulm.

Notz, Gisela (1999): »Gemeinsam wirtschaften und zusammen leben – die Kommune«, in: Fröse, Marlies W./Böttger, Barbara, und Ina Volpp-Teuscher (Hg.): Ökonomie und Arbeit – Frauenansichten. Neue Arbeitsformen und neue Widerstandsformen, Festschrift für Carola Möller zum 70. Geburtstag. Frankfurt am Main, S. 129-148.

Notz, Gisela (2001): »Kann ›gemeinwesenorientierte Arbeit‹ einen Beitrag für eine ebenbürtige Neuverteilung von Arbeit leisten?«, in: Andruschow, Katrin (Hg.): Ganze Arbeit. Feministische Spurensuche in der Non-Profit-Ökonomie, Berlin, S. 135-158.

Palast, Gregory (2001): »IMF's four stepps to damnation. How crises, failures, and suffering finally drove a presidential adviser to the wrong side of the barricades«, in: The Observer (UK) 29.04.2001.

Pavón, Cecilia/Ríos, Damián (2002): »Bi, jung, arbeitslos kämpft«, in: Wochenzeitung Jungle World Nr. 45 v. 30.10.2002.

Peters, Ulla (1998): »Für eine Ökonomie des Alltags«, in: Das Argument. Zeitschrift für Philosophie und Sozialwissenschaften, Nr. 226: Anders wirtschaften, anders arbeiten, Heft 4/1998, S. 509-518.

Peters, Ulla (2001): »Bilder einer am Gemeinen orientierten Gesellschaft«, in: Andruschow, Katrin (Hg.): Ganze Arbeit. Feministische Spurensuche in der Non-Profit-Ökonomie, Berlin, S. 44.

Pomrehn, Wolfgang (2002): »Der IWF hat Argentinien an den Rand des Ruins geführt – zum Nutzen europäischer und nordamerikanischer Gläubiger«, in: Junge Welt v. 09.01. 2002.

Quintela, Sandra (facilitator) (2003): »A Solidarity Economy (ii) Conference Synthesis«, in: Fisher, William F./Ponniah, Thomas: Another World is Possible. Popular Alternatives to Globalization at the World Social Forum, London [u.a.], S. 97-105.

REDaktion (Hg.): Chiapas und die Internationale der Hoffnung, Köln 1997.

Schritte zur Flucht von der Arbeit zum Tun. Von Alice Creischer und Andreas Siekmann kuratierte Ausstellung vom 6. März bis 16. Mai 2004 im Museum Ludwig, Köln.

Shiva, Vandana (Hg.) (1995): … schließlich ist es unser Leben. Ökofeministische Beiträge von Frauen aus aller Welt, Darmstadt.

Spieldoch, Alexandra (2002): »When a terrible situation gets worse: Reflections on Argentina from a Gender Perspective, www.genderandtrade.net/PaperSeries/OccasionalSeries.htm.

Stiglitz, Joseph (2002): Schatten der Globalisierung, Berlin.

Strauss, Anselm/Corbin, Juliet (Hg.) (1997): Grounded Theory in Practice, London/New Delhi.

Svampa, Maristella/Sebastián Pereyra (2003): Entre la ruta y el barrio. La experiencia de las organizaciones piqueteras, Buenos Aires.

Thimmel, Stefan (2003): «Tauschbörsen: Gescheitertes Experiment oder Erfahrung für die Zukunft?«, in: Colectivo Situaciones: Que se vayan todos! Krise und Widerstand in Argentinien, Berlin [u.a.], S. 161-172.

Vales, Laura (2001): «Ein kurzer Überblick über die Piquetero-Bewegung«, aus: HIJOS Nr. 12/2001; deutsche Fassung auf www.wildcat-www.de/aktuell/a016piqu.htm.

Wagnerovà, Alena (1997): «Vom Wirtschaften, Sparen und meiner Großmutter«, in: Möller, Carola [u.a.] (Hg.): Wirtschaften für das ›gemeine Eigene‹. Handbuch zum gemeinwesenorientierten Wirtschaften, Berlin, S. 47-50.

Young, Brigitte (2003): «Financial Crises and Social Reproduction: Asia, Argentina and Brazil«, in: Bakker, Isabella/Gill, Stephen (Hg.): Power, Production and Social Reproduction. Human In/security in the Global Political Economy, New York, S. 103-123.